国比天大

宋庆龄

陈廷一 著

人民东方出版传媒
東方出版社

序　言

百年中国，百年梦想

2016年11月12日是伟大的民族英雄、伟大的爱国主义者、中国民主革命的伟大先驱孙中山先生150周年诞辰纪念日。为缅怀孙中山先生为民族独立、社会进步、人民幸福所建立的历史功勋，学习、继承和发扬孙中山先生的爱国思想、革命意志和进取精神，巩固和发展海内外中华儿女的大团结，巩固和发展最广泛的爱国统一战线，维护两岸关系和平发展，共同推进祖国和平统一大业，最大限度地把全民族的力量凝聚起来，致力于实现“两个一百年”奋斗目标和中华民族伟大复兴的中国梦，中国人民政治协商会议第十二届全国委员会常务委员会决定届时举行隆重的纪念活动。人民东方出版传媒有限公司潘少平先生策划了纪念孙中山150周年诞辰的“百年中国传记丛书”，我看很好，有重大纪念意义。

细看了一下目录，其中不少书目是我在任上的畅销书、获奖书。比如孙中山的传记《共和之路：孙中山传》曾获得首届华侨文学纪实类最佳作品奖，同时亦获新闻出版总署的畅销书奖；还有“宋氏三姊妹”的书，值得一提的是《宋庆龄传》，是当年青岛出版社的名牌看家书，一版再版，最多一年6次重版，社会效益和经济效益都是相当可观的。许世友的书一直占据着畅销书的排行榜，可谓中国青年出版社的看家书，印数达百万册之多。此书也得到了刘白羽、王愿坚、唐达成老作家，以及李德生、杨成武、王首道、罗应怀老将军的首肯。还有很多书目，我都有印象。大浪淘沙，把好的，或者说闪光的出版物传承下来，变成经典，是时代赋予现代出版的使命。因此我愿意为此丛书作序。尤其是对百年中国要实现百年梦想，是一笔不可忽视的精神财富。中国百年梦想，不仅仅是经济指标，还有精神指标和文化指标等。

再者，这套丛书的作者陈廷一先生，也是我多年的老朋友，他今年已近七旬，仍笔耕不辍，应该说这是他一生的写作精华，抑或心血。他已经出版108部书（含修订重版）。2015年9月获得上海基尼斯传记类书最多纪录，用他夫人的话说："一生笔耕苦作乐，留下藏书任评说。"我很欣赏陈廷一的笔耕精神和他惊人的毅力，他正像一头黄牛，马不停蹄地写作，已留下3700多万字的纸质出版物，这是何等的壮观！2015年10月26日，13家文化（文学）单位在中国现代文学馆联合举办他的百部书纪念座谈会，也是对他笔耕精神的最大褒扬。2016年又出版这套"百年中国传记丛书"，正如他自己所说："这十六书倾注了自己一生心血，紧追时代脚步，紧扣时代主旋律，囊括自己写作路上的中国梦、图强梦、复兴梦。"我相信这是他的真心话。他写作梦的实现，也是中华民族复兴梦的雏形，因此这套"百年中国传记丛书"，应该是对伟人孙中山150周年诞辰最好的纪念、最好的礼物、最好的天时。用"机遇给有准备的人"来形容，最为贴切不过了。

是为序。

于友先

2016年2月　北京

目　录

引言

宋庆龄出生那天，赴火救国的孙中山从广东到达了她的家……

1893年1月15日，天是灰色的天，地是灰色的地，上海是灰色的上海，灾难深重的中华民族，已经到了国将不国的时候。上海，这座美丽的城市，也是中国人最早备受西方列强侵略欺凌的城市。

18世纪末19世纪初，正当西方资本主义国家开始产业革命，机器工业代替工场手工业，生产力得到迅速发展的时候，统治中国的清王朝则日趋衰微，华夏巨龙病入膏肓。19世纪初，英国在经历了圈地运动，"羊吃人"血腥的资本主义原始积累之后，工业迅猛发展，成为世界上最早的、老牌的资本主义国家。这时的英国犹如一条凶残的、贪婪的怪兽，张着血盆大口，视地球上弱小国家为鱼肉，必欲吞之而后快。它对地大物博、人口众多的中国垂涎三尺，费尽心机，处心积虑地要打开中国大门，奴役和剥削中国人民。1832年，广州商馆间谍分子胡夏米、郭士立等，以经商为掩护，几次窜到上海等口岸测绘地形，搜集政治、经济、军事情报，为入侵中国做准备。自1840年6月起，持续两年零两个月的鸦片战争，结出了罪恶的果实——不平等的《南京条约》。条约第二款，把广州、福州、厦门、宁波、上海五处列为通商口岸，从此，我国东南沿海门户洞开，西方列强纷至沓来。上海成为西方列强侵略中国的桥头堡和帝国主义冒险家的乐园。上海市内租界林立、洋人横行，帝国主义分子以租界为据点，向四周散射着毒素，敲吸着中国人民的骨髓和血液，上海及我国东南沿海人民饱受蹂躏、备受摧残。哪里有压迫，哪里就有反抗。有着优良传统、富有斗争精神的上海人民不堪忍受西方列强和清王朝的双重压迫，1853年9月，上海爆发了著名的小刀会起义，与太平天国革命遥相呼应，群众杀死县官，占领上海县城，建立“大明太平天国”。小刀会起义所向披靡、一往无前。十余天内，攻克青浦、川沙、南汇、嘉定、宝山等州县，革命力量迅速壮大。西方列强和清政府视小刀会为洪水猛兽。小刀会控制上海后，旋即遭到中外反革命势力的疯狂反扑。刘丽川率领起义军英勇拼杀，以身殉国。起义坚持了17个月之久，终被中外反革命势力的联合围攻所剿杀。小刀会起义虽然失败了，但给西方列强和清王朝以沉重打击，给上海人民留下了宝贵的精神遗产，并充分展示了上海人民不畏强暴的精神，孕育、激励着后人为反抗压迫而斗争不息。

就在这个时刻，1893年1月27日凌晨，上海市郊浦东区川沙县南市街65号院落里，一座灰色三层小楼中，传出了一个女婴降世的啼哭声。随着婴儿的啼哭声，待奶妈领着接生婆赶来时，宋母已剪断了自己的脐带，把婴儿送到了奶妈的手中。

小庆龄生来爱哭，一直哭了三天三夜，直到第三天，瑞雪（是初春时下的）被阳光融化，雪过天晴，她才结束哭声。小庆龄第一声啼哭就惊动了她的左邻右舍，很多近邻的妇女便来到了宋家会客厅，宋家挤满了人。白白胖胖的婴儿，谁能想象出，日后她能成为共和国的栋梁——国家名誉主席。

“赶快向宋老爹报喜!”不知是谁提醒了一句。

“宋老爹在哪儿？宋老爹在哪儿？”有人急问。

“怎么孩子出生，还不在家？干起他的工厂，就不要老婆孩子啦!”有人埋怨。

“我要是宋夫人，不扇他两个耳光才怪哩!”

“捉弄捉弄他，给宋夫人报个仇。”

说话间，宋夫人——倪桂珍说话了：“你们不要埋怨他，他还在工厂，半夜回来一趟，匆匆忙忙又走了。”说完禁不住泪水涟涟。

小庆龄出世的前天晚上，年轻气盛的革命家孙中山先生已从南方乘船赶到了上海。对宋查理来说，他和孙中山是有着同等经历、同等志向的广东老乡，面对清朝的腐败，推翻帝制，振兴建国大业，已使他们走到了同一条战线上。

革命还处在初期，一切都不能公开。宋查理决定把孙中山安排在自己印刷厂的地下室里居住，当然会面谈话也在这里进行。在这里，他们谈国难，一个个义愤填膺；谈形势，一个个眉开眼笑；制定战略，慎而又慎……挚友相见，无话不谈。从半夜一直聊到东方天亮。等宋查理走出地下室，来到车间巡视时，满厂的机器已经轰鸣一片……

仆人孙大胜已从机器旁绕跑了过来，气喘吁吁地道："老板，向您道喜，夫人生了个千金，又白又胖，好喜人啊！""帝制腐败，男尊女卑应该打倒，千金好啊——"宋查理观点新奇，妙语幽默，说得在场的人哈哈大笑。

待宋查理虎步生风地回到住宅，从奶妈手中抱起白白胖胖的宋庆龄时，他审视良久，心花怒放，顺口诵出一句名言："革命缺千金，中华缺巾帼！"接着又道："谁说梦是假的？前天夜里，送子婆婆已经托梦于侬，问侬喜爱男娃女娃，我也没有在意，脱口而出：喜欢女婴。当真！当真！"

年轻的宋查理，在孙中山革命的熏陶下，已进入了多梦的季节，他喜欢变革，希望变一种方式活着。阳变阴，男变女，帝制变共和，希望变，这是中国革命爆发的萌芽。

小庆龄出生了，她一生下来就给人间平添了笑声，在笑声中人们期待着庆龄长大……

小庆龄日后有为，正是因为她有家族的遗传，宋查理的血缘，以及日后的国情变化，时势造英雄，偶然也孕育在必然情理之中了。让我们追踪宋庆龄的血缘和足迹，去领略她博大的爱国情怀和 20 世纪伟大女性的风采……

第一章

民主式的家教

成才需要多种素质，12 岁前的教育很关键，而作为孩子涉世的第一位老师——父母，起着举足轻重的作用。宋家的教育更为独特，它摒弃了封建式的“三从四德”，采取民主的开放的新式教育，这是对中国传统家庭教育的反叛。宋氏三姊妹的成才，说明此种教育是成功之举。

——题记

一

宋氏家庭是美满的，美满的家庭常充满欢乐的笑声。

这是周日的一天，位于浦东区的宋家小院，传出一阵阵高山流水般的琴声，那悦耳动听的歌声，吸引了路人驻足，以及近邻们的好奇——这是宋家的家庭歌舞晚会在和谐的气氛中进行……高扬的琴声奏出激昂的旋律。

优美的歌声偕着钢琴的神韵。

这是一首美利坚合众国的西部民歌，歌颂一位姑娘，她被男骑士风采所倾倒，虽射出了丘比特之箭，却不见心上人的回音……

歌声和着琴声，一阵高昂，一阵低旋。高昂时如大海扬波、瀑布奔涌；低旋时如小河流水潺潺，又如山泉叮咚……有高有低，有紧有慢，优美动听。

男中音的歌唱者是宋庆龄的爸爸，此时他在与长女宋霭龄一起歌唱，奏琴者则是宋庆龄的妈妈倪桂珍。宋庆龄和小妹宋美龄在歌声中翩翩起舞……虽然她们还不懂事，但已被这优美的旋律所打动。是宋美龄先跳的，渐渐地，有点害羞的宋庆龄也跳了起来，后来她们都习以为常了。

举办周日晚会，已是宋家惯例。同时也看得出，这是宋查理教育熏陶孩子的一种刻意的安排。不是吗？歌舞最能为儿童所接受。渐渐地，在这个欢乐的家庭里，人各有志，宋霭龄继承了父传——唱歌，宋美龄学会了跳舞、作画，而宋庆龄则继承了母传——弹琴。唱歌、跳舞、弹琴都是孩子根据自己的兴趣选择的。从小看大，日后，这种无意的选择也影响了她们各自的性格。唱歌使宋霭龄泼辣，跳舞使宋美龄活泼，而弹琴则使宋庆龄内向深沉。不是吗？这种性格又使其在动乱的社会中，选择了不同的道路。“蔼龄爱钱，美龄爱权，庆龄爱国”，此话自有一番道理。三姊妹，如洛阳牡丹，各有风韵，令世人敬仰。成年后，三姊妹常沉浸在童年的欢乐回忆中。

晚会陶冶了她们的情操，晚会给了她们施展才华的机会，晚会使她们成为大家闺秀，晚会又使她们与害羞胆怯绝缘。同时，三姊妹的性情也在晚会中孕育。虽然政治把她们分开，但这种姊妹亲情却在她们陷入痛苦时，用琴声、歌声、舞姿来表达。据说宋美龄60岁已告别“舞台”。可是，宋庆龄则不同，直到晚年，她的卧室兼办公室里还摆着一架古色古香的钢琴。工作一天后，在寂静的夜晚，关上门来，弹奏一首首贝多芬的乐曲和美国西部民歌，寄托自己的情思，也是对父母以及姊妹的一种深情的怀念。这成了她高尚的精神生活的重要组成部分。

二

小庆龄的出生地浦东区的住宅，是宋父用自己的积蓄除支持孙中山先生革命外，特为儿女们购买建造的。新式的楼房，代表当时宋父的思想风貌，是宋父亲自画图纸，亲自设计的，如今坐落在浦东区川沙县南市街上。它的建筑形式和格局，别具一格，土洋结合，中西合璧。主楼后面是一些较小的房舍，作为仆人的住处，房舍后面便是与农民耕地相接的大菜园、果园了。菜园、果园的占地大概为住房的数十倍，这是宋父刻意安排的。在宋父的心里，孩子来到人世，应归于自然。正如笼中鸟、网中鱼，应该还其蓝天和大海。在这里，宋庆龄和其姊妹们度过了欢乐的童年、少年；在这里，她们熟悉了各种蔬菜的名字，花果生长的周期，以及鸟儿的鸣叫；在这里，她们接触了郊区农民朴实豪爽的性格，这又透过她们明亮的眼睛，注入她们的心扉。特别是宋庆龄，这一段生活为她日后理解孙中山先生的“革命理论”打下了基础；在这里她们又看到父母勤劳的身影，烈日下流着汗珠，更体验出古人“谁知盘中餐，粒粒皆辛苦”诗句的深刻含意。

“爸爸，我来帮你！”小庆龄从心中喊出了第一句话。

菜园、果园虽大，但却满足不了孩子探奇的心理。有时候，三姊妹在园中玩腻了，便翻过宋父筑的篱墙，到农民的耕地里去“疯”，难免违犯“三大纪律、八项注意”。宋父是通情达理的，偷偷付给农民一些赔偿费，以平息他们的抱怨。但他决不允许他们动辄训斥他的孩子们，因为孩子正是长知识开眼界的时候，吹掉了一个花蕾，会少结一个果实的。懂得道理的农民们，面对这些如花似玉的姑娘，知道绅士的脾气，也把她们当成了“宝贝”。因此，宋家一直与乡邻友好相处，断不了来来往往，乡邻们送来新奇的产品，孩子们则从他们的不修边幅和蓬乱的头发上，体会出劳动的高尚。

“妈妈，我也要帮您洗碗！”宋庆龄又从心中呼喊。

日后，宋庆龄成为国家重要领导人，难怪有些知情的外国朋友，点名要到宋庆龄家做客，品尝她的灶上手艺。

正是这种田园牧歌式的生活，外加宗教色彩、民主氛围，使这个家庭与当时中国千万个普通家庭相比较，处在一种“世外桃源”的优越环境中。既有基督教严格的生活秩序，又有和谐、欢乐和诗情画意的气氛，使宋庆龄从小就受到高尚情操的熏陶，培养出她独特的品性：文雅善良，热爱生活，追求真理，厌弃邪恶。

三

宋氏三姊妹，经过宋氏父母的精心栽培，日后一个个如出水芙蓉，风韵各异，这不仅表现在她们的穿戴和发型上，同时也表现在她们的言谈举止上。在穿戴上，宋美龄喜红，红给人跳跃之感；宋庆龄喜绿，绿给人自然之意；宋霭龄居中喜蓝，蓝给人朴实高洁之魅力。在发型上，宋美龄烫发偏洋；宋庆龄挽髻偏中；大姐宋霭龄则不中不洋，十分随意。在大的场合中，比如节日庆典，三姊妹的穿戴和发型都是各富诗意，同时也表明各自的追求和审美观点。所以说，三姊妹的美，不光在外表，而从外表来看也透出各自心灵的美。

宋庆龄出世后，宋查理这个有眼光有作为有建树的实业家（企业家），已经拥有上海滩上少有的“小康之家”。金钱作为身外之物，宋查理已把它看透。面对着中华民族的危难，人民生活在水深火热之中，宋查理已接受了孙中山的观点，拯救中华，实行大同。此时，他已另有所求了。按照宋父的观点：“无钱难生存，钱多害子孙。有钱行善事，救国为己任。”

要让孩子尽情享受金钱带来的文明，又要使孩子知道钱是怎么来的。往往国人只知前者，而忽视了后者。一天，宋霭龄带着弟弟妹妹们，兜里装着妈妈给的钱（宋父是从来不给孩子零花钱的，孩子需要什么就买什么，哪怕很贵，只要需要，他决不吝啬），高高兴兴地在街上买来了法国的高级巧克力，分给弟弟妹妹们吃，恰赶上宋父驱车回来看见。宋查理，这位敢冒天下风险的人，最知道金钱的来之不易。他是一个爱冲动的人，不高兴立即表现在脸上。孩子们都怕了，纷纷把巧克力藏在身后，笨拙的童稚，怎能逃出父亲的火眼金睛。

“把手伸出来！”宋父厉声喝道。

一只只手伸了出来。

“是谁买的？”

弟弟妹妹你看看我，我看看你，谁也不说话。

"快说!"

"是我。"宋霭龄好汉做事好汉当。

"你是大姐，是弟弟妹妹的榜样，怎么能乱花钱呢?"接着宋父的口吻又和蔼下来,"你知道钱是怎么来的? 这下，你妈妈半个月教师工资就给吃光了。半个月等于15天啊!"接着，宋父又把自己新买的巧克力分发给孩子们。

……

此事过后，孩子们再无类似的事件发生，宋父再也没批评过谁。在他的心里，孩子已知道钱的来之不易，无须唠叨，因为唠叨是教育的敌人。

四

在宋氏家庭里，作为父母，他们都是基督教信仰者，同时，他们也信奉老子"无为而治"的民主自由的教育，这一点在孩子教育上已体现得淋漓尽致。他们认为"三从四德"是对民主教育的反叛，因此竭力抵制。教育孩子要自食、自力、自信、自强、自息。男女都是一样。"作为女人不要依附于男人，身为女人不应妨碍自己成为国家有成就、有作为的公民。"培养他们的社会和家庭责任心。日后，宋氏三姊妹都有远见卓识，应该说也是父母这种教育的回报。

俗语说"桃三杏四梨五年"(桃树栽上三年开花结果，杏树栽上四年开花结果，梨树栽上五年开花结果)，等院中由宋父亲自栽下的桃树、杏树、梨树花开溢香、硕果压枝的时候，小庆龄已长到六七岁了。加上宋美龄和宋子文的相继出世，宋家已是儿女满堂了。

作为受过西方教育的宋父，他知道知识对国家的重要。要投身革命，仅靠自己一代的力量是远远不够的。尤其是孙中山的革命失败后，有先见之明的宋父，已把目光放远，把目标转移到孩子身上。再加上“三姐妹如花似玉，走到街上谁见谁夸”，更坚定了他对孩子培养的信心。

一天晚上，宋父、宋母进入卧室。

“亲爱的，让庆龄上学吧?”宋父征求宋母的意见。

“庆龄前天还跟我吵吵，要跟姐姐一块去上学。为这，我已把书包给选好了。”宋母说着顺手在衣柜里取出了新买的书包。

“亲爱的，你想得太周到了。那么，我明天就送她去上学。学校我已经说好了。”

“在哪里?”宋母睁大了眼睛。

“中西女塾，霭龄的学校。”

“好啊，她们姐俩可以做伴了。”

翌日，雄鸡高唱时，宋庆龄早早地来到宋父的卧室报到，然后驱车来到中西女塾。

“爸爸，今后你就不要送我了，只限这次。”宋庆龄道。

“好孩子，有志气。”宋查理吻了宋庆龄。

……

据《宋庆龄传》(1990 年 8 月版，尚明轩、唐宝林著）记载，中西女塾，英文名称叫“马克谛耶女子学校”，是外国教会在中国开办的第一所收费的女子学校，主要发起人是林乐知。他根据自己在虹口创办“中西书院”的经验，看到当时中国“高贵”的妇女界在学校教育方面还是个空白点，便建议美国卫理公会，由南方布道会筹备在上海建立一所专门吸收“高贵”华人女儿的高级女子中学。这个建议使教会的领袖们得到启发，感到过去他们在中国的工作确实太不上算了。他们想:“为什么我们教会在中国不断地为乞丐们开办义务学校?假使让富有的、聪明的中国人先领悟了上帝的道理，再由他们去广泛地宣传这个‘福音’，我们不是可以少花钱办大事吗?”

美国教会研究了林乐知的建议后，认为这是一个很有远见的意见，大力支持。从教会方面考虑，他们也想通过办学培养为自己工作的中国妇女界领袖。

该学校的课程设置，有语文、英文、历史、地理、宗教、刺绣及烹饪等。除语文课外，一律都用英语教学，连中国的历史、地理课本也是美国人编写、在美国出版的，而且由美国的教师讲授。

该校的英语教学一直坚持高标准，在家庭中又有父亲的辅导帮助，使宋氏三姐妹受益匪浅，为她们日后都能够操一口令人羡慕的流利的英语打下坚实的基础。三姐妹的英文口语，还各有特点：宋美龄的悦耳动听，宋霭龄的低沉流畅，宋庆龄的文雅甜润。

宋查理夫妇之所以把自己的三个女儿先后送进这个学校，显然如海淑德教师所指出的，是由于宋查理早年在美国留学的经历，希望自己的女儿在这里受到完全西式的正规教育，并受到系统的宗教生活的熏染。还有一个原因，由于交通落后，当时由汉口路到浦东宋家住宅有很长一段路。寄宿于学校，可以使她们像父亲那样，从小就培养独立生活、个人奋斗的精神。此外，由于该校是慕尔教堂的一部分，而宋查理是慕尔教堂主日学校的校长，每逢星期日，他都同妻子一起来参加教堂的礼拜，这样也便于对女儿们的照顾和点拨。

宋庆龄从小爱好学习，读书非常用功，常在天色很晚的时候还在读书。父亲劝她休息，她回答说："把功课复习好，我才快活。"她还勤于动脑，独立思考，对一时不理解的问题或不能苟同的传统观念，大胆怀疑，进行探索。学校里每星期三晚上都从社会上邀请一些有名望的客人来主持宗教讨论会。有时宋查理夫妇也来主持会议。讨论会鼓励孩子们提问题，经过公开的讨论，解决她们信仰上的疑难问题。宋庆龄常常踊跃地提问。对此，妹妹宋美龄很不理解。有一次星期三晚上讨论会结束后，她生气地责问宋庆龄："你为什么向李牧师提问题？难道你不忠实信仰？”宋庆龄只是莞尔一笑。

当时宋庆龄爱留短发，不像别的姑娘那样讲究穿戴。她特别喜爱英语和文艺。她生性文静腼腆，却在文艺演出时很大胆，演技颇好。她曾参加该校低年级的一次期终演出，在剧中扮演一位公主，这位公主后来被加冕为皇后与国母。宋庆龄的演技，博得在场教师和家长们的赞扬。演出结束后，宋查理的一位朋友登上台高兴地叫喊说：“这样一来，宋先生就是皇后的父亲，国王的岳父了！”当年的这个笑话，想不到与后来宋庆龄嫁给大总统孙中山，成为一个有趣的巧合。

这些表现了宋庆龄智慧早开的一面。另一方面，她受环境影响与父亲和孙中山的革命教育，又有政治上早熟的一面。

演出后的当天晚上，孙中山先生再次来到上海，就住在宋家。他听了宋查理的述说，当宋庆龄风姿绰约地立在他面前的时候，他大吃一惊：“几年不见，成了一位大姑娘了。长高了，漂亮了。听说你演的公主成了皇后，恭喜你，我们的小皇后。”

宋庆龄嫣然一笑道：“孙叔叔，你别夸了。”

……

在人们中间有一个常听到的传说，说宋庆龄在 13 岁时，有一次同孙中山谈话，孙中山对她说：“我们只有学到各种各样的知识，才能救国。”

她说，她要为他与她的同一目的——推翻帝制、建立共和而奋斗。

孙中山回答说：“庆龄，好极了！如果你愿意帮助我，我将十分感激你。”

考虑到宋家同孙中山关系密切、观点相同，有这样的谈话是可能的。当然，不一定是原话，而且，关于伟大人物的故事常常添枝加叶，被演绎成传奇。

五

节假日，是全家的欢乐日。

没有上学的宋美龄，期盼着上学寄宿的大姐、二姐的归来，好给她讲《圣经》的故事，这是家庭晚会少不了的保留节目。姐妹们在一起玩个痛快也是常事。

一天上午，一辆黄包车停在了宋家的院子里。兄弟姐妹们围着黄包车在看新奇。

“车夫呢？”宋霭龄问宋庆龄。

“去爸爸房里啦。”宋庆龄用手指了指。

“我可以拉吗？”宋霭龄又问，不等宋庆龄回答，她就架起把，跑了十几步停下，逗得弟弟妹妹哈哈大笑。

这时，宋庆龄走上来，也把宋子文、宋美龄招呼到跟前道：“我们和大姐做个游戏好吗？”

“好的。”大家齐声应道。

“这个游戏很简单，来源于我给你们讲的安徒生的童话，说的是一个大‘皇后’，坐黄包车去游览后花园，碰见凤凰大姐，和凤凰大姐比美的故事。”说到这里，宋庆龄便用手指挥着，“大姐当车夫，我当皇后，小妹当凤凰大姐。”

“我呢？”宋子文急得要哭。

“角色分完了，你就当观众助威吧。”

“那好。”宋子文道。

“那么，咱们先化一下妆，瞧谁化得像。”宋庆龄又布置道。

她们各自跑回自己的房间，片刻工夫又跑了出来。宋霭龄穿戴起父亲的衣服和礼帽，一副绅士相，宋美龄则穿上了七彩绸缎。而

“皇后”宋庆龄，则是用妈妈的衣服做道具，脑后结个“髻”，活像庄重的老太婆。大家聚在一起的时候，各自的打扮都让对方吃了一惊，然后又是一阵笑声。

“我这大‘皇后’可以上车了。”于是宋庆龄莲步点点，登上了黄包车，宋霭龄架起了车，宋美龄则在前面跑，直奔后菜园。而宋子文作为观众则在后面拍手，边拍边追。

黄包车绕过天井，穿过花池，在妈妈的房前甩下一串笑声。宋母听到笑声，从窗口探出头来，大吃一惊：“这是演哪出戏啊？”说完，又下意识地对宋霭龄喊，“霭龄，要慢点跑！”

说话间车子已到后菜园，菜园里的地面可不像院里的地面那么平，一个石头拦车，“哎呀！不好！”宋庆龄还没喊出来，重心偏离，身子已经跌落到地面，受了伤。“皇后”身上留下一块难忘的伤疤。

“太危险了，太危险了。”妈妈急忙跑了出来，向天祈祷。宋父也跟着过来了，他没有训斥孩子，而是告诉她们不要玩这种风险大的游戏。

鲜血流了出来，吓得宋美龄、宋子文大哭，而宋庆龄则没哭，她咬着嘴唇，被宋父送到了医院。

日后，坚强的宋庆龄成了大总统孙中山的夫人。

第二章

美国求学

任何一个民族，欲屹立于世界民族之林，均须具备高度的智慧，有高超的理论思维能力。而民族思维能力的提高，必须经过长期的艰苦锻炼，绝不可一蹴而就。宋氏父母送子女去美国求学的真谛便在这里。

——题记

六

这是一个别开生面的骨肉分离场面。

1907年的夏天，阳光明丽的上海码头。

14岁的宋庆龄要到美国求学去了。家人把她送到船上时，开船前沉闷的汽笛声响彻码头的上空。岸上、船上亲人的情绪波动起来。很多人经不住这感情的折磨，泪如泉涌。挥泪者有之，啼哭出声者有之，高声呼叫者也有之。可是，此时的宋家则保持一种镇静的理智，宋父没有落泪。爱流泪的宋母，在宋父的影响下，默默地以目光告别。那目光喷射的情远比哭喊者深。而立在船头的宋庆龄，她知道父母的希望、此行的目的，她是领受一种任务或者使命离开父母的。此时的她满面笑容，像父母一样，挥手行注目礼。儿行千里远，牵着父母心。大海扬波，腾起小山般的巨浪，怎比宋家报国求学的情浓、情深。宋父不但是有远见卓识的实业家，更是一位有远见卓识的政治家。有其父必有其女。在这样的家庭里，难道还愁飞不出真正的凤凰吗？

宋庆龄从中西女塾毕业时，已经14岁了。

女大十八变，越变越好看。14岁的宋庆龄已经出落得如同芙蓉一般，个头已平了妈妈的眉。宋美龄见长，也和二姐宋庆龄一般高了。走到街上，已是光彩耀人了。要说三姊妹与父母不同的是，均吸收了父母容貌的精华，继承了父母的品格；要说宋庆龄与姐妹不同的话，只是性格不像姐姐宋霭龄、妹妹宋美龄那般大胆泼辣、锋芒毕露，而是稳重、腼腆、秀外慧中。中西女塾又给三姐妹的英文水平（包括日语）打下了坚实的基础。再加上宋父的美国友人的竭力帮助，出国求学已经铺平了道路。

第二章
美国求学

宋庆龄立在船头，挥着手，注视着父母，直到父母的身影模糊在人群中，才转过身来，泪流满面。

“姐姐莫哭。”宋美龄摇着宋庆龄的肩头安慰着，这时姨父温秉忠也上前劝慰。

宋美龄喜欢二姐宋庆龄，尤其是她的文静内向。本来这次去美国求学，父母念宋美龄年小，只让宋庆龄先去的。可是宋美龄离不开二姐，非要和她同行。宋美龄也是一个很有个性的姑娘，父母不说出个一二，她是不会睡觉的。当父母答应了她后，她又说舍不得父母，不去了。父母真正挽留她的时候，她又牵着二姐的手，坚决要去美国。

天时地利，恰赶姨父温秉忠率领清政府代表团去美国考察教育，护送小姐妹的任务，自然而然落在了姨父温秉忠的身上。

太平洋起风了。

大海扬波，一个个浪头涌上甲板，甩在甲板上的浪花，卷出一串串白色的泡沫。宋美龄哼起了民歌，而宋庆龄则深沉地望着大海，把思绪的触角伸向远方……大海那岸有求学的姐姐宋霭龄，姐姐去美国大概两年了吧。她很想念姐姐。万里求学，出门在外，无父尊兄，届时姐姐便是她和宋美龄唯一能依靠的亲人了。

“满洲号”轮船经过半个多月的航行，终于到达了目的地——大洋的彼岸。大姐宋霭龄热烈拥抱宋庆龄和小妹。殊不知，宋霭龄接到宋父的家信，已经在码头焦急地等了三天了。

三姐妹相见，情深意长，就连姨父温秉忠这位清政府的官员，也为之动情。

“大姐，你变了！”宋庆龄说。

“我再变也还是你们的大姐呀。”宋霭龄道。

“不，你变洋了。”

“过两年，你也是一样。”宋霭龄说完又去拉小妹宋美龄的手，

“小妹，长高了。你变得更漂亮了。”

“瞧，我赶不上二姐漂亮！”说完三姐妹都由衷地咯咯笑了。

“妈妈、爸爸好吗？”宋霭龄敛着笑声又道。

“他们都好。来时，还给你捎了信，爸爸是用英文写的。”宋庆龄忙从兜里掏出一封已经折皱的信函，交给了大姐。

十指连心，父女情深。宋霭龄迫不及待地打开去看时，姨父温秉忠已经在喊她坐车了。

汽车穿行在繁华的萨米特闹区，一幢幢高楼拔地而起，各具风姿。中西文化的强烈对比，给宋庆龄以全新的感觉。中午时分，便到了新泽西州萨特小镇。由于事先有过联系，宋庆龄和宋美龄被安排在镇中一所私立学校中补习功课（法语和拉丁语），准备投考大学。

这座学校坐落在小镇的西部，与田园接壤。校园里绿树成荫，环境幽雅。与其说是一所学校，不如说是一座公园。该校为克拉拉·波特温小姐创办。早在1906年，宋父在美国筹款时，曾随温秉忠来过该校参观访问，波特温小姐热情地接待了他，并给宋父留下了美好的印象。当宋父向波特温小姐提出让两个女儿来学习之事时，波特温小姐当场就答应了他。

宋庆龄和宋美龄随姨父拜访了波特温小姐后，着实使波特温小姐吃惊的是：“宋查理竟还有两朵这般美丽的金花！”姐妹俩个头差不多高，如同仙女下凡一般，因此备受波特温小姐关照。

“两朵中国金花”置身于校园，学校师生间也着实掀起了一阵波澜。他们以友好的态度接纳了这对亲姐妹。姐妹俩也给师生们留下了迥然不同的印象：宋庆龄庄重、文静，再加上她年龄比其他同学大的缘故，一般不参加“那些小孩子玩耍和嬉闹”；而宋美龄天生活泼和欢跃，而且有点男孩子般的淘气，也许正是因为这些，她比姐姐宋庆龄人缘好，大家都愿意和她一起玩。

姐妹俩担负父辈的使命，一进校园就如饥似渴地埋头于功课的学习中。迎着晨曦，校园的椰林深处，常有她们背诵单词的身影；萨米特市图书馆闭馆铃声已经敲响，姐妹俩仍不离开座位，馆员路易丝·英里斯催了几遍，她们才恋恋不舍地离去。英里斯事后回忆此事时，感叹地说：“庆龄——‘严肃的那一个’，贪婪地阅读着成年人看的小说和其他政治书籍，而跟她同样年龄的那个女孩，一般对这类读物兴趣索然，而她则喜欢《兔子彼得》一类的童话故事。”（《萨米特先驱报》1942 年 5 月 21 日）

宋父有话在先，宋美龄贪玩，让宋庆龄多管教她一点。父亲的话应验了，着实使宋庆龄操了不少心，好在宋美龄能听姐姐的话。

姐妹俩在萨米特市度过了一年紧张而愉快的学习生活后，1908 年 9 月 5 日，宋庆龄如愿以偿考入了佐治亚州梅肯市的威斯理安女子学院文学系。她又和大姐宋霭龄商量，把宋美龄安排在离自己较近的避暑山城德英雷斯特的皮德蒙特学校，住在宋霭龄一个同学的母亲英斯夫人家中。

每周礼拜日，宋庆龄都要带些水果之类的东西来看宋美龄，常和宋霭龄碰到一起。三姐妹相聚，手足亲情，异国思乡的愁云代之以歌舞、谈笑风生……后来三姐妹因政见不同而分手。但这段姐妹亲情，常在她们回忆中出现，令她们感慨不已。她们真正地感悟到：思想虽有分歧，世界贵有亲情。

七

冬去春来，花儿含苞待绽，继之果压枝头。一年 365 日，转眼宋庆龄在勤奋中又过了一年。像所有考取大学的学子一样，她的心情是何等高兴啊！

接到正式通知书的那天，她激动得热泪盈眶，爸爸妈妈给自己定的第一目标实现了。她想到给远在上海的家人写信报喜，回忆初来美国时爸爸的嘱咐，憧憬未来大学的新生活，她该怎样努力……一封家书，她足足写了5000字。是啊，在过去的一年里，她把思亲之情埋在学业进取之中。初战告捷，这种思亲的泉涌奔腾而出，一发不可收。不久，远在大洋彼岸的宋父来信了，信中对宋庆龄考取大学表示祝贺，同时，宋父又把国内的一些情况告之，包括他与孙中山先生革命的秘密。她崇拜父亲，也崇拜父亲的朋友。

3岁的时候，她与父亲一起认识了那个体内蕴含着无限激情，做事一往无前的小胡子革命者，他还抱了她、亲了她的脸颊。他与父亲的那场摔跤比赛给她的童年留下了深刻的烙印。她在中西女塾读书时，孙中山先生是她们家的常客，每次都给她讲一些饶有趣味而富有寓意的故事。在美国读书时，父亲的来信几乎都提到了孙中山先生的活动，好像这位领袖是她们家庭中的一员。

收到宋父来信那天，三姐妹重新聚会，分头传看家书，她们的高兴劲头，胜似在麦当劳的会餐。

“大妹，你变了！”宋霭龄想起宋庆龄初来美国时说自己的第一句话，“反唇相讥”道。

“我变什么了？”宋庆龄吃惊。

“你变成美国的大学生了。”宋霭龄说完，姐妹都笑了。

“小妹更变了！”宋霭龄敛着笑又道。

“不用大姐揭密，我就说出我变了什么。”宋美龄快言快语又道，“除了我这脸形，一切都西化了。”

“小妹好聪明啊！”宋霭龄点头道。

宋庆龄敛着笑，又道：“别开玩笑了，你是什么时候毕业？”

“还有一年半吧。”宋霭龄道。

“等你回去的时候，我们姐妹要好好地庆贺一番。”宋庆龄道。

“届时，我请客。”宋霭龄说完，姐妹又是一阵笑声，直到日头偏西、红霞四射时，姐妹们才恋恋不舍地分手，互道珍重。

20 世纪初的美利坚合众国已开始重视国民教育和国民素质的提高。宋庆龄考取的威斯理安女子学院当时在全美小有名气。该校位于佐治亚州。该州纵贯美国东部的著名大山脉阿巴拉契亚的东南山麓，东延大西洋海岸，一马平川的大平原的沙土地上，古松参天而立，多节盘曲的橡树、常青不败的槲树等随处可见。在这个天然的植物园里，年轻的城市梅肯就坐落在奥克穆尔吉河西岸。它人口近 10 万人，像一座花园一样，街道整齐划一，城中绿地较多，万木葱郁，环境幽雅，散发着亚热带的空灵秀气。特别是市郊连着湖光山色的棉田，古朴的庄园，古朴的牧场，古朴的乡风，古朴的乡俗，依然保持着殖民地时期的野性风韵。

宋庆龄所考取的威斯理安女子学院就装点在这个花园似的城市中。按宋庆龄的话说，梅肯这座年轻的城市是她的第二故乡。她一走进这座年轻的城市，就被这里田园牧歌般的风土人情迷住了。

威斯理安女子学院创立于 1836 年，原名为佐治亚女子学院，1843 年改为现名。它是附属于联合卫理会教堂的私人性质的女子学院，开设的课程有授予学士学位的大学文科、教育和美术等，实际也是一所高收费的贵族学校。

学院教学质量是上乘的，学院的环境是幽雅的，而宋庆龄学习是勤奋的。此时的宋庆龄对学院所设课程均有兴趣。兴趣是最好的老师，因此她的各门功课均在优秀之列。不知什么时候她对哲学这门苦涩的课程也发生了兴趣，学起来如痴如醉。哲学理论水平的提高，促进了她文学及写作水平的提高，使其语言富有哲理和思辨色彩。

在大学时，朝气蓬勃的宋庆龄不甘寂寞，一心要实现自我价值。她不满足课堂的说教，课外热心于社会公益活动。校刊里一般都会写明每个毕业生的课外活动和所得奖励。关于宋庆龄，是这样写的：“1912—1913 年，校刊《威斯理安》文学编辑；舞蹈戏剧社演员；哈里斯文学社通讯干事。”

更引人注目的是照片旁的题词：“从她的两眼和额头流溢出内心的光彩。”一个人能从同学中引发出如此富有诗意的文辞一定是很不寻常的——给人印象深刻，热诚，受人喜爱。她确实是这样，而且将始终是这样。

八

宋庆龄上大学二年级的时候，也是宋霭龄毕业之年。假日里，三姐妹又聚在一起，谈笑欢乐是常有的，回忆童年的情趣也是少不了的……

“大妹，那次游戏，你扮皇后，我扮车夫，你摔下车后，可吓死我了。”宋霭龄绘声绘色道。

“我倒是一点不怕，只怕爸爸怪罪你，给你耳光。”宋庆龄文静地说。

“有你大姐、二姐压着，我可不怕爸爸，”宋美龄也插嘴道，“当时，我看见血顺着二姐裤腿往下流时，吓得捂住了眼，真怕二姐叫痛。可是二姐好坚强啊，一声不叫，直到上了汽车，开往医院。”

“爸爸虽没有批评我，我也有责任啊！”宋霭龄道，“当时出了事，我也慌啦。我倒不怕爸爸扇耳光，怕是大妹落个残废，嫁不了人，我可吃不了兜着走。”

“大姐，你真坏。”宋庆龄边说边去捶打大姐。

“大姐嘴臭。”宋美龄也觉得害羞，边说边去帮二姐收拾大姐。

三个人滚在床上，打打闹闹，着实热闹了一阵子。

“别闹了，我只是开个玩笑。”宋霭龄正经起来，大妹、小妹也停下手来。宋霭龄又道：“这假期真长，还有20多天，会闷死我们姐妹的。”

宋美龄嘴快：“那你说怎么办？”

“旅游观光。”宋霭龄道。

“去哪儿？”宋庆龄又问。

“佐治亚州著名的阿巴拉契亚大山。”

“好啊！”宋庆龄、宋美龄响应。接着，她们查看了地图，制订旅游计划。第三天拂晓，三姐妹就匆匆上路了。

旅游对大多数人来说是一种消遣，或是陶冶情操，或是增长知识，开阔视野之举。而对宋庆龄则不然。她已在关注社会，关注祖国的命运，因而这次旅游，每住一个村庄，她都多方面地接触乡民，体察民情。在科德角一个女童子军营地的篝火晚会上，宋庆龄用中国话发表了一篇精彩的演讲，题目是《给妇女选举权》。虽然在场的美国女孩子一个字也听不懂，但宋庆龄的表情和语调是如此生动传神，以致她们似乎都明白了她的意思。她的这一次演讲大家很感兴趣，并给别人留下了深刻而美好的印象。

宋庆龄在美国期间，她所在的佐治亚州，正是美国实行种族隔离的南方的留守中心地带。她对黑人的悲惨境遇深表同情。美国当时非常突出的社会主义思潮或工人罢工、学生罢课已引起了她的极大兴趣。因为她已关心自己祖国的前途和命运了。

1912年，正是宋庆龄在大学的最后一年。就在那一年的美国议会选举中，社会主义者候选人所得的票数之多是空前的。竞选总统的尤金·弗·德布斯得了近100万张选票，在当时美国的选民总数中占了上风（当时宪法规定男子年满21岁才有选举权，黑人的选举权有其名无其实）。社会党的周刊《理智的呼声》发行量为50万份，在1912年这个选举年里，又加印许多，总数达3600万册，平均每三个美国人就有一册。同年爆发了纺织和其他行业工人的大罢工等，这些都直接影响了宋庆龄的一生。日后，她赞成孙中山的共和救国主张，直到与孙中山结为伉俪，应该说都是有共同思想基础的。

第三章

宋庆龄回国

当一个人把自己的生命与祖国命运联系在一起的时候，他（她）拥有的并不是个人，而是祖国；当一个人热爱生活、追求真理的时候，他（她）会变得执着、自信，而不是圆滑世故。

——题记

九

身在美国的宋庆龄，并没有忘记自己的祖国。在留学期间，她广读博学，立志“为中华之崛起而学”，“把西方有用的东西学到手，致力于中华”。与姐妹不同的是，她时刻关注国内的动向，只要是关于中国的消息，都是她捕捉的重点。此时，她已不满足于宋父所寄的书信与材料，而要在美国的新闻报刊上寻找、阅读。

1911 年 10 月 10 日，孙中山先生领导的辛亥革命爆发——武昌起义一声炮响：“革命党起义成功！”

听到这则消息，仿佛一声春雷在宋庆龄耳边炸响。此时宋庆龄按捺不住心头的高兴。英雄孙中山，这位父亲的老友，令她无比敬仰。

据美国的有关进步报刊介绍，此时的孙中山正在美国进行革命经费筹备活动，刚抵美国北部科罗拉多州的丹佛市。出于对英雄的崇敬，宋庆龄很想见见他。限于条件，她只能把这种崇敬埋在心底。此时的孙中山先生，在丹佛市听到这则国内消息，也激动难眠。他没想到十余年来多次浴血奋战、屡遭挫折并陷于困境中的革命，竟然在他没有安排的地方成功地走出了第一步，而且是这么快。

革命在召唤着自己的领袖。

12 月 25 日，孙中山先生结束了 16 年之久的海外颠沛和艰苦斗争之后，几经转途，从美国抵达上海，住在宋查理家里。人民领袖人民爱，人民领袖爱人民。孙中山先生受到了上海人民的热情欢迎，并被南京举行的 17 省代表大会会议推选为中华民国第一位临时大总统，从而结束了千年帝制。

1912 年元旦，这是一个辉煌的日子。

第三章
宋庆龄回国

孙中山离开上海到南京宣誓就职。宋氏家族也由秘密转为公开，随同孙中山一同前往。在隆重庄严的宣誓就职仪式上，宋查理夫妇、宋霭龄、宋子良、宋子安坐在前排座位上，也完全公开了宋家与孙中山的亲密关系。

大姐宋霭龄留美归国后，一直在父亲身边工作，帮助宋父处理文件，募集资金，并把迅速增加的全党名册和资财绘制成表。她的能力已受到宋父的好评。孙中山就职临时大总统后，为把最优秀的人才推荐给孙中山，宋父也做了自我牺牲，为此，宋霭龄便正式担任起孙中山总统的第一任英文秘书。孙中山总统日理万机，宋查理这位“开国元勋”，也在这台机器上急速地旋转起来。两眼一睁，忙到熄灯。“人为知己者死”，这是宋父的心态和现状。宋母倪桂珍看出丈夫连给远在大洋彼岸的女儿写信的时间都没有，自己便写了起来，告诉在美国的宋庆龄革命成功的消息，告诉她父亲的忙碌：“提起你们的父亲，有很多话要说，但我不想多说。我只告诉你们一点，他正在老朋友之间，做他乐意做的事情。”

宋庆龄接到信，一连读了数遍，细细体味信中的每个字意。她自然知道这个老朋友是谁。在此之前，她曾埋怨父亲不给自己写信，此时一切都清楚了。

不久，她又收到了一封来信。是父亲写的，她高兴得又是一个夜晚未眠。不是吗？“家书抵万金”。

信中说：“我正和孙中山一起工作，还参加了他的就职典礼。国内的现状和动向有利于革命党人，但做伟大的事情，总是要冒些风险的。促进民主，并非旦夕一蹴而就。”同时，有心的宋父还把一幅第一批制作的共和国五色旗寄给了宋庆龄。

当梅肯市的报纸发出这一消息时，宋庆龄和宋美龄的第一个行动就是扯下清朝的龙旗，把它扔在地上用脚蹬踏。面对一大群莫名其妙的美国同学，宋美龄挥舞着白皙的小拳头，涨紫着脸高喊：“打倒——龙！打倒皇帝！”宋庆龄拿出了一面早准备好的五色旗，挂在原来的地方，拉过宋美龄面向五色旗并排站好，举手宣誓般地大声说：“高举共和的旗帜！”宋美龄学样却学走了调，她喊：“高举巩固的旗帜！”宋庆龄纠正她：“是共和的旗帜。”宋美龄小嘴一噘：“共和的旗也得巩固呀，不巩固叫风吹跑了还有吗？”宋美龄因为年幼，还无法更深地体会理解它，而宋庆龄却敏锐地捕捉到了这一事件的重大意义。她专心致志写了一篇文章，发表在威斯里安学院的杂志上，这篇文章对这场革命评价之准确和思想之深刻，就是亲自经历了这场革命又一直待在大总统身边的宋霭龄也难于相比。文章的题目是《二十世纪最伟大的事件》。宋庆龄的文章是这样写的：

在许多著名的教育家和政治家看来，中国革命是二十世纪最伟大的事件之一，甚至是滑铁卢以后的最伟大的事件。这是一个最辉煌的成就。它意味着四万万人已从君主专制体的奴役下解放了出来。这个专制制度已经存在了四千多年，在它的统治下，“生存、自由和对幸福的追求”遭到剥夺。它还标志着一个皇朝的覆灭，这个皇朝的残酷压榨和自私自利，使这个一度繁荣昌盛的国家，沦为一个贫穷不堪的国家。清政府被推翻，意味着具有最野蛮的制度而又道德沦丧的这个皇朝的毁灭和废除。

五个月以前，我们连做梦也想不到会有一个共和国。对某些人来说，即使许诺尽早成立一个立宪政府，他们也是抱着怀疑态度的。但是每一个爱国的中国人，不论是一个政治家还是一个劳动者，在他的内心深处，都有着反满精神。一切苦难，如水灾、饥荒和各方面的倒行逆施，其根源都是由于清朝暴政及其贪官污吏。压迫是这场惊人的革命的起因，它看来是一场灾难，实际是造福于人类的一大幸事。我们在目睹着种种改革，在暴君的统治下，这些改革是永远也不会完成的。我们从报纸上读到中国的剪辫子运动，千千万万的人如何剪掉了他们的累赘——中国民族的耻辱……无数其他的改革正在进行之中……

这场革命在中国建立了自由和平等；为了每个人的这两个不可分割的权利，许多人英勇地献出了宝贵的生命；但博爱仍然有待争取……博爱是人类尚未实现的理想，没有人类的兄弟情谊，自由就没有可靠的基础，除非人类彼此视作兄弟，否则平等只能是梦想。

宋庆龄不是这场革命的直接参加者，但她却写出了如此精彩的文章。宋霭龄注重实干，关注实际利益；而宋庆龄却更具理想，胸怀博大，目光长远。姐妹两个的不同之处于此已见端倪。这时的宋庆龄已决心学成回国，去投入这股革命的洪流中去。

十

宋庆龄与小妹告别，宋美龄哭了。

1913年夏，宋庆龄要毕业回国了。小妹请了三天假专门送二姐宋庆龄。那时宋美龄正在大学二年级读书。亲眼送走了大姐宋霭龄，今日又要送二姐了。三姐妹在美国相聚的日子，令她难忘。二位姐姐对她生活上的关心，使她无忧无虑。眼看着二姐又要远走高飞了，她好痛心。路要靠自己走了，展目前方，她有点怕。要说怕什么，她自己也说不清楚。

宋美龄进房的时候，宋庆龄正在拾掇衣物。

“小妹，你眼圈发红，是不是哭了？”宋庆龄转过身来，发现了宋美龄。

宋庆龄不问还好，一问，宋美龄便倒在床上大哭起来。

“好妹妹，莫哭。”宋庆龄上前开导，“说心里话，二姐也想再陪读两年，学点医学，届时我们一起归国。可是，一切都安排好了。小妹是位坚强者，是会照顾好自己的。”

宋美龄哭声渐小，然后抹了一把眼泪坐起来说：“说心里话，你比大姐还好，大姐走我没掉眼泪，你要走了我还真舍不得。”

“是吗？我的好妹妹。”宋庆龄文静地说，“刚才，我已给安斯沃思夫妇挂了电话，他们与父亲都是好朋友，与孙中山总统也有联系，他们夫妇会照顾好你的。有事情与他们联系，他们会竭力帮忙的。再者，我的同学安子小姐也是个热心肠，也可以找她。学习上要用心。把西方的好东西学到手，带回去，献给咱们祖国，这才是爸妈的希望。另外要注意天气变化，加减衣服，不要只顾俏，不穿套噢。”

“我懂。”宋美龄破涕转笑，又道，“我现在很想家，尤其是妈妈，我很想吃妈妈亲手做的水晶饺、打卤面，馋得我流口水。”

“那就给爸妈写封信吧，我带回去。”宋庆龄提示道。

“好姐姐，谢谢你了。”宋美龄说完，就伏在二姐的桌上开始写信，宋庆龄继续收拾她自己的东西。

等宋庆龄收拾好衣物时，宋美龄的信已写好。两姐妹又继续攀谈起来。为消磨时间，宋庆龄给小妹讲起了故事。

其实，这是宋父当年讲给她的故事。

故事的大意是，在美国的大学里，流行老生欺侮和戏弄新生的做法，有时用的手段相当残酷。宋父刚到美国求学时，几个老生在圣诞节前夕，想吓唬这个新来的异教徒（宋查理）。他们在宋查理晚间回来之时，在他房子里，偷偷地挂了一些鬼形怪状的灯。回房时，猛一看见这些眼睛和嘴巴都喷火的鬼怪，确实吓得全身发抖，但很快就镇静了下来。接着就举起双拳，狠狠地向这些“妖魔”打去，发现只不过是一些用南瓜做的东西，便笑着走开了。等在那里看笑话的人先是感到失望，转而对他尊敬起来。

“爸爸真胆大！”宋美龄脱口而出。

“是啊，小妹也要学胆大噢。”宋庆龄又道。

“放心吧，小妹不拦二姐了。”

“好妹妹，姐姐是十分爱你的。我回去后，一定给你写信，好吗？”

“好的。一言为定。”宋美龄伸出手来，宋庆龄也伸出手来，当两双白皙的手握在一起时，姐妹俩都开怀地笑了。

十一

8 月初的一天凌晨，宋庆龄就要起程回国了。

她先向大洋彼岸的宋父发了封电报，告诉他起身的时间和客轮到达下一站转途的时间，请父母放心。

感情这东西，像一个怪物，在折磨着宋庆龄。没起程前思乡心切，真到了起程时，她又对美国这个第二故乡，有点恋恋不舍。一奶同胞，姐妹情深。是恋小妹宋美龄，还是恋这里的乡土民情，她自己也说不清。

“二姐，祝你一路顺风！”宋美龄在岸上喊。

“小妹，你要多保重！”宋庆龄在船头挥手。

风拂着她们的秀发，姐妹二人各自像株玉树，默默对视着，泪珠注满晨曦的光辉。

客轮向着转途第一站加利福尼亚的伯克利劈波斩浪地驶去。待宋庆龄安全地到达加利福尼亚的伯克利时，姨父温秉忠的好友林先生（实际是姨父的大学同学）在码头迎接了她。二人寒暄后，林先生把她接到自己的家里住了下来。

恰在这个节骨眼上，宋庆龄又接到宋父“推迟行期”的加急电报，是林先生转给她的，令宋庆龄吃惊。本来应该好好睡一个夜晚，她却失眠了……

思亲切切。宋庆龄是怀着献身祖国的理想而回国的。宋父的电报又使她想了很多很多。莫非是国内形势吃紧，她更多地关心起国内形势来……

此时，国内革命的真正形势是：孙中山在袁世凯的压力下，辞去临时大总统的职务，就任全国铁路督办。辛亥革命的果实被北洋军阀篡夺。1913 年 2 月，孙中山赴日本考察铁路。7 月，袁世凯的反革命嘴脸暴露无遗，孙中山回国发动“二次革命”。8 月，“二次革命”失败，孙中山逃亡日本。这期间，宋霭龄始终跟随在孙中山身边，协助他处理机要密电、来往信件，整理资料、文件，负责迎来送往，照料孙中山的饮食起居，等等，成为孙中山的得力助手。

1913 年 8 月 9 日，孙中山抵达日本。不久，宋查理携全家逃到日本。正在这时，宋庆龄结束了在美国的学习生活。

可是，这些动乱情况，包括宋父已无法在上海生活、生命受到威胁的情况，宋庆龄凭着一纸电报“推迟行期”的内容，是无法想象得到的。林先生当时是中国驻旧金山的代理公使，说话幽默，对国内的动乱形势虽给宋庆龄透露了一些，但宋庆龄似乎意识到事态的严重性，很想知道宋父的详细情况，可是林先生也说不大清楚，只告诉宋庆龄“要耐心等待”。

事到如今，宋庆龄还能说什么呢？只好等待。

在主人的热情安排下，宋庆龄大大享受了一番“高等华人”优裕的生活乐趣。到处观光，也去舞会和剧场，并作为“主宾”去出席中国留学生招待会，大开眼界。在檀香山，主人又陪她驱车去山区观光，尽情领略了热带海岛上美丽的风光。正如宋庆龄所说：“真美，那些奇特的树木和鲜花，四季常青，花开不败，从未见过。还亲口吃了像红枣儿似的果实，放到嘴里一尝，味道好极了，仙人般的享受。果园里的土著人，一般看来都很肥胖，穿着胸衣似的衣服，很奇特……”

外面的风光再好，但它毕竟不是自己的家。每天回到房里，关起门来，那种思念祖国和亲人的缕缕情丝，无时不在袭扰着她。

门开了，主人林先生进来了，手执一封加急电报：“庆龄，爸爸又来电报了。”

“什么内容？”宋庆龄迫不及待地问道。

“爸爸已到日本横滨，让你到日本见面。”宋庆龄接过电报，看后道：“爸爸本来说好让我回上海的，怎么又突然变卦了？这里面一定有重大变化，他们在瞒着我。叔叔，你能告诉我吗？”

林先生呷了一口茶道：“孙中山的‘二次革命’已经失败，他已受到袁世凯的通缉，可能宋查理也受到了连累，在上海待不下去了。这只是我个人的估计。”

“那中山先生现在哪里？”宋庆龄急问。

“他也避难到了日本。”

“啊，原来如此。”宋庆龄叹道。

“国家动乱，家无宁日。”林先生在屋内踱着步子，道：“庆龄，我看这样吧，趁你船票还没买，干脆就不要回去了。再者，国内不少高等华人正办迁居手续来美国。现在，你已经获得文学学位，在美国的工作，我包了。包你理想、舒适。”

“怕是家父不会同意。”宋庆龄借口推辞道。

“宋查理也是泥菩萨过河，自身难保啊。他的工作由我来做。”

“不，我已来美整整六个年头了，这里是好，不光风景好，人情也好，但不是自己的家啊！”宋庆龄说到这里，已是泪水涟涟，“狗不嫌家贫，儿不嫌母丑。我现在很想家，恨不能一步迈到家门。谢谢叔叔的好意。”

“庆龄有志气。”这位楚楚动人的少女，不但美丽，更重要的是有自己的思想和见地，令林先生肃然起敬。“好，叔叔就不挽留你了，明早我就订票去。”

“谢谢叔叔。”宋庆龄把林先生送出门外，道了一声晚安。

第二天下午 2 点，林先生又把一位美国友人给孙中山先生的一封私信交给了宋庆龄。宋庆龄再次上了客轮，直开日本横滨。无数个黑夜和白昼的交替，陪伴着宋庆龄思亲心切的心情。客轮经过十多日的航行，于 8 月 29 日中午到达终点站——横滨码头。远行的游子重新回到了亲人的身旁。码头上，父亲与大姐宋霭龄上前紧紧拥抱了她。

第四章

总统秘书

崇拜英雄，萌生爱情；真正的爱情，能跨越年龄差异的羁绊、传统思想的阻拦。宋庆龄爱孙中山，更爱孙中山对革命的追求和献身精神。

——题记

十二

革命处在低潮，宋查理跟随孙中山先生逃亡日本横滨，住在最可靠的日本朋友梅屋庄吉夫妇家里。主人梅屋庄吉夫妇在 20 世纪之初就与孙中山先生结识，那时他们在菲律宾联手，几次为中国革命党人提供给养和军火，来往密切，成为至友。梅屋庄吉也是当地小有名气的实业家，开有酒吧餐厅，同情中国革命。晚年因反对日本侵华战争而遭迫害致死。

在宋查理身处逆境之时，宋庆龄回到了父母身边，无疑是对父母及家人心灵上的一大安慰。事业遭受挫折，家庭便成了避风的港湾。骨肉亲人的到来，活跃了家庭的气氛。全家人像一架机器迅速旋转起来，宋查理与宋霭龄去码头接站；宋子文到街上采买；母亲在家中备炊，做宋庆龄自幼喜欢吃的饭菜。

8 月 29 日的晚餐，格外丰盛。这是顿团圆饭，也是为宋庆龄接风洗尘。虽在异国，别有一番中国传统风味。父母、姐弟不断把美味夹到宋庆龄的小盘里。六年久别的亲情，化作无语的行动，使宋庆龄领略到这个世上骨肉亲情的至贵。这个喊“二姐”，那个喊“大妹”，父亲乐，母亲笑，全家一片祥和。

“庆龄，想老爸了吗?”宋查理开了腔。

“好想，不光想爸，还想妈哩！全家人都让人好想。”

“妈咪也想你啊。我问你，你回来了，小妹怎么样?”宋母也开了腔。

“啊！我忘了。小妹还给二老带封信呢!”宋庆龄说完，忙离开餐桌，去行李中取出那封信。交给妈咪时，却被爸爸抢了过去。再由爸爸递到宋霭龄手里，命令道:“霭龄展读，全家细听!”

宋霭龄接过信来，嘴里正在吃鱼，“报告爸爸，长女正在吃鱼，吃鱼需要细嚼慢咽，不然鱼刺刺了喉咙，又烦您去请大夫。待长女吞下这块鱼肉，展读迟吗？”宋霭龄一本正经，大家忍不住地发笑。

“调皮鬼！”宋查理笑说。

“遵旨，霭龄开始宣读。这是大洋彼岸宋美龄小妹发来的家书。亲爱的爸爸、妈咪、妹妹、弟弟，请你们洗耳恭听——”

“快读吧，少啰唆！”妈咪等不及了。

爸爸、妈妈、大姐姐、哥哥、弟弟：

二姐要走了，带去这封信，连同我的祝福：全家人好！要说的话很多很多，我要告诉你们几件事，急不可待地要告诉你们：

一是包裹收到，妈妈亲手织的毛衣毛裤，还有那个小红帽，织的挺好看，可就是戴不出去。

二是爸爸寄的款我已收到，是前天取的。是学友陪我去的，在取款的路上，我买了双靴子，是粉红色的，式样新颖，在美国很流行。现在我已穿到了脚上，引人注目。

三是我穿了妈咪织的那件白毛衣和白上衣，同学都说我可清纯了。

四是我决定开始减肥了。我为将来我会变瘦而感到幸福。我也打算日后锻炼身体，做健美运动。

五是我与宿舍的同学处得非常好，没有争吵、任性。明天看电影，同学们已约好。

最后一个就是，我太想你们了，我真想赶紧毕业回国，与你们团圆，吃我妈做的水晶饺、打卤面等。

宋霭龄读到此，又道：“信到此读完，大家还有什么疑问，请问大妹宋庆龄。她刚从宋美龄身边回来，这用不着我向诸位介绍了吧？”

宋美龄的信，把晚餐推向了高潮。全家在欢笑中尽情享受这一天伦之乐。可是，妈妈倪桂珍却暗暗流泪了。

“老太太，庆龄还未做详细汇报，你怎么先哭了？”宋查理提醒道。

“不是哭了，我是高兴啊！”倪桂珍擦了擦眼泪，“庆龄，你快说，妈咪听着哩！”

“我临回国时，美龄专门请了三天假，为我送行。美龄小妹也哭了。可哭得不像妈妈这般高兴。”宋庆龄一字一板地说。

“她还说什么了？”妈妈又问。

“信上都说了，她太想你们了。”

……

欢乐的晚餐，欢乐的气氛，显示着中国一个民主家庭的和谐、幸福、美满。在这个民主家庭中，显示着个人的性格、追求和气质。

晚餐行将结束时，宋庆龄又取出一封信，交给爸爸说：

“这是美国友人给中山先生的，让我面交。”

“好，我来安排。”宋查理道。

“爸爸，还有我的工作？”宋庆龄又道。

宋霭龄嘴快：“中山先生还想挑选一位秘书，我看大妹合适。”

“这个可作参考，你们都不要管了。”宋查理挥挥手，在民主的气氛退出后，开始行使他一家之主的权威来：

“庆龄，先休息几天，听从爸爸召唤。”

“好，我听爸爸的。”宋庆龄嫣然一笑。

十三

一天清晨，在宋查理和宋霭龄的引见下，宋庆龄与孙中山会面。

第四章
总统秘书

当宋庆龄立在孙中山面前的时候，孙中山先生着实大吃一惊。

宋庆龄上身穿着海蓝色的织锦旗袍，衬出她那不胖不瘦的窈窕的身姿；胸前别一小巧剔透的紫红色的胸花，更衬出她那少女的朝气蓬勃；米黄色的筒袜，外加白色的皮鞋，显示出少女的清纯；脖子上系一条底色是淡绿色带有格格的纱巾，直直地垂着，犹如男人的精美的领带，令她格外精神；乌黑的齐耳短发，像个“A”形，紧紧贴在脸旁，衬托出她那端庄、白皙、清秀的脸庞；她那一对杏眼很大，很传神；弯弯的月牙眉，透出几分空灵秀气；鼻口都长得端正，大小合适，给人一种自然之美。总之，给孙中山先生的第一印象是，走南闯北，还未曾见过这样的丽人。尤其是在气质上，给人一种威慑力。宋庆龄属于那种耐看而又气质不凡的少女。眼睛是心灵的窗口，从她那双美丽传神的眼睛中窥出善良、执着的心灵。体味很多，反正叫他也说不清。

孙中山先生接过宋庆龄呈过来的信件时，忙正了正自己的帽子，接着又把信件置于案头，笑着说：

“多年不见，庆龄长高了，也变得更漂亮了，着实叫人喜欢啊！”

“叔叔，你是人们敬仰的英雄，中国革命的希望。我在美六年了，如今回来，能帮你做点什么工作，我也就心满意足了。”宋庆龄彬彬有礼地笑道。

在宋庆龄眼里，孙中山先生一身深蓝色的中山服，外加一双黑色锃光瓦亮的皮鞋和雪白色的袜子，个头不高，却十分精明能干；他脸庞瘦削，头顶的黑发不多，似乎已经稀疏；浓眉大眼，给人慈祥和坚毅之感；鼻口方正，布局合理，给人以信任之感。加上他是父亲的至交，他的传奇，包括他的心灵，在宋庆龄眼里，他又是一位不可多得的导师、长辈。初来乍到那种紧张的心情，在孙中山先生的朗朗笑声中很快化解了。

“庆龄，今天见了你，我很高兴，我为你爸妈生了你这个有出息的女儿而高兴啊！你回来前后的情况，你爸爸和大姐多少给我介绍过一些，听了很感人。听说你在美学习时，发表了不少对中国革命有见地有才气的文章，能让我这个当叔叔的看看吗？”孙中山笑着说。

“在导师面前，怕是拿不出手来。再说那都是过去的事情了。”宋庆龄大大方方地道。

“不，我要看！你以后要在我身边工作，我要审查哩！”孙中山先生诙谐地说。

“叔叔说话，我怎么能不听。等我整理一下，明日再给叔叔看。”

“那好。”孙中山先生站了起来，“要知道，干我这一行是要杀头的。你爸爸和大姐已经跟我多年了，吃了苦也受了累，如今又远走他乡，逃到这里扎营。不是叔叔吓唬你，这门外还有暗探。袁大头不容我，我当然也不容他了！现实已经证明。”孙中山先生说的也是真心话。

眼下，孙中山的处境十分不妙。两年之前，在经过多年的革命奋斗之后，他终于取得了胜利，成为世界上最新的共和国（它取代了世界上最古老的封建帝制）的创始人和第一任总统，被称颂为“中国的乔治·华盛顿”。但不到一年工夫，这个刚诞生的共和国被封建官僚袁世凯——中国第一个由帝国主义支持的军阀和独裁者所颠覆。孙中山把总统职位让给袁世凯，作为回报，袁世凯誓言忠于新式政府，孙中山希望这样可以避免一场内战。在孙中山一生中，这可能是他所犯的最大错误。阴险残暴的袁世凯撕毁《临时约法》，清除革命党人，并对其中最能干的人进行暗杀，最后图谋复辟称帝。1913 年，孙中山为实现他建设一个现代的、进步的、民主的中国的理想，发动了“二次革命”，遭到失败。他既被这个篡权者宣布为大逆不道的人，又被外国政府——它们正在称颂和资助袁世凯——所抛弃，既无地位又无钱财，但他现在要重新开始，组织第三次革命。

虽然正处在革命的最低潮，但他仍不停地工作。一些坚定的追随者仍同他站在一起，许多颗热烈的心仍在为他而跳动。但革命的火种随时都有被扼杀的可能。

正是在这种极其艰难的情况下，宋庆龄来到了孙中山先生的身旁。为了中国革命的事业，她把危险留给自己，心甘情愿地“做个冒险的追随者”，充分显示了20世纪初这位少女的崇高品德和对真理的孜孜追求。正如宋庆龄日后所说：“从美学成后，我面临各种机遇。但我选择了做孙中山先生的学生，至今我不后悔。一个人要实现自身的价值，要有追求，追求是人类最神圣的事业和美德，甚至高于爱情。这是一般常人难于理解的。我这样做了，实际也是孙中山先生对我的考验。至于我和孙中山先生的结合，那是日后我们志同道合的缘故，是顺理成章的事。”

第二天，宋霭龄又陪宋庆龄来到了孙中山的办公室，三人一阵热情的寒暄之后，宋霭龄主动礼貌地退出了。孙中山对宋庆龄说：“我要看的杰作带来了吗?”

“带来了，先生。我昨晚忙乎了半宿，也没找全。余下的我再找。”宋庆龄把几篇文章呈给了孙中山。

孙中山边接文章边想：宋庆龄好聪悟，在父亲面前喊我叔叔；此时，父亲不在又喊我先生了。本来要交代她的事情，自己还没来得及交代，对方已付诸行动了，令孙中山大为感动。

宋庆龄在旁指指点点，孙中山一篇一篇过目。全是英文剪报，且用红笔圈着，注有时间、地点、发表报刊的名称。

“这篇题目新颖，《二十世纪最伟大的事件》，让我好好读读。”

“写得不好，见解还很幼稚。”宋庆龄笑笑。

孙中山先生展读后，掩饰不住内心的激动，连连称赞，想不到宋庆龄这位大学生不是这场革命的直接参与者，但却写出了如此精彩、催人泪下的文章，观点鲜明、感情真挚、文笔流畅。就连他这个直接组织者也难体味到或发挥到的，从理想到认识，有理有据，十分周全。至此，孙中山对眼前这位少女有了更深层的认识。如果说昨天见面是在外表，那么今天则是在心灵的深处。

在此后的十天里，宋庆龄便成了孙中山先生办公室的常客。当时，大姐宋蔼龄是孙中山先生的英文秘书，已寻到“白马王子”——山西的富家子弟孔祥熙，不日即将结婚，宋查理也在孙中山先生身旁工作，主要帮助先生理财，支持先生正在筹划的又一次新的革命行动。宋庆龄每次来孙中山办公室，主要是由宋蔼龄和宋查理带来，大概有七次之多，每次待上几个小时。这样，她很快地开始熟悉孙中山先生进行的革命工作的环境和需要，也便更快地进入角色。

当时，日本外务省的密探偷偷地监视着孙中山的每一个行动和他所接触的每一个人。这些密探的报告清楚地记录着宋庆龄来访的次数。在辛亥革命之前，孙中山和他的追随者多次流亡日本，日本政府的态度不错，甚至对他们表示容忍。现在态度变了。就在这一年早些时候，孙中山代表民国政府率领官方的铁路考察代表团访日，还受到公开的欢迎，现在却看不到一丝这样的表示了。他现在只是一个不合时宜的客人、一个正被袁世凯政府通缉的逃亡者。而东京则正在同袁勾结，并且很可能把得到的关于孙中山的情报送给袁。不仅孙中山的活动和计划处于危险之中，他的生命也是一样，因为袁世凯的杀手一直在追踪他。

根据 1914 年 1 月至 3 月的日本监视报告，宋庆龄曾多次来到了孙中山的寓所（也就是他的办公室），并且在有一次孙中山患病时帮助看护他。在这样的环境下，她对孙中山的工作、个人品格和生活方式都有了更深的了解，同时也对孙中山更为同情和敬慕。

十四

在宋庆龄留美归来一个月后，宋霭龄正式向孙中山先生提出辞职。孙中山舍不得失去这样一位好助手，沉默了好一会儿才开口，他语调沉缓，高度评价宋霭龄几年来的工作，赞扬了她的工作精神、办事能力和负责态度，并对宋霭龄诚恳挽留。孙中山说，如果准备结婚，以后可以多留一些时间处理家务，每天只要能来两三个小时帮他处理一下最重要的事务，他都将非常感激。

宋霭龄突然发现孙中山好像苍老了许多。辛亥革命给历尽千年黑暗的中国带来一线曙光，结果袁世凯的独裁统治又把中国投入到黑暗之中，这对革命者来说是一段非常困难的时期，人民的悲观情绪达到了极点。孙中山也同样心情沮丧。二次革命失败的打击，自身面临的危险和党内的涣散，使他心力交瘁。他正着手做国民党的改造工作，以使党内能够统一意志，坚强有力，承担起倒袁重建共和的重任。孙中山要求所有党员都要在誓词中写明“服从孙先生”，并加盖指模。这一条遭到党内不少人反对。一些多年的战友几乎为此闹翻。孙中山需要一个忠实能干的秘书。这时候离开，宋霭龄心中也有些不忍。为孙中山的至诚感染，宋霭龄几乎要答应留下来了。但她忍住了，沉默了一会儿，终于决心彻底离开。她向孙中山推荐了妹妹宋庆龄来接替秘书工作。她介绍说，宋庆龄非常崇拜先生，热情高，意志坚定，是一位办事务求完美的理想主义者。她在各个方面都比自己更强，肯定能干得更好。孙中山默默点了点头：

“这点我承认，只是人才不可多得！”

这一天，两人几乎没再说话。孙中山思索更多的是，宋霭龄泼辣能干，自己没想到的，她替自己想到了；自己想到没来得及做的，她已经着手准备了；自己想不周全的，她都几次提醒自己，完善方案。两人从来就很默契。他感激宋霭龄，宋霭龄也感激他。尤其是宋霭龄在工作的时候，对他的衣食住行和身体格外关心，事情虽小，却是宋霭龄抛出的“绣球”，心细的孙中山先生已经领悟，但他没有再抛回，以致宋霭龄在一段时间内产生点情绪，但并没影响她的工作。此时，宋霭龄要走，更加重了他的内疚。

宋霭龄处理了手头紧急的事务，把其他的案卷做了清理，未完的事情都加了说明性的文字，为宋庆龄能够很快投入工作，做了准备。

宋霭龄下午离开的时候，孙中山中断了和党内干部的谈话，亲自送出门外，握手道别后，又一直目送她的车子远去，消失在街道尽头。

宋庆龄接替秘书后，进入角色很快，令孙中山先生吃惊。她不仅在工作上帮助了孙中山，更在精神上支持了孙中山。她对革命的赤诚炽烈之心，如同一支火炬照亮了孙中山一度灰暗的心情。现在他精神焕发，信心倍增，浑身都流淌着青春的血液，改造国民党的大业进行得卓有成效。

由于工作的缘故，孙中山和宋庆龄接触多了，言谈举止，家庭琐事，无所不谈，互不相避。孙中山先生为人豪爽，义气待人。他不但谈自己的身世，也谈自己的妻室与孩子……

那是一个难忘的夜晚，孙中山处理完公务，与宋庆龄进行了长时间的攀谈。孙中山先生道出了自己的全部身世。宋庆龄不停地插话，二人谈得十分投机。

孙中山的家乡广东省香山县处在互相交织又互相冲突的两个世界的交汇点，家乡流传着洪秀全太平天国起义的传说。它毗邻港澳——澳门于1553年被葡萄牙占领，而香港则在19世纪40年代割让给英国。孙中山的父亲到澳门做工时备受殖民者的轻蔑和歧视。在美国 1849 年开始的西部“淘金热”时期，他的两个长辈曾被骗到加利福尼亚当“契约劳工”。像当时时常发生的那样，其中一个死于海上，另一个消失在美国西部的一处无名的坟场中。这一打击是如此沉重，孙家人发誓，以后不许任何一个族人出洋——虽然过了若干年后又有人出国了。

孙中山反叛之根主要产生于国内。孙家家道刚刚开始富裕时，其中有两个族兄，忽被清兵抓走，财产被洗劫一空，房屋被封。听说后来被斩首，死时还带着铁链子。

哪里有压迫，哪里就有反抗。孙中山自幼就要做“洪秀全第二”。这个传说至今在家乡流传着。

不是孙中山不爱家乡，而是家乡遗弃了他。13 岁那年，他就随母漂洋过海到了在夏威夷的哥哥孙眉那里。孙眉很早就去夏威夷做苦工，后来经商发了财，便在毛伊岛上办了一个小牧场。他打算让弟弟先上几年外国学校，然后跟他一起经营牧场，最后把产业交给他继承。少年孙中山就这样进了英国传教士办的意澳兰尼学校，很快学会了英文。到第二年，他就得了奖，是由当时还未独立的夏威夷特首架刺鸠亲自颁发的。

燕雀安知鸿鹄之志！使孙眉失望、吃惊的是，孙中山虽然书念得好，但他对基督教和其他“非中国”的念头的兴趣太浓厚了，而对于发展和继承毛伊岛上的家业则毫无兴趣。因此，孙眉不得不把这个令他失望的弟弟遣送返乡，让他头脑清醒一下。

但事与愿违，年轻的孙中山回乡不久就闯下了大祸。他把村中一座庙宇里的神像砸了，因为他现在把它们看成无知落后的象征。村民们大怒，按照族规，他们可以把这个大逆不道的孩子处死而不受任何法律制裁。但在孙中山的父母答应出资修复庙宇之后总算免他一死，只把他逐出家乡了事。家人在惊慌之余设法把他送到香港。

他在那里受了洗礼并到中央书院（中学）念书。

1884年，家乡人对他的态度缓和了一些，他短暂地回乡一住，以尽孝道——遵父母之命，同一位名叫卢慕贞的不识字的姑娘结婚。这时他同哥哥也和好了，所以婚后又去夏威夷观光。到1886年再回香港，攻读医学学位。医学不是他的第一志愿，但他行医主要是为了“掩护他的革命活动”。革命道路的艰难曲折，难不倒孙中山这样一位百折不挠的华夏强人。

……

“我可不像你那样曲折传奇。”宋庆龄感叹道。

同时宋庆龄也谈了留美的生活逸事，不觉间已到了深夜。

孙中山先生看了看表，说：“啊，时间不早了，已到了12点。休息吧。”孙中山先于宋庆龄站起了身。

宋庆龄将要迈出门槛时，似乎又想到了什么，停下脚步道：“黄老（指黄兴）的思想工作，还要做一做，是让他来，还是你去找他谈？”

“现在我们二位老友关系很僵，你先去找他谈谈，通融一下，看情况我再找他面谈。这样效果或许更好一些。”

“那好。”宋庆龄走出门外，天上已是繁星点点了。幸有溶溶月色，路面还看得清晰。

第五章

心心相印

在这个世界上，当两位伟大的革命者，他们的理想与爱情相结合时，会喷出耀眼的火花，产生翻天覆地般的力量。革命是神圣的！当今世界的奇迹，是靠革命者创造的。

——题记

十五

冬去春来，号称樱花之国的日本，已是樱花烂漫了；街道上的杨柳已展出了新枝，露出了新叶，含苞待放的“毛毛狗儿”已吐出了花絮，显示出春天的气息。樱花飘香，柳絮落英……美丽的日本，美丽的横滨，一座神话般的城市。

转眼间，宋庆龄已在孙中山先生身旁工作了半年多。革命形势也发生了深刻的变化。几个月之后，也就是1914年7月8日，孙中山创立的新党——中华革命党在日本正式成立。孙中山阐述创立新党的意图，二次革命所以失败，“非袁氏兵力之强”，“乃同党人心之涣散”。此次创立中华革命党，是为坚定革命信心，重新集结革命力量。孙中山出任党的总理，陈其美、张静江、胡汉民、张继、廖仲恺等为总务、党务、军务等各部正副部长。中华革命党的纲领是“以实行民权、民生两主义为宗旨”，“以扫除专制政治，建设完全民国为目的”。在组织原则上，明确规定党员“必须以牺牲一己之身命的自由、权利，而图革命之成功为条件，立约宣誓，永远遵守”。“凡党员有背党行为，除处罚本人外，介绍人应负过失之责”，为改变国民党“主持党务者，半为官僚所软化”和成分复杂的情况，宣告此次建党办法务必正本清源：第一，摒斥官僚；第二，淘汰假革命党，以防止第一次革命时形形色色不同动机、不同面目的人都纷纷投机混入党内，结果鱼龙混杂，以伪乱真，异党入据，大权旁落，真正的革命党反遭排斥，革命也完全变味的情况。

孙中山真切地感受到了宋庆龄对他的事业和精神上的支持。要真正完成他的革命大业，他的身边不能没有宋庆龄，她是他心中的太阳。宋庆龄也由衷地爱着孙中山，愿意为他和他的事业献出自己的一切。

党的改造工作取得重大进展，孙中山在党内的领袖地位得以确立和巩固。他度过了令人担忧的精神上的颓唐时期，重新焕发了朝气，将再次成为中国革命的风云人物。宋庆龄对这一事实看得非常清楚。宋庆龄炽热地爱着孙中山。

再说，由于孙中山领导的政党已进行彻底改组，势力在一天天地壮大，在国内，袁世凯的后院已着了火，面临着朝不保夕的局面。这时精明的小日本对孙中山也“温和”多了，不再监视他的行动，并表示容忍。在1914年年初，第一次世界大战爆发，日本站到协约国的一边，不去参与欧洲市场的争夺，而去占领德国在太平洋上的殖民地——中国胶东半岛上的青岛。在这里，日本仅以少量军队就攻破了德国防御，夺占了青岛这个繁华的城市，在中国站住了脚，以观中国之形势。所以它表面对孙中山友好，其实也是对付国内袁世凯之策略。然而孙中山虽在异国，也是明白人，对此采取利用和反利用的策略。孙中山的革命党迅速派陈其美及其部属蒋介石去上海组织一起陆海军起义。起义虽然失败，却使袁世凯大为震动……

所有这些，都鼓舞着宋庆龄和孙中山。昨晚他们二人进行了长时间的谈话。今天，宋庆龄还是按时起了床，奉命去黄兴住地与其交谈。因黄兴住地离自己住处不远，宋庆龄没有坐车，而是步行而来。早晨8点，晨雾还没有散去，街道两旁的樱花和垂柳，给人以朦朦胧胧之美，市区边的大海似乎也显得平静、柔和；8点正是人们上班之际，街道显得拥挤。宋庆龄无心流连这里的异国风情，披着海蓝色的风衣，急步向前赶。在街道的拐弯处，那里有一群人，围着一个无腿残废的少年。少年蓬头垢面，屈着身子，躺在地面上；一位带黑纱的老妈妈，双膝跪地，祈祷着，向行人乞求。显然这长者是少年的母亲。宋庆龄因有急事，本想绕开，不觉顿生怜悯之情，忙从兜里掏出几张零钞，上前顺手放在了老人面前的花碗里，便匆匆离开了。那老者祈祷了一句："好人行好，长生不老；好人行善，灾祸全免！"

宋庆龄来到黄兴住地，他正在院子里舞剑。

黄兴满面红光，精神奕奕，剑从手出，一左一右，一起一伏，似太极雄风，又似蛟龙汲水；忽而悟空观天，忽而大鹏展翅，一招一式，刚劲有力。等他做完一套动作后，忽见宋庆龄立在身后，忙道："啊，宋秘书！早安。"

黄兴把宋庆龄让到屋里坐下，递上一杯茶："宋秘书过来，一定有要事？"

"没什么要事。"宋庆龄说得很随便，"奉中山总理的旨意，来看看黄老。黄老是中山总理的恩人，总理职务还不是您黄老举荐的吗？"

"那都是过去的事啦！"黄兴挥挥手道，"中山为人公正，社会活动和组织能力强，此人无官欲，我举荐他，也是出于公心嘛！"

"是啊，我这样认为，中山先生也是这样认为的。"宋庆龄慢慢地解释道，"关于您和中山的意见分歧，都是出于公心，为了工作。"宋庆龄点题道。

"事后，他对您提议'服从孙先生'这句话不妥，也进行了反思。当时，他的想法是几次革命失败，教训沉痛。主要是人心涣散，目标不一，没有旗帜，没有纪律。提出这条原则是出于教训。经过反思后，他认为您的话也有几分道理，经我提议，改为'绝对服从组织'，并定为党的一条特殊的纪律来约束全党人员。孙中山先生同意了，认为这样提，更为确切，今天特来与黄老商量。"

"改得很好。"黄兴很亢奋，"我也是这个意思，是我这人表达能力有限，心想到而说不出。看来，我还得去美国留学啊！"

"黄老，您说哪里去了。"宋庆龄嫣然一笑又道，"我刚刚走上社会，处世经验太少，还须黄老多多关照啊！"

“哪里哪里!”黄兴笑道,“中山有这句话我也心实了。代问中山,我也有欠他之意,不该在会议上与他大声争吵,不欢而散。找个时间,我要当面负荆请罪。我黄兴虽不是黄忠,但我仍是忠心耿耿,一如既往,不计前嫌。”

“那好,你们当面谈,比我来回传达更能交流思想。”宋庆龄道。

……

宋庆龄离开黄兴住地的时候,太阳已经升到中天。白茫茫的晨雾早已散去,丽人容貌般的樱花,更显得迷人。大海在微风中也活跃起来,涌起浪花,铺卷到岸边的青石旁,堆起白色的泡沫;两只相恋的海鸥去岸边寻食;一对花喜鹊在樱花枝头鸣唱……宋庆龄猛然想起了什么……21 岁的宋庆龄也该恋爱了?今天她为能替孙中山先生办成一件事情,解除他几天来的苦恼而高兴。她想马上见到孙中山。外面的风光虽然诱人,而没有孙中山在旁却感到孤独……

她不知道自己是怎样回到孙中山的办公室的。可是令人失望的是,她想见到的孙中山不在办公室。他到哪里去了呢?桌上又没有留下条子。孙中山啊,宋庆龄在爱你,你怎么这般粗心。要知道,这是少女最清纯的爱恋啊!宋庆龄伏在桌上,她怨恨孙中山,又怀疑自己是否一厢情愿……

宋庆龄已经 21 岁了,在那个时代,像她这样年龄的女人大多已为人之母了,她还是个大姑娘,而且她还没有一次恋爱的经历。她继承了父母容貌的优点,在美国时,很多同学都称她“大家闺秀,清纯可爱”。如今,学问和知识赋予了她高雅的气质,朴素不失端庄的衣服更衬托着她的精明干练。如果说女人外表的包装,是为了找一个可以托身的男人,那么宋庆龄则一反潮流,她宁可不包装。朴素文静是她给人的印象;追求真善,是她抛给男士的绣球。可是,谁能捡起这个“绣球”呢?她总是这样认为:爱我的人我不爱,有心人找上门来。她留美归来,从见到孙中山第一面起,她像是发现了新大陆，原来世界上还有这样出色的男子，令她吃惊。她不是因为一种心底喷发出的强烈炽热而一见钟情，不是出于青年男女那种自然的两性相吸。对孙中山的这种感情完全是一种多日来理智思考的积淀。现在这种连月来潜意识中的东西与日俱增，开始占据她的心灵。一个原本模糊的东西开始渐渐明晰起来。只有这样的人，才是可以托付终身的男人，值得辅佐的大丈夫……她不希望对方把她当成孩子看待。有时，这让她心烦意乱。她几次想谈开，但少女的害羞，又使她难于启口……

起风了。一阵风吹来，夹着樱花的散瓣，越过了窗户，散落到办公桌上。她在惊叹之余，便站起身，上前关上窗，这时宋庆龄才从幻想的云端跌落到现实的空间。外面有脚步声，是他回来了？出门细看时，原来是一个淘米的老太太路过，不禁又使她连连失望，她索性倒在床上，干脆谁也不理了。

啊，外面的风似乎大了起来，吹得窗户微微作响。但报捷的春风送给大地的是绿色世界——万物萌生，杨柳吐絮，樱花开放。美好的季节，迎来了一个人、一个胜利者。近看却是孙中山总理，他身穿饰有金穗的将军服，胸前别一支新郎式的硕大红花，脸上洋溢着幸福的微笑。宋庆龄自己披着长长的洁白婚纱，依偎在孙中山先生的身边。总理有力的胳膊绕过背后，搂紧宋庆龄的腋下，两人迎着拂面春风，向教堂缓缓走去。两边挤满了人，柔嫩粉红的祝福花瓣，似樱花纷纷扬扬地落在他们身上。一些年轻的女人脸上笑着，眼睛里却射出嫉妒的光。对，是要让她们嫉妒！别人的嫉妒正说明自己的幸福。噢！牧师就在前面。

“孙中山，你真心实意爱庆龄这位姑娘吗？”

“我要像心肝一样地疼爱她，让她的聪明智慧帮助我建立一个繁荣富强的国家。”

“宋庆龄……”啊，牧师的声音怎么变得这样冷峻！宋庆龄仔细一瞧，牧师竟变成了父亲宋查理，他眼睛里射出两道寒光，紧紧地逼视着自己，直盯得周身寒彻……

“啊”的一声，宋庆龄惊醒了。原来是南柯一梦。房中壁炉的火早熄了，屋里冷得如同冰窟。只有微弱的阳光透过树影，斑斑点点照在窗上。宋庆龄拥着被子坐了起来。她还是在床上，懒得动一下。脑海里的活动够激烈了，用不着身体运动……孙中山是父亲的挚友，他的年龄同父亲一样大，他一直把自己当小侄女看待，自己的一片痴心他会接受吗？父亲能同意吗？年龄的悬殊是一个障碍，但这不是主要的。自己的择偶标准早就讲过，做事看本事大小，不论贫富丑俊，父亲是同意的。要看本事，只能从年龄大一点的人当中选，二十几岁的青年人，谁知道他以后会怎样发展，或时运不佳，或走了邪路，难说得很哪！夫妻双方的年龄究竟应该是多大，基督的教义中并没有限制，任何国家关于婚姻的法律中也没有规定。年龄大了小了的非议只存在于世俗的观念中，革命者不都是世俗观念的反叛者吗？还有就是孙中山已有妻子，这是个麻烦。不过她是个旧式女人，孙中山和她之间早没有了爱情，没有爱情的婚姻当然应该结束。这看来也不会成为不可解决的问题。宋庆龄想来想去，关键的还是孙中山喜欢不喜欢自己。即使喜欢，碍于叔侄情面，他也许一辈子都不会开口。这事嘛，必得自己主动才行。对，今天就应该寻找机会，试试他的态度。可是，怎样去行动呢？宋庆龄读过的爱情小说中的情节一幕一幕在脑子里出现了……

十六

孙中山回来的时候，已是下午 3 点，宋庆龄迎接了他。孙中山先生很高兴地对宋庆龄说：“今天，新加坡来了客人，那批款项已经落实，真是雪中送炭。有了款项，那批军火也有了着落。袁世凯，我与他势不两立！”孙中山甩下礼帽，脱下风衣递给宋庆龄，宋庆龄接过后安放在衣架上。

“走时很急，是你爸爸来喊我的，也没有给你留下纸条。让你等急了吧？”孙中山笑说。

“再急，告诉梅屋夫人总可以吧？”宋庆龄没有因事急而原谅他。

“好，我认错。下不为例。”

宋庆龄没有说话。

“晚上，我和你父亲还要去。人家来了，是为我们革命做贡献来的，我们怎么也得招待人家吧！只得再向你这个宋秘书请假了。”

宋庆龄还是没有说话，只是把一杯酽茶呈在孙中山面前。

“谁叫我是个总理呢？总理，总理，总的管理。你爸爸亲自安排的，说我必须出面。现在是听你的，还是听你爸爸的？请你表态！”孙中山见宋庆龄不高兴，也竭力缓和气氛。

“好了，你这个大总理，除了忙还是忙。晚上我再找你汇报工作。”宋庆龄终于说话了。

“那好，9 点吧。”孙中山先生道。

晚上 9 点，宋庆龄沏好茶水，在等待孙中山，同时她又把友人的来信，以及要回的信件，注明轻重缓急，分层放在一起置于案头。她理了理思绪，话从哪儿讲呢？忽然间，她想，感情的东西还需要启齿吗？孙中山是明白人，自己的言谈举止，自己的内心世界，自己……他会不知道？此时，她又隐隐约约地感到：感情的东西无须自己表白！在这种极端矛盾的情况下，一阵车鸣，孙中山驱车回来了。宋庆龄把他迎进屋里。

“庆龄，晚饭在哪儿吃的？”孙中山关心地问。

“梅屋夫妇出门了，是我自己做的。”宋庆龄答道。

“吃了就不饿了。”孙中山开玩笑说。可宋庆龄想笑笑不出来。

第五章
心心相印

“你又喝酒了，怎么酒气这么大?”宋庆龄问道。

“不光喝了，还喝了不少。你父亲有肾病，不能喝。我再不喝，请客不就失去了效应吗?”孙中山说着，宋庆龄把一杯酽茶放在他的面前：“多喝点水，冲淡一下。”

接着，宋庆龄也靠着孙中山身旁坐了下来，把她去黄兴处谈话的情况汇报给孙中山听。

孙中山听完后，哈哈笑了起来：“这个‘老黄忠’，为人直爽，直来直去，有人说我是孙大炮，实际他也是一门大炮，比我更直。好解好合。宋庆龄，我得感谢你。”

“感谢什么?能替你办点事，分担一些忧愁，庆龄就没有非分之心了。”宋庆龄话中有话地说道。

“是。天下还是宋秘书能理解我中山。至此，我能有你这位秘书，也是天赐我缘。”孙中山呷了一口酽茶道。

“是真心话吗?”宋庆龄追问。

“那还有假!”

“是真心话，就不要喊我宋秘书了。”

“为什么?”孙中山问。

“我听起来不顺耳。”宋庆龄答道。

“你就是我的秘书，怎么不顺耳?”

“你自己想去吧!反正我是这么觉得。”

……

二人一阵沉默。孙中山又开口道：“庆龄，今天我好像感到你有什么心事在瞒着我?”

“不，不，我没有什么心事，”宋庆龄背过脸去道，“只是，只是……”

“只是什么?”孙中山急问。

“只是你这个大总理，我庆龄不敢高攀。”宋庆龄说到这里，又指了指桌上的文件和来往信件，“那案上有你的文件和信函，已整理出来了，请你过目。天已不早了，我也该休息了。”说完她就走出门去，消失在夜幕中……

“庆龄——庆龄——”任孙中山如何喊叫，宋庆龄再没回头。

十七

宋庆龄的一句话，使孙中山酒醒几分。这是少女的纯情，世界上还有什么比这更宝贵的吗？孙中山回屋后，激动不已。他在屋内来回踱着脚步，脑海里浮现出宋庆龄留给他的一幕幕……

那是他最困难的时候，外有袁世凯通缉，内有密探监视，党内四分五裂，生命随时都有危险，宋庆龄坚定地做他的秘书，来到他的身边……这需要多么大的勇气啊！在日常的工作中，他们一起工作，一起交流思想，她用她那女性的温柔来抚平他心灵的创伤。

那是自己生病的时候，宋庆龄来了，嘘寒问暖。那天他高烧不退，大夫给他输液。她一声不响坐在身边，整整守了一夜……

那是一天夜里，他去出席一个重要会议，很晚才回来。宋庆龄在办公室，边整理文件，边耐心等他，直到凌晨 3 点，他驱车回来，宋庆龄才放心地离开。这样的情况不止一次。

那是一个假日，他们去日本的一个风景区热海游览，同去的还有廖仲恺、胡汉民、戴季陶等。大伙爬一座小山时，宋庆龄年轻脚快在前，孙中山在其后，廖仲恺次之。宋庆龄向他使个眼色，孙中山理会，又向廖仲恺打个手势，示意别跟着。廖仲恺会意，也向身后者挥手，让他们不要再爬了。后来，宋庆龄与孙中山相偕下山，两人面带笑容……

今天，她又去黄兴处谈话，主动为自己分忧解愁。所有这些都令他感动。

宋庆龄是爱他的，她用全身心投入，去支持他的工作、他的理想的实现。这一点，孙中山早有察觉。可是孙中山因年龄的差异也常把宋庆龄当成孩子看待，并无非分之心。否则，会对不起自己的老友——宋庆龄的父亲宋查理的。

抛开父辈不讲，如果年龄再倒退到30岁，他是要选择宋庆龄的。在孙中山眼里，宋庆龄不像宋霭龄那样，更注重于理想的追求。她有大家闺秀之形象，反叛传统之性格，温柔娴淑之品德，献身真理之高尚。在当今这个世界上，还难以寻到这样的新女性。他深深地爱着宋庆龄，只是这些世俗观念的束缚，加上周围人事关系的复杂，事业未成，他不敢越雷池一步。只好把这爱深深地埋在心底。如今宋庆龄的态度由暧昧转为明朗化了，把"绣球"抛给自己。他不得不重新审视自己，面对现实，去理智地处理。

在这个世界上，爱和被爱都是幸福的。他有心接受这少女纯真的爱，可其中的风险不亚于一场推翻帝制的革命。孙中山，你作为革命领袖，敢冒这个风险吗？于是，一个斗大的问号，摆在他面前：是迎上去还是退下来？

孙中山经过一夜理智的思考，他以一个革命家的气魄勇敢地选择了前者。他心想：革命不就是解放全人类吗？解放全人类，不就是过上幸福美满的生活吗？作为一个革命者，应该有反叛的精神，应该首先获得原本属于革命者的一切，包括他对婚姻家庭的选择。如果连妻室家庭的选择自由都没有，还称得起一个真正的革命者吗？孙中山坚定地认为：只要认为是正确的，何必还要瞻前顾后，小心翼翼！当孙中山真正把决心定下来之后，犹如一位将军在军事作战地图旁毫不犹豫地下了战役决心。

在这个决心下定之后，他顿感一身轻松。但是，要真正实现他这个决心，还要有详尽的实施计划。方方面面，左左右右，每一步做不到，就会前功尽弃。因此，他需要认真地对待，决不可大意和“轻敌”。

他想到了以下几个问题，主要是年龄上的差异和领袖的身份引发的议论，因此要过“五关”，关关重要。

首先是宋庆龄的父母关。这一点很重要。估计会遭到宋家父母的强烈反对，甚至引起宋家家庭的分裂。

二是自己的原配夫人关。这一点，孙中山自己有把握解决。但是也会导致他与三个儿女的感情破裂。

三是革命党内关。党员同志，包括他自己比较信任的战友，会以传统观念强烈地抨击他。这一点，他不怕。真理在手，何愁人们不会理解。

四是社会舆论关。虽然阻拦不住他与宋庆龄的结合，却能把好人变臭，以此断送他的事业追求。

五是基督教会的干预，不过不会产生大的作用。他可以不做考虑。

“五关”，充满风险的五关。第二天，当孙中山把这“五关”的风险正式转达给宋庆龄，请她重新考虑时，宋庆龄莞尔一笑道：

“只要你不怕，我就敢跟你！说实在的，在一个革命者面前，五关，没有什么了不起的。原是人们自己给自己圈画的‘牢笼’。我们献身革命，还不是冲破思想牢笼，砸去束缚自己身上的锁链！”

“是啊，讲得好啊！”孙中山高度赞扬宋庆龄的勇敢。

在这个世界上，当两位伟大的革命者，他们的理想与爱情相结合时，会喷出耀眼的火花，产生翻天覆地般的力量。革命是神圣的！当今世界的奇迹，是靠革命者创造的。

这次，宋庆龄与孙中山的长谈，不像以前那样，已由空洞变为现实了。

为了一个共同的目标，双方准备迎接一场急风暴雨的到来！

第六章
情感红灯

宋查理在神户上岸后，又换乘火车赶往横滨，他本是想来阻止宋庆龄和孙中山这桩婚事的，但是却来晚了一步。他一路风尘赶到的时候，宋庆龄和孙中山已经在日本著名律师和田瑞的主持下举行了简朴的婚礼。迎接他的是一对新人幸福的笑脸。

——题记

十八

宋庆龄与孙中山先生的相恋，在没有公开之前，已有人隐隐感觉到了。她不是别人，正是宋庆龄的大姐宋霭龄。她不但感觉到了，而且也听到了风言风语。这议论像长了翅膀般风传，一传十，十传百，进而满城风雨，只有宋家父母浑然不知。

没有不透风的墙。宋霭龄听到后，凭她自己的敏感，丝毫不把它当成传闻。她最相信自己的眼睛，这是真的。她听到传闻的那天下午，正好去街头置买嫁妆，有人公开问她此事是真是假，弄得宋霭龄很尴尬，不知如何回答。她匆忙回到家，连晚饭都没吃，便回到自己房间里去了。

按理说，这是件好事，宋霭龄应该感到高兴，可是她不。人最不能容忍的是什么？宋霭龄想起了一句名言："人最不能容忍的，是看见一个傻瓜在自己曾经失败的领域取得成功。"宋庆龄固然不是傻瓜，而是比自己更聪明、漂亮、能干的姑娘，但千不该、万不该她是自己的妹妹。如果她是另外一个与自己毫不相干的人，宋霭龄也许会为她祝福，为孙中山感到高兴。但不幸的是她偏偏是自己的妹妹！这就大不相同了！自己向孙中山抛橄榄枝，这在孙中山和宋家生活的圈子里，几乎是尽人皆知的事。自己碰了壁的事，作为妹妹她就不应该再次去做，可她居然不给自己留这个面子……对，面子问题是这件事的核心。宋庆龄向孙中山表示爱情是跌自己的面子，孙中山接受她的爱情也是跌自己的面子。她不愿意不声不响地就这样栽了面子，她要采取行动，反过来栽他们的面子——就是自己曾经敬爱的领袖也不行，就是一母同胞的妹妹也不行！

宋霭龄先向父亲谈了这件事，宋查理不相信这会是真的。他跟孙中山接触频繁，同样也经常见到宋庆龄，并没有发现过任何蛛丝马迹。但宋霭龄保证这事千真万确，她说，尽管他们的相爱极其秘密，可她有最最可靠的情报。宋查理要求宋霭龄不要激动，自己要认真想一想。宋霭龄说，“好的，我等着您的意见。”

宋查理想，自己和孙中山初次相见的时候，霭龄4岁。多年来，不论是孩子们在国内还是在万里之外的美国读书，自己一直在给她们讲孙中山的伟大品格和革命思想，希望她们能像自己一样，追随孙先生的革命事业，为国家的新生和富强而努力奋斗。自己一直把孙中山看作家庭中的一员，没有什么事情对孙中山隐讳，也同样没有对孩子们隐讳，她们一直称孙中山为叔叔——这是妥当而放心的称呼。但是没有想到她们一到成年，不仅把聪明才智献给孙中山领导的事业，而且要把爱情献给孙中山。先是霭龄，爱得是那么痴迷，幸亏自己及时点拨，她才抽身，没有给自己和孙中山的友谊投下阴影。现在庆龄也陷入了这个误区。究竟是自己给她们灌输的东西出了偏差，还是另外有因？他苦苦思索，检讨自己多年来的一言一行，没有什么不妥当的地方。那是什么原因呢？对，一定又是青春期崇拜。一个女孩子到了青春期必然会对异性产生了解、爱慕的渴望，那么首先吸引她们的自然是她们能够接触到的活生生的男人。她们会在诸多异性中比较、选择，而她们倾心的对象当然是其中最优秀者。她们只管把自己的感情向这个男子倾注，并不管对方的身份、家庭、年龄等状况，不考虑实际可行性。她们会把这个人神化，美化，想象得完美无缺，浑身都放光晕。然后做出在成年人看来不可思议的事情。比如一个未成年的女孩子会向一个电影、戏剧里的男人写去肉麻的求爱信，一个丑陋的山里女人会想象着成为皇上的妃子。说到底，这个人并不是她的爱人，只不过是她的偶像而已。对此只要给予适当引导，甚至可以听之任之——随着她们的成熟，她们自然会放弃这种幼稚可笑的行动。用不着大惊小怪，压力过甚反而容易产生心理障碍，弄出悲剧。

宋查理把自己考虑的结果讲出来的时候，宋霭龄大叫起来："不！完全不是这样。宋庆龄留过洋，受过高等教育，她不是你说的那种无知天真的女孩子；而且她已经20多岁，也过了那种发痴发呆的年龄。如果不采取措施，她会把这变成事实的！"

宋查理惊住了，是的，霭龄说的完全正确。自己刚才是想偏了，宋庆龄是一个有思想、有抱负的大姑娘了，她不会再陷入那种误区。天啊，先是霭龄有这种想法，阻止了霭龄。现在又出来个庆龄，阻止了庆龄，下面还有个美龄呢。难道冥冥中真有一种叫作命运的东西，注定宋家的一个女儿要和自己这位多年的朋友结合吗？如果真是那样，莫不如尊重庆龄的选择了。宋查理语调沉缓：

"既然庆龄是一个有责任能力的大姑娘，那么她在爱情的选择上应该是自由的，我们不能多加干涉了。"

宋霭龄本来要跳起来了，但她很快控制了自己。要是反应过分，造成和父亲的对立，反而可能促成这件事。请将不如激将，何不从反面激一激，看父亲的反应再说。

"爸爸，这是您的真实想法吗？当初您怎么对我说来着？什么年龄的悬殊，教义的约束，家庭的丑闻，社会的影响……那么振振有词，那么理由充分，今天怎么全变了呢？难道您受到什么压力，向谁屈服了吗？难道为了什么好处，要出卖自己的女儿吗？"

"你，你胡说什么？"宋查理果然大怒了。

"既然如此，您为什么不阻止这桩蠢事呢？"

"这件事有些不妥，我们可以对庆龄提忠告，让她自己处理。在一个新型的家庭里，恐怕不能采取硬性措施，那样这桩事的传播范围会扩大，对她不好，对我们宋家的形象也不好。"

"忠告是没有用的，爸爸！必须采取行动。如果这成为事实，比采取过头的行动更难堪。"宋霭龄寸步不让。

“这得让我再想想。”

“我已经想好了！现在国内的危险已经不大，我和祥熙也准备回去，到他说的那个‘中国华尔街’去看看。我们全家乘机都返回国内，这样就理所当然地把庆龄也带走了，没有任何影响，不会引起任何猜测和动荡，这是最体面也是最有效的方式。”

“我跟庆龄谈谈，再做决定吧。”宋查理已经有些松动了。

“不要谈。这事要做就得干净利索。把船备好，叫上她就走。否则，谈过之后，她不同意走怎么办，采取强制办法吗？她嘴上不说，躲起来怎么办，兴师动众去搜查寻找吗？岂不反而搞得满城风雨，自己把丑闻张扬了？”

“我们跟孙先生怎么讲，他对这样做怎么看？几十年的友谊难道就这样打碎了吗？”

“这样做正是为了维护我们之间真正的友谊。假如丑闻发生了，不仅损害我们宋家门风，也对孙先生非常不利。我们这样做他会理解的。”宋蔼龄为了达到目的，可以把歪理讲得像真理一样。

“依你说来我们只好这样了？”宋查理仍有些犹豫。

“我们别无选择！爸爸。为了你呕心沥血建立起来的这个家，为了孙先生的革命大业，我们只能如此。”

宋查理长叹一声：“好吧，只是这样做我总感到对不起孙先生，也委屈了庆龄……”

“爸爸，你把公务上的事处理一下，家事我来安排。我现在正好没多少事，可以为爸爸分忧。”宋蔼龄说完带着一脸的刚毅果决告辞了。

“分忧？谁知道是分忧还是添忧呢。”宋查理望着宋蔼龄的背影喃喃自语。

此后，他们又开了一个家庭会……

十九

宋庆龄像往常一样，从孙中山办公室回到家里。家人已在等她了。按照预订家庭会议的方案，先由宋母找其谈心。当宋庆龄如实说出心里话后，宋母便以母亲的情怀百般开导劝解。可是，此时宋庆龄的话语柔中带刚，她什么都听不进去了。一时在屋外静观情况的宋查理听不下去了，便冲进屋里，以家长的权威去劝解。在宋庆龄眼里，她第一次看到父亲是这样火暴脾气。任他如何呼叫，她拿定主意，徐庶进曹营——一言不发了。无声更能表现出坚毅。

宋庆龄的这一招果然奏效。宋查理发了一顿脾气后，顷刻像被扎了刺的皮球，又瘪了下来，余下来的只是气喘吁吁了……软的不行，硬的也不行。此时他已六神无主了。

第二天，宋庆龄又像往常一样，照样去上班。宋查理心想去拦，他了解女儿的外柔内刚的性子和她昨晚的表现，嘴张了张，也就忍下了。

宋庆龄到了孙中山的办公室，向孙中山先生汇报了昨晚的事。孙中山叹了一声道："这仅是第一回合，你胜利了，我由衷地祝贺你！"接着孙中山把一杯水呈到宋庆龄面前，以示感激。

"没什么。这是我的自由，他们管不了。"宋庆龄嫣然一笑。

"按照我们广东话说，人要找碴儿，初一过了还有十五。估计你爸还会有新的招法出笼。"孙中山沉思了一会儿说。

"我已有充分的思想准备。"宋庆龄显得不以为然，说完照样去整理她分管的文件。

没几天，果如孙中山所说，宋庆龄不愿看到的事发生了。宋查理突然宣布全家结束流亡生活，返回上海。宋庆龄表示反对，她要求继续留在孙中山身边工作，因为改造党的工作非常紧张，她已熟悉情况，突然走开会影响整个进程。但是她的意见没人理睬，一切都安排好了，她没有时间也没有办法再和孙中山联系，便被带上船，连夜驶向国内。

在此之前，宋查理已经在上海霞飞路新购了一所砖木结构的房子。他知道危险并没有过去，单独住进浦东的老家，难逃袁世凯的迫害，而这所房子在法租界之内，袁世凯不能在这里肆无忌惮地行动。更重要的是宋霭龄认为这里能受到青帮的保护。她通过陈其美已经和黄金荣、杜月笙建立了密切的关系。黄麻皮是法租界内的警探头子，杜大耳朵手下喽啰成群，抢、绑、杀、偷无所不为，他们的威慑力足以使想对宋家下手的人心存后顾之忧。

回国的船上，宋庆龄一直在猜测。她在家庭中从没有受到如此对待，不听自己的意见，甚至不允许发表意见，实际上被裹挟而去。她已预感到是因为自己和孙中山相爱的事情。她不急不恼，决心和父亲敞开谈谈。她有充分的理由，爱情是不以年龄、贵贱、贫富、种族、肤色而被隔绝的，真正的爱情是心灵的沟通，是摒弃一切利害关系的超凡脱俗的两性间的相互吸引，古来多少父母干出过棒打鸳鸯的蠢事，结果不仅毁了子女的幸福，也造成了终生的悔恨。扼杀爱情，是旧世界最落后最不人道的行为，一个革命者怎么可以走这样的老路呢？父亲是在美国生活过的，中国旧式的观念应该是很少的，怎么突然变得像个封建卫道士一样了呢？她认为这中间一定发生了某种误会，或者中了不安好心的人的诡计。她相信自己可以说服父亲，父亲最终会支持自己，尊重自己的人生选择。

但是，这一路宋查理内心十分矛盾，他不敢面对宋庆龄，怕看她那双眼睛，也怕听她的理由，他知道自己拿不出充分的道理去说服女儿，一旦交谈，投降的可能就是自己。宋查理采取了躲避的办法，一路上一直和宋霭龄、孔祥熙待在一起，不给宋庆龄这个机会。

回到上海后，杜月笙对宋查理的家进行了拜访，实际上主要是拜访宋蔼龄。宋蔼龄通过陈其美已经和杜月笙相处得火热了，这次回来还带了陈其美给杜月笙的信和一些小礼品。杜月笙来的时候，前面先是一车保镖，后面又是一车保镖，他自己坐的车则在中间，旁边还有贴身保驾的。别看杜月笙在上海滩上威风凛凛，又比宋蔼龄年长，在宋蔼龄面前却很谦恭随和。宋蔼龄招待他的时候，杜月笙反而亲自给孔祥熙和宋蔼龄各削了一只苹果——孔祥熙第一次看见人可以把削水果削成一门艺术：杜月笙左手一下抓了两个苹果，右手水果刀上下翻飞，眨眼之间，两条绿绸子般的苹果皮就抖了起来，两个苹果晶莹剔透，浑圆之态不减于带皮之时。原来杜月笙曾是上海跑马场前卖水果的，后来投到青帮门下。他最善于揣摸人心，能把人捧得心里痒痒的，舒坦而又不露故意捧人之嫌，因此在青帮中地位迅速上升，渐渐地连他最初投靠的黄金荣也不得不让他几分。当然，现在他远没有达到他的巅峰时期，他已经看出宋蔼龄的心计将会使她成为一个举足轻重的人物，他现在就要巴结讨好她。宋蔼龄认为现在当务之急是防止宋庆龄和孙中山的婚姻成为事实，但现在还用不着杜月笙的流氓打手，她自己完全有办法对付这件事。

宋蔼龄托人给宋庆龄介绍了一位信基督教的名门子弟，匆匆来家见了一面，即由宋查理宣布了宋庆龄订婚的消息。

宋庆龄真急了，她大声抗议：在这样的家庭里，还出现包办婚姻，什么打倒封建，什么实现民主自由，都是假的！还口口声声谈论革命，都是假革命！宋查理听后十分痛苦，他回顾自己一生走过的道路，都是追求民主平等，主张个性解放，为什么到了自己家庭的问题上，反而扮演了封建卫道士的角色？为什么要剥夺女儿的自由？她有爱和被爱的权利呀！还有由此带来的和孙中山的关系问题，究竟该怎么处理才好？

但是宋蔼龄不愿意父亲退缩，宋庆龄订婚的消息已经宣布，只有硬顶下去。她说，过不了多长时间，宋庆龄自然会回心转意。她会找到新的爱情，将那段梦幻般的经历忘掉。我们并没有得罪孙先生，他没有正式向宋庆龄求婚，没有向宋家的家长表示过这个意思，我们当然不知道他有过什么想法。一切都会悄悄平息，事后大家都会装得像没有发生任何事情一样，根本用不着顾虑。宋霭龄还建议父亲，为防止出现不测，应该把宋庆龄看管起来，在结婚之前不能让她随便活动。宋查理惊叫一声，这不跟山野村夫、封建顽固们的做法一样了吗？我们新式文明家庭里怎可做出这样的事？宋霭龄微微一笑："是的，这做法是陈旧了一点，但过去那么多人家采用它，就说明它有效、管用。有效管用的就是好的，就不要再瞻前顾后了。譬如我们的革命也是这样，要从袁世凯手中夺回权力，什么办法管用就用什么办法，通过国会选举能牵制他，就谋求在选举中取胜；武力可以打倒他，就动用武力。我们办事都是先考虑效果，而不是先考虑手段。只要能达到目的，什么办法都可以用……"

宋查理又征求妈咪的意见——自从倪桂珍生下 6 个孩子，宋查理便随了孩子们，也开始称呼妻子为妈咪。妈咪是家庭中的铁腕人物，对孩子们要求素来严厉，宋查理没想到妈咪会比宋霭龄态度更激烈——宋查理没有想到宋霭龄的态度是掺杂了个人情感因素的，如果想到这一层，他也许早就能站在宋庆龄的立场上慎重地考虑——没有想到妈咪只说了一句"基督保佑"！宋查理感到全家人忽然都成了哲学家，宋庆龄是理想主义，宋霭龄是实用主义，自己是"违心"主义，妈咪呢，好像是虚无主义。她说的更像是一句禅语，只是自己一时猜不透。基督保佑，保佑什么？保佑对宋庆龄采取软禁措施吗？保佑宋庆龄的追求实现吗？宋查理实在感到犯难了。

事实上宋庆龄被软禁起来了，现在她完全失去了自由，被关在房子里，由女仆看着，不许离开房间半步，不许和外界接触，只等着成亲的日子。宋庆龄悄悄地给孙中山写了信，问他现在是否还需要她，自己应该呆在家里还是仍回他身边去。负责看管她的女仆同情她的境遇，站在了宋庆龄一边，把这封信秘密地带出去送到了邮局。

假使没有女仆的聪明机智，这封信可能就落在了别人手里，那样历史也许就要完全重写了。

二十

几天来，宋庆龄不来上班，孙中山已意识到事情的严重性了。他派人去宋家打听，得到的情报却使他大吃一惊：宋家举家回国，宋庆龄被挟持，情况不明。

此时，孙中山与宋庆龄的事已经达到半公开的程度。对于党内和各方面的反对意见，孙中山毫不理睬。他坦率地发表个人的看法说，“我孙中山不是神，我是人”；“我是革命者，我不能受社会恶习惯所支配”。他义无反顾地表示“我家我国，我家我妻”。这些肺腑之言，表示了一个真正的革命者对待爱情、婚姻的光明磊落和坚定负责的情怀。

孙中山离不开宋庆龄。那不是空喊，对于孙中山来说，革命也需要她。宋庆龄，20 世纪一个伟大的女性、一个不可多得的姑娘！她的纯真个性，更多地来自宋氏家庭那种特殊的物质、文化与精神生活氛围。浓烈庄重的宗教气氛，诗情画意般的田园生活，优雅和谐的家庭亲情，美丽动听的美国民歌，婉转悠扬的音乐，一帆风顺的成长经历以及无忧无虑的物质生活等等，都给宋庆龄的气质和性格注入了那种纯真、质朴、美好、善良及理想主义的诗化成分。

在宋庆龄离开的那些日子里，孙中山只要一闭眼，宋庆龄就亭亭玉立地出现在他面前。回忆宋庆龄在身边工作的日子，她给了他多少支持和分担了他多少忧愁。他托付给她的不但有日常事务，还有他的秘密通信。他经常对时局发表真知灼见，使她受到有关中国革命的教育。她也能写出漂亮的文章来。理想使他们献身一个目标，工作使他们不知疲惫。如今宋庆龄离开，他一下觉得少了许多东西，实有“人去楼空”之感。他常陷入沉思状态。他原本是个爱读书的人，现在变了样，常是打开书本，眼睛却凝视别处，心猿意马，甚至不思饮食，脸庞明显消瘦了一圈。

房东梅屋夫人是个热心肠的老太太，很担心他的身体，做了不少营养丰富的菜肴。孙中山夹了两下就放下筷子。梅屋夫人忙问：“是不是身体不舒服？我做的饭菜不合口味？”孙中山摇头不答话。梅屋夫人看出了门道，单刀直入地问，是不是患了相思病？他沉默了一下，真实地回答：“庆龄是位好姑娘，也是我的好帮手，我忘不了她。遇到她以后我感到有生以来第一次遇到爱，知道了恋爱的苦乐。”

孙中山也是爱交流思想的痛快人。接着，他又向梅屋夫人披露了多日心中的郁闷和矛盾。他说：“卢夫人是我的结发之妻，我们的婚姻是父母包办，她已给我生育了三个儿女，这是孙中山永远不能忘记的。但是为了中国革命，我长期在外奔走，与卢夫人长期分居，她不同意我对事业的选择，想把我缚在家里，守着她。这是不可能的。再加之，她过于保守，我过于反叛，性格兴趣不一致，徒有夫妻之名啊。说实在的，自己不应该有那种非分想法。但是，我又无法扑灭胸中燃烧的对宋庆龄的爱情。有了宋庆龄在身旁，我感到踏实些。确实我也不知道这是为什么。”

“在我们日本国，爱情是个人的自由，别人不好说什么。只要你个人认为是幸福，就应该大胆追求。”梅屋夫人被孙中山的热情所感动。

“那你们二人定下来了吗？”

“我已下了决心与卢夫人分离，与宋庆龄结合。”孙中山回答道。

“不过，我要提醒你，与年龄悬殊的女人结婚，是要折寿的，不知你考虑过没有？”梅屋夫人又道。

“人活着的价值，不是为活着而活着。如果能与宋庆龄结合，即使第二天死去我也不会后悔！”

“想不到你是这样爱宋庆龄！”梅屋夫人被孙中山的真诚所感动，“如果是这样的话，我可以成全你们，并协助操办婚事。”

“在日本结婚，是有法律条文的，要办不少手续。”接着梅屋夫人又与孙中山一一策划起来。“目前我先帮你置买家具，布置新房。而你呢，要办两件事：一是尽快与前妻解除婚约，二是派人把宋庆龄从上海接过来。日本的手续，我来帮办，你说好吗？”

“谢谢夫人。”孙中山把全部的心意浓缩成这四个字。

于是孙中山立即派自己的贴身秘书朱卓文，去澳门原配夫人卢慕贞那里联系解除婚约之事。并带了孙中山的亲笔信，孙中山在信上明告，他打算同谁结婚以及为什么有这个想法等等。卢夫人理解他，据有人回忆，卢慕贞当时说，她不会写中文和说英文，连走路都不利索，因为她缠过足，所以她不能像宋庆龄那样帮助他。一日夫妻百日恩，出于对丈夫的关心，她基本上答应了。

事实上，这对夫妻婚后的关系一直是名存实亡。他们分别的时间比相聚的时间要多得多，双方的思想境界和观念意识一开始就不一样，以后差距越来越大。

正如孙中山所说，卢慕贞在一个方面确实帮助了孙中山的革命工作——为他解除了家室之累，独力把三个孩子抚养成人（尽管孙中山和他的哥哥孙眉经常寄款接济，这也是很不容易的）。但她的思想感情同他的不同。对孙中山来说，他的革命活动赋予他的生命的意义和动力，艰难险阻无所畏惧。对卢慕贞来说，这样去冒险犯难是很难理解、完全不必要的，而且会使全家人都遭殃。因为按照封建律令，孙中山敢于反对“神圣的天子”，是大逆不道，他和他的妻室子女依法都应处死。为了避开这一危险，孙中山有时不得不把家眷带到或送到他流亡的地点。

辛亥革命之后，他曾把卢慕贞带到南京，分享胜利的喜悦。她看到他就任临时大总统，怎么也兴奋不起来，更多的是觉得不舒服。

1913 年，孙中山在短暂的得势之后又戏剧性地跌落下来。这在卢慕贞看来是他们又要恢复过去那种到处躲避追捕的噩梦式的生活了。那一年她曾带着一个女儿到东京做短暂停留，不幸在一次交通事故中受了伤。卢慕贞觉得这不是一个好兆头。就是在澳门，她也觉得不是很安全。孙中山有很多敌人，独裁者袁世凯同清廷一样，到处派出间谍和杀手。

因此，卢慕贞同意孙中山找一个比她自己更适于一起生活的伴侣。她知道他已经找到这样一个伴侣，可以同他一起工作并随时随地照顾他，表示很欣慰，但她起初认为没有必要离婚——为什么这位新夫人不能做“侧室”呢？在中国古老的传统中，“侧室”不算是不光彩的地位，因为丈夫纳妾是完全正当的，并且常常是得到原配夫人的同意的。

但对具有现代观念的孙中山来说，纳妾是他要努力在中国消除的最令人厌恶的落后陋习之一。对受过美国教育的女青年宋庆龄来说，当然更是如此。孙中山坚决不同意这样做。

当朱卓文把卢慕贞带到日本来见孙中山时，经过孙中山的劝解，离婚的事情，在双方的笑声中，很融洽地解决了。双方签署了一份由东京著名律师和田瑞草拟的文件。

此事结束后，孙中山收到宋庆龄从上海发来的急函，详述了自己被禁的状况，希望孙中山解救。

面对这封信，孙中山心急火燎。他当即写了一封挂号信给在上海的老友宋查理。五天后，他又发了一封电报给宋庆龄，音信皆无。

万般无奈之中，孙中山便再次派使者朱卓文去上海营救宋庆龄。

此事能否办成？孙中山在焦急地等待着。

二十一

1915 年 10 月上旬的一天，朱卓文奉命前去上海解救宋庆龄。孙中山亲自把他们父女送上船，随着客轮启动，孙中山目视着朱卓文父女，把全部的希望寄托在他们父女身上。

朱卓文，是孙中山的忠实秘书。他与孙中山是广东同乡，曾在美国居住多年，后被中山先生召回。此人办事干练，机智，善于雄辩。孙中山先生的一些重大事务都是交给他操办，包括不久前去澳门，与孙中山先生的前妻解除婚约，干得十分漂亮，被孙中山称赞为："人才不可多得，善解棘手之事。"

朱卓文听了孙中山先生的交代后，感到此事不比一般。但他还是愉快地接受了下来。富有心计的他，特意把女儿慕菲雅带在身旁，他认为：男同志的缺憾应由女性弥补。有时，女同志出面，往往会获得事半功倍的效果。慕菲雅聪明，她继承了父亲身上的优点。同时，她又是宋庆龄孩提时的朋友。她了解宋庆龄，宋庆龄也了解她。朱卓文相信，由他父女出面，即使再棘手的事也会成功。孙中山答应了下来。

果不出朱卓文所料，在他们父女到达上海的第三天，就通过女儿与宋庆龄接上了头，并把孙中山的亲笔急信转给了宋庆龄。信中叙述了孙中山先生对她的情思以及要宋庆龄随朱氏父女立返东京，面谈要事。宋庆龄阅后泪流满面，不能自已。同时，朱卓文还向她口述了孙中山与卢慕贞协议离婚的经过，出示了二人签署的离婚协议书，还说他是离婚的证明人之一，令宋庆龄感慨不已。

接着，宋庆龄也当场表示："我已不计后果了，眼下也不考虑那么多了。究竟怎么走，还请朱先生拿主意!"

"此事容我想想，操之过急，会适得其反。"

此后，他们又见了一次面，专门讨论走的方案。

在一个静静的夜晚，同情宋庆龄的女仆在外望风，一切都安排得很周密，尽量做到万无一失。宋庆龄给父母留下预先写好的一张字条。因门被反锁，她偷偷地打开窗户，跳下阳台，利用床单结绳，顺绳坠下二楼，再越墙而出，坐上事先准备好的车子，人不知鬼不觉地直驶上海码头，与在码头上买好船票等候的朱氏父女接上了头。等轮船开航后，她才像笼中鸟飞上自由的蓝天。此时，宋庆龄才如释重负。她站在甲板上，理了理秀发，平了平心跳，遥望大上海的万家灯火，又望了望大海的远方，尽管夜色苍茫，但她却看到了希望。

此时，彼岸的孙中山也在日本东京向宋庆龄招手了。10 月 24 日，宋庆龄到了日本，下午 1 点 50 分，到达东京火车站。孙中山驱车前去火车站迎接了她。

第二天，即 1915 年 10 月 25 日上午，宋庆龄与孙中山在廖仲恺、山田纯三郎等数人陪同下，十分愉快地到牛夯区袋町五番地日本著名律师和田瑞家中办理结婚手续。并由这位律师主持签订了婚姻誓约书。誓约书签字后，和田瑞律师在家中设宴招待他们，以示祝贺。

下午 4 点半，他们驱车回到大久保百町三百五十番地的梅屋庄吉家举行茶点宴会作为公开的结婚典礼。

一切都是按照梅屋夫妇的安排，一切都是按照梅屋夫妇的布置。结婚典礼在梅屋家的二楼大厅里举行。在正面大楼的壁龛前面，八折金凤屏风，辉煌耀眼。左右两边是中国造的红木高低架，架上的青瓷大花瓶里插着盛开的菊花。菊花在日本象征着吉祥如意，而在中国象征着白头偕老。一切都显得隆重大方。

客人相继来到，总共有五六十人之多。其中有执掌日本政权的政界人士，有真诚地同情和支持中国革命的日本志士，也有当时表示同情孙中山、却企图在中国革命的进程中实现各自目的的人物。他们是：犬养毅、宫崎筥藏、萱野长知、头山满、内田良平、古岛一雄、小川平吉、杉山茂丸、寺尾享、佐佐木安五郎以及在日本的廖仲恺夫妇等等。接着，孙中山和宋庆龄乘汽车到来。

在一阵喜庆的鞭炮声中，新娘新郎下了车，缓缓步入大厅。宋庆龄戴着大花边帽，穿着一件粉红和淡绿花图案的裙子，衬裙透出白色，手里拿着一束花，显得十分俏丽动人。孙中山一身西装，和她手拉手进门来到中厅，由等待在那里的照相馆的摄影师从各个角度摄下他们的身影。

客人们拥过来，向他们表示祝贺，然后大家围坐在新婚夫妇的两侧，接着由牧师宣布婚礼开始。在一阵“赞美诗”的音乐声中，由房东梅屋夫妇充当媒人，新郎新娘喝了梅屋夫人斟的交杯酒后，日本著名的男高音歌唱家犬养毅唱起了《祝福歌》。这以后，头山满站在中间，孙中山和梅屋、宋庆龄和梅屋夫人，分别喝了结为义兄弟、义姐妹的交杯酒后，在诗意的气氛下，酒宴开始了。来宾们频频举杯，频频祝福，把婚礼推向了高潮。

11 月 5 日，头山满在上野精养轩主持有十多人参加的招待会上，向世界宣布了孙中山与宋庆龄这对革命者结婚的消息。招待会上展示了结婚仪式上客人围着新郎、新娘所摄的照片。孙中山的一些真诚支持中国革命的日本朋友，为孙中山、宋庆龄的结合感到由衷的高兴。

二十二

孙宋联姻，震惊了社会。首先在宋氏家庭中引起轩然大波。不但宋庆龄的父母亲坚决反对这门惊世骇俗的婚姻，就是在美国学习的宋子文，家中的宋子安、宋子良也加入了反对“孙宋联姻”的阵线，使反对者的一方声势更强，而宋庆龄则越发显得势孤力单，应战不暇。面对家庭的强大压力，宋庆龄外柔内刚、坚强不屈的性格第一次得到淋漓尽致的展现。这是显示她这一品质的无数考验中的第一次。她声称不会屈服于任何压力，即使这种压力是来自她最亲爱的人。在这场争取婚姻自由的斗争中唯有在美国的宋美龄表现出同情和理解。这对宋庆龄来说，是多大的安慰呀！

在这场剑拔弩张的“两军对垒”中，宋庆龄毫不让步，对以虔诚的基督徒著称的母亲也毫不容忍。

如果太阳能融化高山上的冰雪，那么母亲的情怀就能打开女儿已关闭的心。虽然宋庆龄被关，但宋母断不了给她做点好吃的东西，亲自送去，也断不了常去房间看望她，以劝她回心转意。这一天，宋母不愿看到的事终于发生了：女儿不在了，留下了一封家书。宋父闻说宋庆龄逃走，也慌忙放下手中的筷子，跑到楼上，窗户洞开，床单被扯……他问仆人，仆人不知所云。宋家上上下下乱成一团。宋母担心宋庆龄的安全；宋霭龄大嚷着：私奔，私奔！说一个姑娘家做出这种事，丢尽了全家的脸面。主张由她派人去把宋庆龄追回——她是完全可以办到的。宋查理否定了宋霭龄的意见，宋家的事只能由宋家的人自己处理，决不能动用外人，更不允许青帮插手。宋霭龄知道宋庆龄这一去，事情已无可挽回，父亲又是这种态度，于是立即变了口气，反过来劝宋查理不要生气，顺水推舟成全他们好了。宋霭龄说，这一来，以前一直和你称兄道弟的前大总统孙中山，就自动降了辈，成了你的东床女婿，今后再见面，你就是他的岳父大人了。这句话大大刺激了宋查理，他对宋霭龄大发脾气：先前主张采取激烈措施的是你，但你只出主意不出面；现在弄成了这个样子，又反过来装好人，说风凉话，好像一切都是我这做父亲的不是。宋查理带着一肚子气匆匆赶往日本。

“宋查理，你还有病在身，”宋母实在担心，“还不如让霭龄去好！”

“事到如今了，谁去我也不放心！”

宋查理在神户上岸后又换乘火车赶往横滨，他本是想来阻止这桩婚事的，但是却来晚了一步。他一路风尘赶到的时候，宋庆龄和孙中山已经在日本著名律师和田瑞的主持下举行了简朴的婚礼。迎接他的是一对新人幸福的笑脸。

那天下午，婚礼行将结束，宋查理赶到了梅屋庄吉的大门口，站在那里，气呼呼地高喊：“我要见抢走我女儿的总理！”“请你们放我进去！”屋内一阵哗然。

梅屋庄吉夫妇很担心，欲出门劝解，被孙中山拦住了：“不，这是我的事情。”说完走向门口。梅屋庄吉还是不放心，紧紧跟在孙中山后面。孙中山慢悠悠地走到大门口的台阶上站定，稳稳地说：“请问，找我有什么事？”突然，暴怒着的宋查理平静了下来：“我的不懂规矩的女儿，就拜托给你了，请千万多关照！”

爱激动的宋查理还是向两人发泄了一通不满。孙中山一言不发，宋庆龄向父亲做了解释，这一切均出自自己本心，父亲应为他们祝福，而不是发怒。她拿出了两人订立的婚姻誓约书给父亲过目。誓约书已经律师做证，并由当事人签字生效。

宋查理接过来，只见婚姻誓约书是这样写的：

此次孙文与宋庆龄之间缔结婚约，并订立以下诸誓约：

一、尽速办理符合中国法律的正式婚姻手续。

二、将来永远保持夫妇关系，共同努力增进相互间之幸福。

三、万一发生违反本誓约之行为，即使受到法律上、社会上的任何制裁，亦不得有任何异议；而且为保持各自之名声，即使任何一方之亲属采取何等措施，亦不得有任何怨言。

上述诸誓约，均系在见证人和田瑞面前各自的誓言，誓约之履行亦系和田瑞从中之协助督促。

本誓约书制成三份，誓约者各持一份，另一份存在见证人手中。

誓约人　孙　文（章）

立约人　宋庆龄

见证人　和田瑞（章）

耶诞一千九百十五年十月十六日

最后，宋查理不死心，又跑到日本政府请求，说宋庆龄尚未成年，是被迫成亲的。日本政府答复，手续齐全，合乎日本和中国法律，我们不能干预！

木已成舟，一切都无可挽回。宋查理怀着复杂的心情默默返回上海。他决定面对现实，向家人宣布："庆龄已经和孙中山正式结合了。"

宋查理和宋母为宋庆龄置办了丰厚的嫁妆，风风光光送到日本，以此回答了社会上盛传的流言蜚语……

当父亲生病的时候，宋庆龄又从日本专程回上海探望宋查理，以慰父亲的伤心，重叙父女亲情。想不到这竟是与父亲的诀别。

第七章

南下护法

处处为孙先生着想——也可以说是为中国革命的前途着想，临难应变，这么大义凛然，真令人感动……自从这件事之后，我对于夫人就格外地尊敬爱护了。

——何香凝

二十三

1916 年 4 月 27 日凌晨 5 点，上海都市码头。轻烟样的晨雾还笼罩在黄浦江的江面上，远远望去，穿梭似的行驶着的轮船，显得模糊一片，只有一点一点的黑影子在移动。小火轮上的轮机声，随着晨风遥送过来。码头上的吊车，在“突突突”地吼叫，钢臂在淡淡的晨雾中晃动。随着一阵沉闷的鸣叫声，一艘远洋客轮到岸了。旅客像流水般走出客舱，步入码头。在这众多的旅客中，有商人打扮的一男一女，均身披风衣，头顶礼帽，眼带墨色眼镜，手提黑皮箱，缓缓走上码头，与在码头接站的司机寒暄几句，便钻进车内，风驰电掣般开往市里，绕了几个弯儿，进入法租界的环龙路 63 号（今南昌路 59 号）法文报馆二楼。

这一男一女不是别人，正是流亡日本的孙中山和宋庆龄。他们为什么化装回国，夜间上岸？这里还需把形势交代一下。

当时，全国革命形势大好，在孙中山先生的领导下，新婚后的宋庆龄更加积极、深入地投入了第三次反袁斗争，也叫“三次革命”。除了上海革命党人炸毙袁世凯死党上海镇守郑汝成外，孙中山还成功地发动了一系列反袁起义。有些起义虽然失败，但革命洪流锐不可当。这时袁世凯策划的各省区“国民代表大会”投票推他称帝的丑剧使他复辟帝制的野心毕露。孙中山认为袁已“势成骑虎”“亡在旦夕”。在这种形势下，孙中山认为必须“先发制人”。于是他与国内外革命党人的函电往返极其频繁：催促筹募经费，捐输军饷，整理党务，组织中华革命军，创办陆军速成学校（在菲律宾）等。尤其在 12 月下旬，得知唐继尧、蔡锷在云南通电全国，发起护国运动，反对袁世凯复辟帝制的消息后，孙中山更加快了革命步伐。

他急如星火，连续致电马尼拉、旧金山、火奴鲁鲁、香港、上海等地的革命党人，嘱令加速筹款，并发表了《讨袁宣言》。于是在1916年上半年，孙中山领导华南和华东地区又掀起了讨袁起义的新高潮，与西南护国军互为犄角，给袁世凯政府以沉重的打击。袁终于在3月22日被迫撤销帝制。

此时，袁世凯江山危危，不攻自灭之时指日可待。但是，死老虎不免还有一跳，袁氏到处制造暗杀和白色恐怖。不是吗？就在宋庆龄到达上海前的一天，孙中山在上海的重要将领陈其美被袁世凯派遣的刺客枪杀就是一例。这位功勋卓著的陈其美，早在辛亥革命时，首先攻破大上海，次而又攻占南京，使孙中山得以在南京就任共和国临时大总统。他的遇刺所引起的震撼是可想而知的，孙中山夫妇不能不防。直到他们回国后的一个多月，即1916年6月6日，袁世凯在全国人民的讨袁声中忧惧而死，继任总统黎元洪在孙中山的督促下，宣布遵行《临时约法》，恢复国会后，孙中山与宋庆龄方在上海由秘密转入公开活动。

袁世凯死去，三次革命终得胜利，白色恐怖终结，政治空气缓和。胜利祝贺着他们这对新婚夫妇。可是，在这喜庆的日子里，操劳过度、终日得不到休息的宋庆龄突然病倒了。当她醒过来的时候，已躺在著名大夫山田的急救室里，孙中山先生在一旁守护着。

“大夫，她的病？”孙中山急问。

“急性肠胃炎引起的高烧。”山田望了一眼孙中山，接着又道，“先生，请你放心。”

“需要多长时间？”

“从目前的情况看，她的身体很虚弱，高烧退下后，还要休息一段时间，辅以药物调剂。”

宋庆龄在病床上度过难熬的二十多天，于8月中旬痊愈。遵照大夫的嘱咐，继续休息。同时在这段时间内，黎元洪走马上任，孙中山充满希望，国内政治稳定，形势一片祥和。基于这种情况，重义气的孙中山，同时也想到各地去看望一下老同志，了却长期流亡中的思念之情。孙中山决定陪同宋庆龄外出旅游疗养。

他们驱车先到了宁波。一周后又转到杭州和绍兴。这些城市都是我国风景名胜区，人文景观颇多，古文化的氛围浓郁。在西湖的长堤上，在宁波的莲花池旁，在绍兴小河流潺的民居里……他们是那样惬意！新婚蜜月在恐怖中度过的宋庆龄，望着眼前的风景，心潮翻滚，生出不是新婚胜似新婚的感慨来。

“作首诗吧?”孙中山也来了兴趣。

“西湖远比阿巴美，吾爱祖国胜阿巴。”宋庆龄顺口而出。

“阿巴是什么地方?”孙中山不明白地问。

“就是美国佐治亚州著名的阿巴拉契亚大山。那里有山有水，风景迷人。”接着宋庆龄津津有味地讲起了在美的大学生涯，她们三姐妹结伴旅游的逸闻趣事，逗得孙中山仰天哈哈大笑。孙中山作为前任大总统，现今国会要员，每到一地都由当地政界官员陪同。其间，孙中山做了重要讲演，宣传形势，宣传共和思想。从保留下来的照片上看，微笑荡在他们的脸庞，青春在他们身上焕发，给人一种轻松愉快、向往追求幸福的印象。这种半公事半休闲的情人旅行，大概是宋庆龄一生中唯一的一次。

人们在幸福中往往要回忆那些在困难时给予自己帮助的朋友。宋庆龄回到上海后，便发出了两封文笔优美、叙述他们夫妇南下，携手旅游祖国山河，获得真情实感的信。一封发给日本朋友梅屋庄吉夫妇，是他们在她最困难的时候，帮助他们操办了婚事；一封发给美国留学的小妹宋美龄，是她在最困难的时候，站在自己一边，给予理解，给予支持的。没有这些，便没有她与孙中山先生现时的幸福。

他们夫妇回到上海不久，第一次世界大战的烽火迭起，中国面临的首要问题是参战还是不参战，也是对《临时约法》能否得到遵守的一次考验。新总统黎元洪和大多数国会议员都反对参战，但掌握军权的内阁总理段祺瑞，拿了日本的500万“西原借款”，实为收买，一味主张参战，并在与各省督军密商后，置国会于不顾，一意孤行。这个军阀首领在北京横行霸道，各地军阀则在他们各自的防区内拥兵自重，成了“土皇帝”。

孙中山既无兵力，又无权力，但他有崇高的声望，所以他写的反对参战的小册子，在舆论界产生很大影响。认为参战无益，徒然引起内部不和的知名人物不止孙中山一位。许多不属于革命派的各种人物为了不同的理由也表示反对参战，其中有总统黎元洪，民国国务总理唐绍仪及君主立宪派政敌康有为。国会没有通过参战议案。

面对抵制的力量，段祺瑞在1917年初夏——像早些时候独裁者袁世凯所做的那样——悍然践踏1912年颁布的《临时约法》，对德宣战。黎元洪因此下令将段祺瑞免职，但结果自己却被“辫帅”张勋所推翻。清王室又被从坟墓里请出来。名义上的王室首脑、12岁的溥仪又被宣布为皇帝。在得不到人民丝毫支持的情况下，他只在位12天，还不如袁世凯的时间长——83天。

这出闹剧正是军阀段祺瑞所需要的。黎元洪总统手下没有一兵一卒，不得不召他回来镇压“辫子军”。段祺瑞再任总理，马上把这个倒霉的总统换掉，换上了一个驯服工具，并解散了国会。

革命出现了新的曲折，孙中山先生，你该怎么办呢？是屈服还是抗争？我们的孙中山先生，在宋庆龄的支持下，当然选择了后者——抗争。

二十四

革命形势急促变化后，面对段祺瑞政府解散国会、践踏《临时约法》这一现实，孙中山夫妇重新振奋精神，寻找真理，继续革命。他们总结经验，准备理论，启发国民，唤醒社会。有一段时间，孙中山谢绝宾客，深入简出，完成指导革命的专著《孙文学说》《民权初步》《实业计划》等书。

上海的莫里哀路 29 号（现为香山路 7 号孙中山故居纪念馆），是孙中山完成上述专著的地方。

这是一座小巧别致的西式花园别墅。正如美国挚友林百克先生描写的那样：一进大门跨进一个小小庭院就是一幢深灰色的两层小楼房。外墙上布满了爬山虎、紫藤等附墙植物。楼前向阳处，是一片正方形的草坪，三面围绕着四季常青的冬青、香樟以及玉兰等树木花圃。环境幽静，布局紧凑。住房不大，却简单实用。楼下是一间会客室和一间餐室，加上一个由四个高大圆拱护围、几乎横贯楼房东西的、长廊式的阳台。这个奇巧的阳台，使这幢古朴的建筑与美丽的小花园浑然一体。人们在紧张的工作读书之余，在此小憩片刻，顿使人有心旷神怡之感。楼上有藏书室兼办公用的读书室、卧室、浴室和两间招待客人临时住宿的房间。所有这些，组成“一个最安适而不华贵的住宅”，适合于孙中山与宋庆龄简朴的生活。

历史不会忘记。宋庆龄为了支持丈夫发愤著书，曾陪孙中山先生在这里度过了多少个不眠的夜晚；为查阅资料，宋庆龄跑遍上海各家书店，采购有关书籍和资料；为澄清一个史学问题，宋庆龄不知跑了多少路、向友人发去了多少信函；有时为确立一个观点和准确的提法，他们共同探讨，一谈就是几个小时；孙中山先生的写作是严肃认真的，宋庆龄誊写稿件也是异常认真的。此外，宋庆龄还负责孙中山先生的膳食安排，亲自采买，精心调做，尽量做到补脑健身。

可以想象得到，孙中山先生已是五十岁开外的人，在短短的几个月内，成功地完成了有关革命理论的三部鸿篇巨制，没有宋庆龄的热心支持和襄助，是难以完成的。正如孙中山先生事后所说：“我的三部理论专著浸透了宋庆龄的心血。与其说签名是我的，不如说还有她的一半功劳。”

有一天，四位崇敬孙中山的旅美华侨来家做客，宋庆龄做了一桌简朴的菜肴招待了他们。席间，他们谈起中国革命的现状，也谈到了孙中山先生废寝忘食的写作，以及生活细节，其中包括现住房子每月 65 美元租金。谈着谈着，客人流泪了：没想到做过中国历史上第一任大总统的孙中山，连属于自己的房子都没有。客人临走时甩下一句话：“这幢房子我要买下来，送给你们夫妇二人，以表示我对中国革命的同情和真诚的支持。”

不久，这句诺言便成了现实。从此，这对革命夫妇在上海才有了不缴房租而归自己所有的住房。后期在中国革命最需要资金的时候，宋庆龄又与孙中山商量，卖掉此房，支援革命，彻底实现了那四位友人对中国革命的直接支持，充分展示了这对夫妇的革命风采！是啊，在中国人民大众处在水深火热之中时，他们夫妇坚持不要孩子，连生命都置之度外，还有什么不可牺牲的呢？中国革命为有这样的赤心儿女而感到自豪、骄傲！中国革命的进程，无论还有什么艰难险阻、急流旋涡，都不能使他们裹足不前！

没有革命的理论便没有革命的行动。他们夫妇二人再次全身心地投入到“倒段护法”运动的洪流中去。接着，孙中山先向北洋军阀政府段祺瑞发出了最后通牒：如果不遵守《临时约法》，他将建立一个护法政府与之相对抗。护法政府的目的是要用“真共和”来代替“假共和”。

1917 年 7 月，在孙中山的策划下，上海的一支海军先遣队共七艘军舰宣布起义，拥孙反段。这件事的成功同宋庆龄有直接关系。她同何香凝一起，对舰队军官的夫人们做了许多鼓动工作，通过她们来影响这些军官。

在这支舰队的护卫下，孙中山和宋庆龄，还有一大批支持者，包括100多名被段祺瑞解散的国会议员，于1917年7月6日离沪赴穗。他们很快在广州举行“非常会议”，决议成立护法军政府，选举孙中山为大元帅。

但这个政府从1917年中成立，不到半年，就因军阀内讧而解体。1918年5月4日，孙中山辞职回沪。他愤怒地指责所有南北军阀都是“一丘之貉”。

革命形势在不断地变化着。1920年9月的一天，在沪的孙中山突然收到粤系军阀陈炯明来电：欢迎孙中山到穗任职。接到此电后，孙中山先生心里十分矛盾：去吧，自己是被他们排挤出来的人；不去，又是盛情难却。再说，上次去穗，手中没有真正军权，正如人们所说，军政府没有军队，军队眼里没有军政府。教训何其沉痛。好在这次陈炯明把粤军交给自己来指挥。他对陈炯明早有了解，此人1909年加入同盟会，对革新和进步的目标非常热心，并且在孙中山前一段任广州护法军政府大元帅期间显得忠心耿耿，为孙所器重。经过反复权衡，革命者不以失败为退步，孙及时复电应允。同时劝说陈的军队立即从福建回广州，为重振护法运动打下一个牢固的基础。陈炯明照做。广州民众苦于外省军阀的盘剥，对陈炯明部回师大为欢迎。在1920年11月，孙中山偕宋庆龄及一些政界老友再度乘军舰离沪返粤，受到陈炯明部的热烈欢迎。

第二次孙中山任职广州政府时期是繁忙而又多事的。他一到广州，便重新召开国会，建立的政府不再称军政府，而是宣布为民国的合法政府。

1921年5月5日，孙中山就任“非常大总统”，并同宋庆龄一起检阅了10万市民的庆祝游行队伍，随后又亲自参加了游行。这一天，在广州纵贯南北的一条主干道上，奔流着一股各色人的怒潮，他们用震动大地的呐喊，回答桂系军阀的炮声。队伍浩浩荡荡，看不见它的尾部。它的尾部在时时加长，它沿路吸收了无数人进去，着长衣的和短衣的，男的和女的，老的和少的。有些人，在队伍旁边，手里拿着许多传单分给路边的看客，也和看客们说些话语。忽然，震天动地一声喊——

“中华民国合法政府万岁！”

“实行共和，建立共和！”

“民权主义万岁！”

……

晚间，孙中山和宋庆龄又一起观赏了广州人喜爱的灯会。精致的彩灯，造型各异，色彩缤纷，竞放光辉，令人大饱眼福。

一个月后，战火重起。

总统孙中山下令要打倒桂系军阀陆荣廷的势力，顷刻广东和广西两省之间爆发了战事。孙中山指挥军队迅速攻占广西主要内河港口城市梧州，直捣桂林老巢。

在广州，宋庆龄则发动妇女，组织了一个“出征军人慰劳会”，支援前线，宋庆龄任会长，何香凝任总干事。女界出征军人慰劳会，是中国妇女运动史上第一个慰问义师的组织。“慰劳会”成立后，宋庆龄即偕同何香凝辛苦奔走，向社会各界募集经费和慰劳品。由于各方人士大力支持，踊跃捐款，很快就募集到十几万元，担任“慰劳会”会计的廖梦醒为管理捐款不得不每天奔跑于银行。宋庆龄偕同何香凝还携带捐款和物品，率领慰劳队亲赴广西梧州前线，慰问讨桂部队，给予官兵们很大鼓舞，增强了他们的战斗力。仅短短三个来月，出征军队就占领南宁和桂系的最后据点龙州。陆荣廷逃往越南，两广终得统一。

二十五

1921 年 11 月底的一天。

桂林北伐军大本营指挥部内，总指挥孙中山先生在主持一个参议会。大家正沉浸在讨桂之战结束、两广统一的胜利喜悦之中。此时，孙中山站起身来，在战区形势图前踱着脚步，突然停了下来："讨桂之战的胜利只是第一步，打倒北洋军阀，统一全国，实现民主政治，才是我们最大的目标！"

接着，他用指挥棒指点着地图："仗要一个一个地打，北洋军要一口一口地吃掉。目下，我第二个目标，由桂出师北进，消灭湘系军阀赵恒惕！"

为支持丈夫的北伐事业，身在后方的宋庆龄，此时也在广州主持一个重要会议。她们在"女界出征军人慰劳会"的基础上，联系姐妹们又成立了"红十字会"。大家推选宋庆龄任会长。12 月 6 日，"红十字会"由宋庆龄率队离开广州，随在后勤部队之后，直奔桂林北伐大本营，直接参与部队伤员的救护。部队行进到昭平，突遭陆荣廷遗留下来的土匪部队的袭击。"姐妹们卧倒！"宋庆龄同士兵们一起英勇沉着地将匪军击退。她们一路边走边打，历时半个月，于 12 月 21 日抵达桂林，与大部队会师。夫妻相见，孙中山紧紧握住宋庆龄的手："你们女将辛苦了！"

"你们前方不怕流血，我们后方还怕流汗吗？"宋庆龄莞尔一笑，同时也把路上的情况向孙中山做了汇报。

"你不害怕吗？"孙中山笑问。

"当时处在那个情况下，姐妹们知道怕也无用，所以什么也不怕了。"

接着，孙中山又详谈了挥师北伐的准备和前景。由于激动，一谈就到下半夜了。

第二天一早，宋庆龄陪同孙中山到前线视察地形，每当发现宜于攻守的险要地段，孙中山都要作战参谋做详细记载，标在图上……

在桂林的日日夜夜，他们夫妇是繁忙的。宋庆龄在盐道街艺术学校召开妇女座谈会，还邀请了孙中山参加，号召姐妹们积极行动起来，砸碎封建枷锁，和男子一样参战。宋庆龄的演讲，极富感染力，颇如一篇抒情的散文，发自肺腑，真切感人。桂林的姐妹们，也纷纷报名参加中国国民党。桂林国民党由原来的一名党员，迅速发展到200多名。最后，在宋庆龄的提议和倡导下，成立了“桂林市妇女会”，作为全市妇女组织的领导机构。在宋庆龄的组织下，桂林妇女界的支前工作轰轰烈烈地开展起来，整个形势一片大好。

大军未到，粮草先行。当北伐军前锋部队进入湖南境内时，孙中山又遇到了意外的挫折。当时留守在广东的陈炯明对孙中山的北伐之命，不但阳奉阴违，断绝北伐军的后方接济，而且勾结湘军赵恒惕，阻遏北伐军的前方通道，不许其假道湖南北进。此时，孙中山才看透陈炯明的庐山真面目，原来也是个半革命的地方势力保护主义者。无奈间，孙中山于1922年4月8日回师广东，移设大本营于粤北韶关，准备改道江西北伐。宋庆龄率红十字会也从桂林移师韶关，听从调命。

在韶关时，当宋庆龄怒说陈炯明不义时，孙中山向宋庆龄讲了陈炯明的来历：陈炯明率领的粤军，原是1917年孙中山主持军政府时广东省长公署的二十营警卫军。在改为孙中山大元帅直辖的粤军时，曾遭桂系粤督莫新荣的反对。经孙中山力争坚持才得以成立，并由孙中山亲自任命陈炯明为总司令。这支军队后被桂系排挤到福建，孙中山也回到了上海。在粤军十分困难之时，身处逆境的孙中山竭力保护，不仅派中华革命党多名得力干部前往襄助，还经常拨巨款接济。正是由于孙中山几年来的苦心扶持，粤军才逐渐壮大起来。可是，陈炯明忘恩负义，在孙中山继续北伐、希望统一全国时，竟唱起了“保境息民”“联省自治”的反调，致使孙中山大伤脑筋。此时，孙中山还对陈炯明保留着一线耐心劝说的希望。可是，一个又一个危险信号接踵而至：

1922 年 3 月 21 日，由孙中山任命做陈炯明参谋长的革命党人邓铿在广州火车站遇刺身亡；

1922 年 6 月 14 日，陈炯明私自囚禁孙中山的亲密战友廖仲恺。

……

同时，孙中山联想到其他类似事件，如 1913 年宋教仁的遇刺；1916 年陈其美在上海的被害以及 1920 年朱执信在广州策反桂系军队时被杀等。从以往的教训中，他似乎觉察到一个不祥的征兆。但是，为人忠厚的孙中山，为做到仁至义尽，决定去广州劝说。不过，他已有防备，随身带了 50 名卫兵。

二十六

孙中山和宋庆龄进入广州的总统府，刚刚送走来穗看望他们的大姐宋霭龄和侄女洛士文，1922 年 6 月 16 日夜里，陈炯明的炮声就跟了过来。那炮弹似流星般呼啸，拖着长长的火尾，从四面八方飞往总统府。一时间，总统府周围成了一片火海。爆炸的炮弹震耳欲聋，随处开花，映红夜空；炮声、枪声、惊叫声、交战声汇成一片；狂风作祟，火苗作浪，使燃烧着的房间楼阁顷刻化为灰烬。

显然，这是一场事先有组织、有预谋、有计划的反叛。指挥者便是孙中山的信任者——粤军司令陈炯明。陈炯明在外围督战，命令尖刀分队一梯队一梯队地跟上，摧毁要点，使孙中山无藏身之处，连同夫人宋庆龄，一同全歼。并扬言漏网者，拿人头相见。

从第一声炮声响起，孙中山似乎有些清醒：在凌晨2时，他接过一个电话，说陈军将攻本宅，催速整装逃出，即刻进入战舰，由舰上可以剿平叛变。电话刚放下，炮声即响。先是零星的，后是遍地开花。

孙中山无比愤怒：陈炯明已是今非昔比，恩将仇报，拿他当炮灰。谈判说服已是梦想，消灭自己才是真心。人不顺道天行道，多行不义必自毙。祸患生于肘腋，干戈起于肺腑。

接着他一面指挥卫军，固守总统府，戡乱平逆，自己也做好了效忠祖国的准备："如力不足，唯有一死，多少同胞战友先我而去，虽死无憾。"

这时，宋庆龄从容进屋，虽是万危之中，仍处变不惊，不失大家闺秀之风。众人劝孙中山撤离，苦口婆心，场面感人肺腑。"中山，你快撤！"宋庆龄也站到了众人的立场上。

"庆龄，我们同走！"孙中山不放心。

"这样目标更大，更危险。"宋庆龄急说。

"那么你先走！"孙中山知道宋庆龄怀有身孕，这是她结婚七年来的第一次，也是一生中唯一的一次。

"我求你了，中国可以没有我，不可以没有你！孙中山你答应我吧！"面对危急时刻，宋庆龄几乎声泪俱下。

外面的枪声一阵紧似一阵，炮弹不时在周围爆炸……

"好，我先走！"孙中山终于应允下来。说完向夫人深情地看了一眼："保重！"接着又决定把全部卫兵留下掩护宋庆龄，自己只带两名卫兵冲进了夜色中……

须臾，炮弹又落到房前，形势十万火急。此时，宋庆龄并不担心自己，她担心的是孙中山先生的安危。孙中山走后半个小时，忽又枪声四起，如炒豆般地向宋庆龄住宅射来。宋庆龄住宅是龙济光所筑私寓。位居半山腰，四周树木丛生，一条桥梁式的封闭过道，宛如一条空中走廊，长一里许，蜿蜒由街道及住房之上经过，直通观音山总统府。叛军占据山头，居高临下，左右夹击，向宋庆龄住宅射击，高喊着："打死孙文！打死孙文！"

宋庆龄异常镇静，示意卫兵暂不还击，因为四周漆黑，敌情不明。

黎明时，卫队开始用来福枪及机关枪与敌人对射。因卫队经过专门训练，个个都是神枪手，击毙敌人不少，也给其嚣张气焰以压制。敌人见枪射效果不佳，便用野炮向宅中轰击。突然一声爆炸，宋庆龄里间澡房中弹起火。此时，卫队伤亡已有三分之一，但其余的人，仍英勇作战，毫不畏缩，誓与宋庆龄同生死。有一侍仆见势危难，从宋庆龄身边冲了出去，爬到高处，挺身而战，一连击毙了不知多少敌人。这时，宋庆龄命令卫队停止还击，只留几盒子弹，等候着最后的决斗。

此时情势，强留已没有实质意义。这时卫队叶挺营长站出来向宋庆龄报告："请夫人下山，不然我们都要全军覆没！"其余卫兵已伤残不少，皆劝宋庆龄下山，此为唯一安全之计。

"好，我们下山。"宋庆龄望着伤残的卫兵，从不流泪的她此时已泪水涟涟了。

在忠诚的卫兵掩护下，先是一阵机枪扫射，接着宋庆龄就离开了住宅。姚观顺副官长（孙中山的侍卫）在前带路，宋庆龄在后，两位卫兵掩护随之。突然间，正前方有机枪封锁扫射，头顶流弹飞鸣。姚示意宋庆龄卧倒，借以两旁夹板掩护，匍匐而进。行至夹板击毁之处，没有掩护，他们只好鱼跃而过，跟着就是一阵哔哔剥剥的枪声。在经过这一段之后，姚副官长忽然高叫一声倒地。宋庆龄连忙过去，一看他血流如注，一粒子弹穿过他的大腿，击中一条大血管。宋庆龄立即命两个卫兵把他抬着走。片刻，只听“轰隆——”一声巨响，转身望去，刚走过的“空中长廊”已经落下山崖。这时，他们才感到：苍天有眼，实是不幸中之大幸。在枪林弹雨中，经过曲曲折折，他们最后走完这条通道而进入了总统府的后院。

这时，总统府四周也是炮火连天，更为不便的是附近都是民房，所以房内的士兵不能向外射击。

宋庆龄示意卫兵把姚观顺抬进一间房屋，赶快包扎抢救。两个卫兵加快脚步，走进附近一间房屋。姚副官长剧痛难忍，宋庆龄不忍相看。最令人感动的是姚副官长还在安慰宋庆龄：“夫人，将来总有我们胜利的一天！”说完便闭上了眼睛……

自早 8 时至下午 16 时，他们一直处在炮火连天的地狱中。流弹不停地四射。留在房间的危险更大，宋庆龄决定再换一个房间。就在他们离开房后的顷刻间，一颗炮弹飞来，正中房顶，房顶整个陷下。而他们刚到的房间又是弹火冲天。此时的宋庆龄已准备随时牺牲。恰在这个当儿，一向恪守中立的魏邦平师长派一军官来商议条件。宋庆龄的卫兵提出的第一条就是保证宋庆龄平安。但是那位军官说他不能担保宋庆龄的安全，因为袭击的不是他的军队，而且连他们自己的官长，都不能约束。正在说话之间，前面两扇铁大门“哗——”一声打开了。敌兵一哄进来，宋庆龄的卫兵子弹已竭，只好将枪放下。四周的敌兵拿着手枪刺刀指向宋庆龄，登时就把她手里的一些包裹抢去，用刺刀挑开，大家便拼命地乱抢东西。她乘这机会逃开，直奔入两队对冲的人丛里，一队是逃出的士卒，另一队是由大门继续闯来抢掠的乱兵。幸而宋庆龄头戴着姚副官长的草帽，身上又披着孙中山先生的雨衣，由那混乱的人群里脱险而出。

出大门后，又是一阵炮火，左边来了一阵乱兵，宋庆龄一行只好穿东走西曲折地向巷里逃。这时宋庆龄再也走不动了，突感腹部剧痛，便对两位卫兵说：“我恐熬不过去了，请你们把我枪毙了吧！”

万般无奈，两位卫兵一人抓住一边肩膀扶着她走……四周横列着的都是死尸，有的是士兵，有的是居民，胸部中弹、断腿失臂地横陈在街上的血泊中。

正走时，忽有一队士兵由小巷奔出，向他们这里射击。宋庆龄示意大家伏在地上装死。那些乱兵居然跑过去，到别处抢掠去了。他们爬起来又跑，卫兵劝宋庆龄不要看路旁的死尸，怕她看后要昏倒。过了半个小时，枪声渐少、稀拉，他们跑到一座村屋，把那闩上的门推开躲入，屋中的老主人因为怕受连累挥手要赶他们出来。正在此时宋庆龄昏倒了。醒过来时，两位卫兵正在给宋庆龄烧热水，用扇子为宋庆龄扇风。一名卫兵出门去观察动静，忽有一阵枪声，卫兵中弹倒地。屋内的卫兵赶紧把门关闭。

枪声沉寂之后，宋庆龄化装成一村妪，卫兵扮作贩夫，离开这村屋。过了一两条街，宋庆龄拾起一只菜篮及几根菜，便拿着走。也不知走了多少路，经过触目惊心的街上，他们才到了一位同志的家中过夜。这间屋子早已被陈炯明的军队搜查过，但是宋庆龄再也无力前进，就此歇足，宋庆龄通宵闻听炮声。直到听见战舰开火的声音，这时宋庆龄知道孙中山先生已安全了……第二天，宋庆龄仍旧化装为村妪，逃到沙面，在沙面由一位铁工同志替宋庆龄找一小汽船。宋庆龄与卫兵才到岭南，住进友人家。

在河上，他们看见满载抢掠品及少女的几只船被陈炯明的军队运往他处。后来听说有两位相貌与宋庆龄相似的妇人被捕监禁。正巧宋庆龄离开广州那天下午，所借宿的友人家又被搜查。晚上，宋庆龄终于在舰上见到孙中山先生，真如死别重逢，化险为夷，孙中山异常高兴。

事后，正如宋庆龄所说：“如果霭龄真把孩子留给我，那绝不是一个人的危险啦!”正如一位友人写到这件事时说：“那么历史就要因此而发生变化，因为孙中山夫妇带着一个孩子是绝不可能脱险的。”宋庆龄为掩护他们夫妇的50名官兵几乎所剩无几而痛心。

二十七

1923年5月初的一天，梅雨时节人耕忙的时候，宋庆龄怀着兴奋的心情，从沪上来到羊城。正赶上羊城街头刚下了一场蒙蒙细雨，大街小巷显得明晃晃的。比她先到三个月的孙中山先生，驱车到车站迎接宋庆龄。

雨后复斜阳。此时，羊城的形势也像羊城的天一样发生了翻天覆地的变化。军阀陈炯明曾炮轰总统府，逐出孙氏夫妇，今日已轮到他被华南其他省份的将军们所驱逐了。孙中山又被捧上了“大元帅”的宝座，重新住进了总统府。这时，孙中山作为国民党的首领，努力实施他的新方针——联俄、联共、扶助农工。同时，他注重建军，筹建国共合作后的黄埔军校。

旅途征尘未洗，劳累未消，宋庆龄就投身于紧张的劳军活动中。5月1日早晨，她早早起了床，匆匆吃了早点，和孙中山交代了几句，就驱车来到了何香凝的住地，偕同何香凝等人，到广州市内市立、陆军、博洛等医院慰问伤兵，分赠物品。4日，因何香凝有事，她便独自赴广州各医院慰问伤兵。6日，恰赶孙中山没有会议，她陪同孙中山等人，乘坐轮船、电船赴西江到石车塘滇军临时医院慰问，并与孙中山分别犒赏伤兵每人10元。接着，又乘广三铁路火车到三水县。正赶雨季，车开不进去，她便与孙中山一起步行长距离的“崎岖泥泞之路”，到达河口大本营野战医院、兵站第二病院以及三水城内医院慰问伤兵，分赠饼干、牛奶等物，又与孙中山分别犒赏伤兵每人10元。8日，宋庆龄得知黎洞、连江口、英德等处的战斗很激烈，将士打得很顽强，她很激动，又立即陪同孙中山携带现银数万元，乘坐粤汉路专车到英德及连江口慰问前线将士……

宋庆龄的这些活动，给了孙中山很大的支持和安慰，支援了讨伐叛逆的战争，鼓舞了士气，也使广大伤病员和官兵深受感动，纷纷表示要更加英勇地杀敌立功，报效民国。接着各个战场的报捷电文，如雪片般飞来，迎来了1924年元旦。元旦是个欢庆的日子。宋庆龄陪同孙中山出席在广州大元帅府举行的庆祝元旦和民国政府成立纪念仪式。孙中山讲话后，宋庆龄亲自为在战斗中的有功卫士佩戴奖章。会场“场面庄严肃穆，诚自民国以来空前之盛典”。勋章呈圆形，中铸大元帅孙中山像，伴以嘉禾，上端刻“中华民国海陆军大元帅”，下刻“十一年讨贼有功奖章”。

在宋庆龄支持孙中山革命事业的众多事迹中，乘坐“洛士文号”飞机试飞，是非常生动、非常感人的一例。中国第一个制造飞机的人伟大，那么第一个乘机试飞的宋庆龄不可以说是伟大吗？

孙中山素有“航空救国”的主张，并一贯重视依靠爱国华侨办航空。1917年他曾派杨仙逸去美国购买飞机，到1920年11月时，又在广州成立了航空局，从维修进口飞机进而着手建厂自造飞机。在孙中山亲自关怀、督促下，中国辛亥革命后的第一架飞机终于在1923年6月装配成功。

7月间的一天，天高云淡，烈日炎炎。孙中山与宋庆龄又一道去视察广州飞机场。孙中山新建立的一支很小的飞行部队的负责人、航空局局长兼飞机制造厂厂长杨仙逸刚制成了一架飞机——据说是中国制造的第一架飞机。它的机身是三夹板的，机舱有两个座位，没有舱盖。那一天，这架飞机要进行试飞。孙中山很兴奋，当场询问杨仙逸：“此机可坐几个人？”

杨答：“不算飞行员，只可坐一个。”

“最高的奖赏献给勇敢者！”孙中山挥起自己的帽子道，“谁愿意同飞行员黄光锐一道飞？”

“我来！”宋庆龄毫不犹豫地说。

大家一阵雷鸣般的掌声。在掌声中，宋庆龄英姿焕发，神采奕奕，向大家挥挥手，然后走向飞机。飞机开始发动，缓缓滑入跑道，加速，直刺蓝天，在空中转了三圈，随后安全落地。

飞机着地后，孙中山派员把一束鲜花献给了宋庆龄。

“勇敢的庆龄！”当宋庆龄回到孙中山身边时，中山拥抱了宋庆龄，以示祝贺。

“我提议，这架飞机就以勇敢者的名字命名吧！”孙中山道。“洛士文——”人们高喊着宋庆龄的英文名字。

这件事情，正如宋庆龄所期望的那样，对许多中国青年女性起到了极大的激励作用，使她们深信妇女同样可以攀登到任何高度。这也为孙中山“航空救国”的口号增添了一段佳话。

8 月 14 日，是陈炯明发动武装叛乱、孙氏夫妇遇险一周年的纪念日。这天，他们重登“永丰”舰。一年前他们相继脱险后就是在这条军舰上重逢的。他们在舰上摄影留念。这张照片在许多书刊上都可见到：在前甲板上，他们同站得笔挺、穿着白色海军服的军官和水手们在一起，他们穿着朴素的常服，毫无架子，不认识的人一定看不出他们是这次活动的中心人物。

10 月，他们视察广州飞机制造厂后，乘炮艇去珠江口的虎门要塞。在 1840—1842 年的鸦片战争中，中国军民曾在这里对英国入侵者进行了英勇抵抗。鸦片战争后，中国开始沦入半殖民地的深渊。他们在虎门看了炮兵的演练。很显然，孙中山正从保卫革命的新的角度注意国际事态的发展，因为只有革命成功才能使国家摆脱屈辱的处境。

在这方面，关于苏联提供援助的探索性会谈已在进行。8 月中旬，一个以蒋介石为首、成员中包括共产党人张太雷的代表团被派往莫斯科。

宋庆龄经常出席军事检阅，她对于建立一支革命军队的重要性的认识同孙中山是完全一致的。她的这种认识除了出于国家全局的考虑以外，还得自许多她个人的亲身经历，包括她和她的家庭在袁世凯统治下所受的困苦以及她和孙中山在陈炯明炮轰总统府时九死·一生、脱离危险的经历。

宋庆龄已是三十多岁的人了，风采不减当年。每到一地，她都给人们留下美的语言、美的形象、美的故事。

第八章

丈夫逝世

工作着是幸福的，相爱是永恒的。家内，幸福与永恒并存；党内，团结与斗争并存；党外，困难和希望并存。人生在天地间，天有不测风云，在大有希望的日子里，孙中山不幸逝世，宋庆龄悲恸欲绝。

——题记

二十八

1924年11月13日，风和日丽。

广州军港，大海停止了喘息。透亮的、玻璃似的、勉强可以辨出来的波纹，捉摸不定地远远滚来，温润地洗涤着满撒在海边的鹅卵石……军港中的“永丰”舰已做好了整装待发的准备，只待一声令下。

孙中山偕同夫人宋庆龄健步登上“永丰”舰，向送行的党政军要员挥手致意。随着舰长一声令发，汽笛长鸣，“永丰”舰缓缓离岸，向墨蓝色的深海海域驶去。此行任重道远，目的地——北京。

这次孙氏夫妇的北行，是应北京“基督将军”冯玉祥之邀，共商和平统一大计。孙中山南方的革命，犹如春雷，在北方引起了强烈的回响，革命热情空前高涨。“基督将军”冯玉祥向原来的上司直系军阀吴佩孚发动了一次突然袭击，赶走了由“猪崽议员”贿选出来的总统曹锟，还捎带着把已经退位的清朝最后一个皇帝溥仪逐出了紫禁城，一举控制了北京，并联合奉系张作霖、皖系段祺瑞，组成一个政府。“三员大将”一商量，认为孙中山在南方干得红火，有意请他北上主持国是，于是邀请之函就这样发了出来。

孙中山接信深思良久，宋庆龄心里也在犯犹豫。

但作为爱国爱民、同情人民疾苦的孙中山，虽痛恨军阀混战与割据给人民带来的灾难和痛苦，也不愿放弃一线和平统一的希望。为了迅速实现和平统一，他毅然决然接受冯玉祥等人北上之邀。

既然丈夫已经决定，宋庆龄还能说什么，只是提醒中山说：“长途跋涉，社会动乱，路上要多加注意。”

宋庆龄说得有道理。当时，孙中山也有极大的对立面，帝国主义和封建军阀一致反对孙中山的革命，企图把它扼杀在摇篮中。因此北上困难重重，险象环生，有些事件难以预料。

“这些我已考虑了，为了人民的利益，革命者应不惜个人的一切。”孙中山说到这里，又话题一转，“不过，我们还要防备万一。路线可以调整，先到香港，再由香港搭日本轮绕道上海，后到日本神户，再到天津驱车进北京。另外，多带些卫兵，加强防备力量。”

“那就这样，希望你想得再周到些。”宋庆龄再次叮咛道。

……

临登舰前，孙氏夫妇又在黄埔军校做了短暂停留，他们受到了全校师生的热烈欢迎和欢送。会议由周恩来主持，孙中山和蒋介石都讲了话。所有这一切活动之后，他们才登上了“永丰”舰，也称孙中山的“救命舰”。

“永丰”舰当天抵达香港，再由香港换船，经过四天四夜的航行，于11月17日抵达上海港。孙氏夫妇受到了三万群众的热烈欢迎，盛况空前，令孙中山感叹不已。他们在莫里哀路寓所住了下来，看望者、拜访者络绎不绝，再加上开会、商讨国事，孙氏夫妇忙得团团转。本来，停留主要是休息一下，缓解旅途疲劳。宋庆龄面对这些应接不暇的情况，对孙中山说：“还不如路上休息好。”因此，他们在上海只停留了四天，就又起程了。

大海扬波作浪，为孙氏夫妇送行。

这天，天边吹来一股凉气，使海面激起一阵战栗，仿佛那被吞没了的太阳向天空舒出一口满足后的叹息……

客轮经过半个月的昼夜航行，于12月2日又来到了日本的神户港。

神户，一个美丽的海港城市。孙氏夫妇的蜜月曾在这里度过。他们回到这里，仍备感亲切。很多老朋友，纷纷登门看望。细心的宋庆龄已觉察到，来者很多，但不见日本政界朋友。再者，从他们的谈话声中，宋庆龄已隐隐约约地感到中国和日本的民族主义发展至今，已分道扬镳了。如今，孙的转向苏联，也使日本政界反应强烈。不管怎样，孙中山也在日本发表了演说，开展政治攻势，抨击日本政府正在走向一条帝国主义的道路。

宋庆龄也在神户高等女子师范学校发表了演说。那是在 28 日的下午，当孙中山陪同宋庆龄来到神户县立女子高等学校时，受到该校校长及全校教职员工、学生的热烈欢迎，女生代表本田须子把一束盛开的菊花献给了美丽的宋庆龄。在学校的大礼堂里，近千名学生把礼堂挤得满满的，还有不少站着的，一直到门外。孙中山和宋庆龄同时走上讲坛，欢声雷动。孙中山做简短的致辞后，接着，宋庆龄“用自然、流畅的英语”发表了关于妇女运动的演说。她在演说中指出：“妇女地位是一个民族发展的尺度。当今世界上，只有意识到这点的民族，才能称其为伟大的民族。”她说“妇女对正义的要求”，正成为强大的“世界运动”。她认为妇女“必须参与妇女界的、社会的、公民的以及工业的福利活动，必须争取与妇女和儿童切身利益有关的事情的发言权”。更可贵的是，她没有把妇女运动的目标，仅仅停留在争取妇女与儿童的权利上面。她说：“我恳切呼吁，东方和西方的妇女，为改造世界而联合起来！联合起来要求普遍裁军，废除歧视政策，废除不平等条约。我们妇女必定会取得成功。”最后，她激动地表示：“我希望中国和日本的妇女，争取实现那个人类不为动物本能所支配，而由理性所指导的日子。”

显然，这篇论述妇女运动的演说，是宋庆龄 1913 年在美国威斯里安院刊上发表《现代中国妇女》的文章后，11 年来研究妇女解放问题的新成果，许多重要论断，为以后世界妇女运动所证实。这篇演说，当时日本各大报纸均有报道。在日本很有影响的《大阪每日新闻》认为：它是“世界妇女日益觉醒的有力证明”。

现场亲耳聆听过这次演讲的岛越文子，在 57 年后，即 1981 年时担任了神户高校同学会副会长，她回忆当时情景说：“讲演给人的印象非常深刻。宋庆龄是一位坚强的人、高尚的人，讲话稳重，我们对她非常尊敬。”

宋庆龄演讲后，孙中山又为女子高等学校题写“天下为公”四个大字作为留念。该校把这个题字视为珍贵文物，至今仍悬挂在学校的纪念室里，并已列为该县的重要文物之一。旅日华侨还特地将这四个字刻为石碑，竖立在当年孙中山和宋庆龄参观过的“移情阁”供人参观。1983年，经过修复的“移情阁”已作为孙文纪念馆，陈列孙中山的著作、照片和文物，供人参观。

孙氏夫妇在神户停留了三天，于12月5日又转向天津的旅途。孙中山按捺不住心情的兴奋，站在甲板上，迎着海风，想着再有一周时间，即可以到达目的地——北京。这时，宋庆龄轻步走上前来：“你的感冒还没好透，别让风再吹了！”说着，便把一件呢制服军大衣给他披在身上。

“谢谢夫人，有你在身旁，我没有什么可以担忧的啊！”孙中山哈哈大笑，殊不知病魔此时正在向他进攻。

12月9日中午，朔风怒号。船到天津大沽港，两万余名前来迎接大元帅的各界群众，已立于码头、主要街巷。孙氏夫妇立在甲板上，同欢迎的群众见面，挥手致意。在这数万群众中，其中就有后来成为周恩来夫人的邓颖超。她在回忆中描写道：

> 我在欢迎行列中，看到为推翻清朝帝制，为中国独立、自由、民主而奋斗不息的伟大的革命先行者——孙中山先生，坚定沉着，虽显得年迈，面带病容，仍然热情地向欢迎的人群挥帽致意；同时看到亭亭玉立在孙先生右侧的宋庆龄。她那样年轻、美貌、端庄、安详而又有明确的革命信念。她以一位青年革命女战士的形象，从那时就深深印入我的脑际，至今仍然清晰如初。

天有不测风云。就在这天晚上，孙中山突发高烧，肝病突发，实令宋庆龄不安。在天津度过了治疗的22天，病未痊愈。12月31日，他们乘火车到达北京，前往车站欢迎的人群数以万计，但孙病体不支，不能公开讲话，只发表了书面谈话，表示“此来不是为争地位，不是为争权利，是特来与诸君救国的”。

孙中山北上时带着召开国民会议的建议，并明确指出必须有工农代表参加。但段祺瑞故伎重演，召集了一个只有旧式的将军和政客们参加的“善后会议”，作为抵制。段还擅自照会各外国公使馆，任何新设立的政府都将尊重现存的所有条约。此时已卧病在床的孙中山怒斥道：“我在外面要废除那些不平等的条约，你们在北京偏偏要尊重那些不平等条约，这是什么道理呢？你们要升官发财，怕那些外国人，要尊重他们，为什么还来欢迎我、邀我北上呢?!”

二十九

北京的协和医院，位于古城中心，是首都当时最现代化的大型医院。此时，孙中山已由北京饭店转移到这里就诊。到1925年1月，医院明确诊断：肝脓肿转为肝癌晚期。

夕阳西下，融入北京城的西山。恐怖的死亡之夜步步紧逼。落霞的余晖挤进了北京协和医院的急救室。化疗后的孙中山从昏迷中苏醒过来，脸上露出微笑，不无幽默地说：“我和列宁见了一面，列宁没有收下我这个弟子。”

“大夫，还需要手术吗？”守在床前的宋庆龄急问。

“手术方案已经定了下来，请夫人放心，我们会尽力的。”大夫回答。

1月26日动了手术。孙顽强地同病魔抗争，精神尚好，各种慰问电及来探视者络绎不绝。宋庆龄日夜守护床前，明显消瘦下来。2月9日，廖仲恺夫人何香凝闻知此信，千里迢迢特意赶来襄助宋庆龄，使孙氏夫妇在身心上都得到了极大的安慰。

在给孙中山治疗的日子里，何香凝常把宋庆龄拉在隔壁房间劝慰说："中山的病，主要是常年艰苦工作，颠沛流离，备受煎熬所得。多亏婚后十年，你对他的无微不至的照顾和在饮食上精心调理，要不，还到不了这个时候。"

"中间，他的健康是大有好转，胃病几乎痊愈。他也告诉我，可以加倍工作了。"宋庆龄又道，"这次病的突发，主要是他带病北上，长途跋涉，几度转换车船，再加上一路天气不好，雨雪交加，在船上还饱受风浪之苦。每到一地，还要接见中外记者、当地要人，参加欢迎会，发表讲演等，使他精疲力竭。抵达天津大沽口时，朔风呼啸，天气很冷，他站在船头上与簇拥在码头上的欢迎群众见面，又受了风寒。"

"这种情况下，段祺瑞还在继续作恶，外崇内骗，实不像话，无疑加重了先生的病。这个账我们要记在心里。"何香凝像是安慰宋庆龄，也像是安慰自己。

3月11日下午，孙中山病情恶化，此时他想到的不是自己而是宋庆龄。他特地把何香凝喊来，把宋庆龄托付给她，千叮咛万嘱咐地交代：他死后要"善视孙夫人"，"弗以其夫人无产而轻视"，说着说着，舌头硬了，话也讲不清楚了。何香凝立时表示："先生，我亲近先生二十多年，同受甘苦，万一先生不测，我们当尽力保护夫人及先生遗族。我虽然能力都很薄弱，但是总算能够亲受总理三民主义的教训，我有一分力量，必定尽力宣传。"此时，宋庆龄在旁悲恸欲绝。孙中山含泪望着何香凝，握着她的手说："那么，我很感谢你。"

孙中山由泪流满面的宋庆龄托着手，在三个遗嘱文件上签了字——这个最后的行动是因为不愿宋庆龄过分伤心而被推迟了的。

他的家事遗嘱全文是：

余因尽瘁国事，不治家产。其所遗之书籍、衣物、住宅等，一切均付吾妻宋庆龄，以为纪念。余之儿女，已长成，能自立，望各自爱，以继余志。此嘱！

他的政治遗嘱全文是：

余致力国民革命，凡四十年，其目的在求中国之自由平等。积四十年之经验，深知欲达到此目的，必须唤起民众，及联合世界上以平等待我之民族，共同奋斗。

现在革命尚未成功。凡我同志，务须依照余所著《建国方略》、《建国大纲》、《三民主义》及《第一次全国代表大会宣言》，继续努力，以求贯彻。最近主张开国民会议及废除不平等条约，尤须于最短期间，促其实现。是所至嘱！

他的致苏联遗书全文是：

苏维埃社会主义共和国大联合中央执行委员会，亲爱的同志：

我在此身患不治之症。我的心念，此时转向于你们，转向于我党及我国的将来。你们是自由的共和国大联合之首领，此自由的共和国大联合，是不朽的列宁遗与被压迫民族的世界之真遗产。帝国主义下的难民，将借此以保卫其自由，从以古代奴役战争偏私为基础之国际制度中谋解放。我遗下的是国民党，我希望国民党在完成其由帝国主义制度解放中国及其他被侵略国之历史的工作中，与你们合力共作。命运使我必须放下我未竟之业，移交于彼谨守国民党主义与教训而组织我真正同志之人。故我已嘱咐国民党进行民族革命运动之工作，俾中国可免帝国主义加诸中国的半殖民地状况之羁缚。为达到此项目的起见，我已命国民党长此继续与你们提携。我深信你们政府亦必继续前此予我国之援助。亲爱的同志！当此与你们诀别之际，我愿表示我热烈的希望，希望不久即将破晓，斯时苏联以良友及盟国而欢迎强盛独立之中国，两国在争世界被压迫民族自由之大战中，携手并进以取得胜利。谨以兄弟之谊祝你们平安！

孙逸仙（签字）

3月11日下午已只能听到孙中山说一些单词。4点半时，他唤“亲爱的”，是叫宋庆龄；6点半时，他唤“精卫”，是指他当时的亲密追随者汪精卫。

孙中山关于国事的最后的话是：“和平……奋斗……救中国。”3月12日晨，他的心脏停止跳动，享年59岁。他没有留下万贯家产，留下的只是未竟的事业和无可估量的精神遗产，使宋庆龄终身受之不尽。

三十

孙中山的去世，对只有32岁的宋庆龄无疑是个莫大的打击，况且宋庆龄又是一个执着、感情专一的人。但同时宋庆龄又是一个无比坚强的女性。悲痛延续十多周后，她决定面对现实，继承先生遗志，把自己“奉为”先生形象的再生，一言一行代表先生。

当丈夫的遗体经防腐处理后入殓，移灵于香山碧云寺之后，宋庆龄便回到上海寓所居住。春天去过两次南京。南京是辛亥革命后中华民国成立，孙中山就任临时大总统的地方，所以丈夫的陵墓将修建在那里。

孙中山的陵地选择在南京紫金山南坡。归葬紫金山应该是孙中山的夙愿。

1912 年 4 月 1 日，孙中山卸职，由日理万机的大总统变为一个自由人，他欲轻松一下，便与卫队长郭汉章、秘书长胡汉民等去紫金山打猎。一行人经明孝陵至半山寺，忽见一只喜鹊飞过来。孙中山急忙举枪射击，因喜鹊飞远而未击中。枪声响处，几只野鸡受惊飞起，他掉转枪口，“砰”的一声，其中一只中弹，歪歪斜斜向下栽落，大家追赶过去，在土地庙旁寻到野鸡。这时孙中山提议休息片刻。他信步向山上走去，至现在的孙中山陵墓室处，停下来眺望四方，显得极有兴致。过了一会儿，他对跟随在后面的胡汉民、郭汉章说：“你们看，这里有山有水，气象雄伟，较明孝陵有过之而无不及。当年洪武皇帝为什么不葬在这里呢?”胡汉民接口道：“是呀，此处前有照，后有靠，风水特好，称得上一方大好墓地。”孙中山点头笑着说：“我将来死后能葬在这里，也就心满意足了。”胡汉民说：“先生怎么想到这上面来了?”

13 年后的今天，孙中山当年的笑谈竟变成现实。1929 年 6 月 2 日，中国革命先行者孙中山就安葬在这里。

宋庆龄的两次南京之行，也表现了宋庆龄对孙中山先生的归宿问题高度负责的精神。

“有的人死了，但他还活着。”孙中山的革命精神激励着后人。国共合作在孙中山逝世后的几个月，势如破竹，飞速发展。中国人民的革命热情空前高涨，特别在上海、青岛、福州等地帝国主义开办的工厂里，工人们为了反对资方残酷的剥削和压迫，纷纷揭竿而起。

5 月 30 日，上海学生及民众两千多人在租界区举行了声势浩大的游行示威。英帝国主义吓破了胆，竟命令巡捕开枪屠杀群众，制造了震惊中外的“五卅惨案”。帝国主义的血腥屠杀，更激起中国人民的强烈愤慨。上海市民当即展开工人罢工、学生罢课、商人罢市的“三罢”斗争，与帝国主义英勇搏斗。斗争风潮继而席卷全国各地。

宋庆龄面对帝国主义的暴行义愤填膺。她在对上海《民国日报》记者发表谈话中热情地赞颂群众的爱国反帝斗争，指出：“此次惨剧，简单言之，实为英日强权对于中国革命精神之压迫，中国人民能一致起而反抗英捕房之暴行，在上海实为第一次”；“关系国家与民族前途至大”；她强调只有加强民族团结和提高人民的爱国主义觉悟，才能抵抗帝国主义之压迫，求得中国民族之独立解放，“切不可信外人挑拨之辞，因惧被诬赤化，遂弃国亦不爱也”。她号召群众把这次运动作为贯彻孙中山未竟之志的一次实践，“凡中国国民皆当负此救国重任。中国国民党党员，尤当努力以竟其领袖未竟之志。”

接着，宋庆龄在对记者的谈话中，还发表了对运动有指导性的意见，主张“对外当以言论唤起世界各国之人民主张公道”；“对内当一方团结各界，坚持到底。同时大规模向各省募捐款项，援助失业之工人。一方宜趁此时唤起全国之民族精神，为长时期之奋斗，务达取消一切不平等条约之目的”。“此次奋斗，不可专赖一界或一阶级，如商界政界之类，而当合工商学各界之全力应付之”。

讲话颇有见地。

这是孙中山逝世后，宋庆龄独立发表指导运动意见的开端，表现出一个正在走向成熟的政治家的领导才能。她所提出的开展运动的意见，如团结各界组成广泛的统一战线，坚持到底，长期斗争，以及反对调和和中立等，不少与当时中国共产党的指导思想相吻合。她甚至预见到中国大资产阶级和执政当局对革命运动的政治态度：

"中国当局之政府，就其历史与近事及能力视之，皆不可靠。寓居租界之富绅巨商，平素居领袖社会之地位者，因有所畏忌，皆不敢多言，亦难望其主张公道。"

不仅如此，宋庆龄还积极地投身到五卅运动的实际斗争中，大力开展宣传和援助活动。6月5日，她应邀参加联合会的一次会议。会上，她在引用孙中山遗嘱中"积四十年之经验，深知欲达到此目的，必须唤起民众"这句话后，接着说，"帝国主义正骑在我们脖子上，我们还不该起来吗？虽然我们的领袖已不在了，但我们民众已经起来了！"宋庆龄讲到这里，含着眼泪说："中山的精神不死，我们必须反抗！妇女们进行募捐，不仅为了支援南方的罢工，也是为了帮助上海本市的流离失所的工人。"接着，宋庆龄帮助组织了一个特别的团体"上海救济五卅惨案失业工人联合会"，进行了大量的工作。

接着，广州传来了噩耗。8月20日，廖仲恺在去国民党中央委员会所在地开会时，在门廊中被刺客的子弹射中。

从20世纪初期流亡日本时开始，他一直是孙中山最亲密的伙伴之一。对宋庆龄来说，他同他的坚强的妻子何香凝，无论在私交上或政治上，都是感情最深的挚友。廖氏夫妇又是她同孙中山结合的支持者和见证人。在看护孙中山的那些最后的日子里，何香凝给了她巨大的精神力量。

这些更激起了宋庆龄的心痛，她在给廖夫人何香凝的唁电中说："惊闻仲恺先生哀耗，元良遽丧，吾党损失甚巨，实深痛切……但先生为党牺牲，精神尚在，吾辈宜勉承先志……务希各同志扶助本党，积极进行，万勿因此挫折。"实际情况正是这样。在广州，参加廖仲恺追悼大会和葬礼的工人、农民、学生、城市贫民等共达15万人，会后他们举行了游行。这是从五个月前孙中山逝世以来最令人难忘的一次群众行动，人们在对一位领导人的哀悼中表示了继承遗志的决心。同时也可以看出，这是国民党左派对右派的一次明显反击。

宋庆龄在那封唁电中曾说“本拟赴粤亲致祭奠，惟因事所羁，不克如愿”，实际上，她不但事忙，而且身体也不好，她还没有从孙中山逝世的沉重打击和压力下完全恢复过来。

第九章

宁汉对抗

如果说宋氏家族的第一次分裂，是缘于一场婚姻危机的话，那么，第二次分裂则完全是一场政治危机。导致这场危机的根源是国民党内以蒋介石为代表的右派集团，发动了一场背叛孙中山遗训的反革命政变。导致宋氏家族每个人的观点迥异，几乎断送了亲情……

——题记

三十一

孙中山逝世后，在国共合作的形势下，农民运动风起云涌，北伐战事频频告捷，一直打到长江以南。为解放全中国，国民政府及时召开了“二大”，选举新的机构，宋庆龄以压倒多数票当选为国民党中央执行委员会委员，兼任妇女部长。这是她第一次独立取得的政治上的最高职位。1927 年元旦，国民政府正式宣布迁都武汉，民众和军队都举行了庆祝活动。几天后，国民党中央政治会议决定在武汉设立分会，分会委员 13 人，有宋庆龄、邓演达、董必武等。

作为新改组的武汉革命政府，当然站在人民一边，支持群众的行动，勇敢地做出决定，收回在汉的英租界，当然受到英国的抵制。这是一项历史性的决定。自从 1840 年鸦片战争以来，这是第一次由中国人民和政府收回外国根据不平等条约强占去的一片中国领土。

宋庆龄曾同外交部长陈友仁和苏联顾问鲍罗廷讨论战略，提出三种不同的观点。

陈友仁考虑到在武汉聚集着约 50 艘外国海军舰艇，而武汉政府的部队正在往北开拔，所以作为革命政府所在地的武汉极易受到外国武力或蒋介石的攻击。这将从后方破坏整个北伐。因此，陈友仁虽然赞成收回租界，但认为须做好谨慎的外交工作，要保证不干涉外国侨民的居留和贸易，使列强没有诉诸武力的借口。

鲍罗廷认为这个问题也许应该暂时搁置起来，等北伐军推翻北京军阀政府之后，对外国租界及其他特权问题在全国范围内一揽子解决。

宋庆龄主张采取迅速的、战术性的行动。她的论点是：革命将取得全国性的军事胜利，这一点不仅中国人民，世界各国人民也都已看到，因此列强将避免同中国直接冲突，这样的冲突对他们有百害而无一利，而且列强之间也有意见不一的地方。虽然他们都不喜欢武汉政府，他们对武汉政府的态度、对其前途的看法以及当前各自利益受到直接威胁的程度都不相同，因而中国对他们的态度也应有所区别。在武汉，应该只收回英租界，而法租界和日租界则暂都不去动它。我们的行动越快，英国人就越是来不及同其他国家协调。这样做，武汉革命基地和北伐都不会有迫在眉睫的危险。她的看法后为大家所接受并迅速付诸实施。同时，宋庆龄还要求陈友仁要把群众运动看作他进行外交努力的可靠基础。

在二三月间，武汉政府外交部长陈友仁与英国高级外交官欧文·圣克莱尔·奥马利交换了照会，英方认错并签字。中方承认并保持英国人在前租界内居住和经商的正常权利。中国人民的意志最终战胜了帝国主义强国的意志。为取得这一成果，宋庆龄做出很大贡献。这使她很愉快，也一定会使孙中山愉快，如果他还健在的话。

武汉的威望不但在国际上，在国民党内部也在迅速上升。1 月 7 日，宋庆龄和陈友仁、蒋作宾联名致电南昌的蒋介石，说明首都的军事、经济和外交形势正日趋改善，特别是收回英租界“内顺民心，外崇威信”，蒋介石身为国民党领导人，应到武汉来共同策进。

蒋介石曾明目张胆地试图在南京建立自己的党政总部，他甚至截留第二批从广州去武汉的中央执行委员和中央政府委员，并要他们投票赞同他的主张，武汉方面希望他以团结为重。

但是，蒋的意图不像武汉所希望的那样——改善蒋同政府之间的合作，使北伐和国民革命继续在更为团结一致的气氛下前进。相反，他讨价还价并阴谋制造分裂，但他控制武汉国民政府、实行军事独裁的企图，在 3 月中旬国民党二届三中全会上遭到了迎头痛击。宁汉分裂的形势并没有好转。

三十二

1926年11月26日，武汉火车站。

清晨，刚下了一场小雪。

车站像一座“白头翁”，显得异常肃静。唯有车站的出口处，人来人往，显出车站的生命之所在。但那些人却把头缩在大衣领里，没有人深情地望上一眼，哪怕仅仅一瞥也好……在车站的出口处，站着一位亭亭玉立的姑娘，她身披着一件紫红色的呢子大衣，黄色的裘皮领翻卷在脖子上；一双棕色的高筒皮靴，踏在雪地上；硕长的黑底带绿花围巾，包着头，只露出一副俊俏的脸庞。此时，她正在东张西望，焦急地等待着……突然一辆甲壳虫般的小轿车驶了过来，在她身旁停了下来，跳下一位与她脸庞差不多的少妇。

“小妹，让你久等了。”宋庆龄上前打招呼。

“二姐，冻死我了。”宋美龄搓着手。

“快上车吧。”宋庆龄挥手道，“刚开过一个碰头会，时间晚了点。”

这是武汉的第一场雪，整个武汉城融入了雪的覆盖中。小车穿过几条马路，在一个院落中停下来。

宋美龄挽着二姐的胳膊下了车，一种姐妹亲情在宋庆龄心中流过。然后，跺跺粘在脚上的雪，进了屋。

警卫员小阚把一盆炭火端了过来，放在客人身旁。宋庆龄又去泡茶。宋美龄趁机瞧了屋内的布置，一张单人床，一个办公桌，两排老式沙发。正面墙上挂着一张硕大的中国地图。整个房间显得整洁肃静。尤其那镶着孙中山遗像的镜框，使人看了有些沉闷。

宋庆龄把一杯清茶端过来，送到宋美龄手中：“小妹，快喝点，暖暖身子。”

“嗯。”宋美龄接过杯，呷了一口，叫了起来，“好烫啊！”

围着炭火盆，姐妹俩畅谈起来，亲情家情，往事新事，一下子全涌了出来……

“小妹，我想问妈咪怎么样？”宋庆龄理了理腮边的秀发。

“妈咪可想你啦。说起你就想掉泪。”宋美龄望了一眼孙中山的遗像道，“这次来，也是妈咪催的，再说我也想二姐了。”

“前段听子文说，妈咪病了。得的是什么病？”宋庆龄拂着宋美龄的秀发问。

“唉！还不是那老毛病，心脏不好，再加上着凉患了感冒。”宋美龄回答，“现在一切都好了。请二姐放心。”

“妈咪有病你在跟前吗？”心细的宋庆龄又问。

“你们都不在家，我再不在跟前，你说能像话吗？”

“唉！”宋庆龄联想到自己不能尽孝，叹口气道，“妈咪这一生太不容易了。”继而又问：“大姐经常回去吗？”

“反正，比你回去得多。”宋美龄毫不掩饰地回答。

“是啊，三姐妹中，我是不孝之女了。”宋庆龄顿了一下，似乎想起了什么，又问：“小妹，听说你和蒋总司令的事定下来了？”

“没结婚就不算定下来。”宋美龄知道二姐对蒋介石印象不好，话意没有全部表达出来。

“我的事已经给老人添了乱，想起来就对不住老人家。你的事也要多听听妈咪的意见。”宋庆龄不无遗憾地说，“蒋介石这人能力强，北伐中也出了力，就是野心大。本来说好的国民政府设在武汉，不知为何他变了卦，非要设在南京不可。”

“政治上的事，我不管。”宋美龄说到这里，又感到话说得太绝了点，马上又补充道，“不过，二姐需要捎话的话，我可以转达，决不贪污。”

“不用了!”宋庆龄若有所思,“怕你结婚后,你就会把二姐忘了。”

“二姐,你这话说到哪里去了。二位姐姐中,你对我的关心更多些,这一点,小妹一辈子也忘不了。”显然宋美龄话意是指在美留学。

“那就谢天谢地了。”

“前些日子,大姐和妈咪在议论你再婚的事,不知二姐是如何想的?”宋美龄笑问。

“这个事我还没有考虑。再说,我也不想考虑。”

……

说着说着,已近开饭时间,当财政部长的哥哥宋子文也推开了门。

“听说小妹来了,是不是要我来请客?”宋子文更为幽默。

“你是国民政府的财神爷,当然要请客了。”宋美龄嘴也不让人。

“小妹是咱家的掌上明珠,你吃什么,开个菜谱,我包了。”宋子文看了一眼二姐说,“不过,二姐是我的上司,新当选的中执委员。此事还得经过她的点头同意。”

宋庆龄笑了:“你也别请了,今天我来请,你来陪小妹。”说完宋庆龄站起身,对门外的警卫道:“多加两道菜,把饭端到屋里吃。”

接着,他们又谈了起来,尽管国民政府面临着分裂之危,在我们这个国度里,亲情永远是神圣的,她像一只无形的手,能抚平人们的创伤,也能揭开旧的伤疤,使其血流不止……

三十三

1927年4月12日凌晨1时,蒋介石派出军队去对付手无寸铁的工人群众，屠杀了数千人，血洗上海宝山路。根据他的密令，由国民党右派军官指挥的部队和特务，在南京、广州、武汉等地进行了同样的大屠杀。主要牺牲者包括李大钊、赵世炎、陈延年（陈独秀之子）、肖楚女、邓文辉等一批老革命家。宋庆龄也在密令谋杀的名单之中，只是老蒋出于宋美龄的保护和要挟而将此事推迟下来了。此意并非不杀。

4月18日，距“四一二”反革命政变不几天工夫，蒋介石就在南京建立了他自己的“国民政府”，与武汉国民政府相对抗。蒋介石这一叛逆行动，理所当然地遭到了国民党内广大左派的强烈反对。于是，国民党内出现了泾渭分明的两大政治派别，并且第一次出现了两个国民党政府，这就是中国现代史上著名的以“宁汉”两政府为代表的国民党左派与右派的对立。

这场分裂不可避免地要反映到宋氏家族内部来。自从宋查理去世后，宋霭龄以大姐身份执掌门户，宋氏家族的内部关系基本上还是融洽、和谐、亲密的。姐妹兄弟之间不但在生活上相互关心、照顾，而且在政治上也能达成共识，一致赞成并参与孙中山领导的国民革命，这是形成并维护宋氏家庭内部团结的重要条件。但是，“宁汉对立”给国民党带来的左派与右派的纷争，打破了宋氏家庭内部原本形成的协调、平衡，维护宋氏家庭团结的基础条件也不复存在。

宋氏家族的对立和分裂，主要体现在宋霭龄与宋庆龄两位姐妹的针锋相对上。宋庆龄代表国民党左派，坚决站在武汉国民政府一边，愤怒地揭露蒋介石的新军阀嘴脸以及屠杀共产党人与革命民众的罪行，旗帜鲜明地继承和维护孙中山的革命思想与革命政策；宋霭龄则倾向国民党右派，明确表示坚决支持南京国民政府，维护蒋介石的反共清共政策与亲善帝国主义、大买办大资产阶级的政治立场。

二姐妹的政治对立，也再一次显示了两姐妹在思想个性上的强烈反差。宋庆龄是国民党内著名的革命左派，她在孙中山先生逝世后，坚决捍卫和执行孙中山的革命路线和革命政策，与国民党内的右派进行了不屈不挠的斗争，在右派势力与强权政治的引诱和高压下，决不以革命原则做交易。特别是在大批的所谓国民党左派人物反水的险恶形势下，她仍然不改初衷，一往无前，充分展示了一个真正的资产阶级革命党人的原则立场，从而成为左派的旗帜与中坚，也成为几万万中国人民的榜样。宋庆龄的大智大勇，来源于孙中山先生的长期影响与熏陶，但也再一次充分显示了她的理想主义的伟大品质与高尚情操。

与宋庆龄的激进思想和理想主义的气质相反，宋霭龄的保守思想和追求现实利益的愿望越来越鲜明。孙中山逝世后，国民党失去舵手，代表各阶级利益的政治派别纷纷推出自己的代表人物到前台表演。一部分人向左转，一部分人向右转。宋霭龄从维护宋氏家族利益的立场出发，很自然地与以蒋介石为代表的国民党右派产生了共同语言。这是宋氏两姐妹在政治上分道扬镳的主要原因。

从另一个方面来说，宋霭龄不惜抛弃血浓于水的姐妹之情，转而支持与宋氏家族素无渊源的国民党右派领袖蒋介石，这也是她审时度势、权衡利弊的结果。从性格上看，宋霭龄并不是一个传统与保守型的人物。但是，从思想气质上看，她又是一个过分注重现实利益的市侩型人物。宋霭龄考虑问题的方法十分简单，然而也十分管用，这就是看谁更有实力，谁的政策更符合自己以及家族的利益，她就支持谁。当时，宁汉对立的代表人物分别是蒋介石和汪精卫。蒋介石是一介武夫，政治上又是个暴发户，声誉不佳，但是由于手握重兵，成为国民党内实力型人物。汪精卫是位老资格的革命党人，革命口号喊得震天响，又因雄辩而能在国民党内一呼百应，是当时颇受世人景仰的著名政治活动家与左派革命领袖。然而，汪精卫的手中没有军队，虽有满腹文章，却手无缚鸡之力，宋霭龄把他看成卖狗皮膏药的江湖郎中，是中看不中用的空心大萝卜。在宋霭龄看来，蒋汪斗法，孰优孰劣，孰胜孰败，这是毋庸置疑的。因此，宋霭龄决定支持蒋介石，与右派联手打击武汉国民政府。显然，宋霭龄做出这个抉择，虽然多少带有赌博的味道，却也是她深思熟虑的结果。

当时南京与武汉政府、蒋介石与汪精卫，都标榜自己是孙中山的嫡系传人，是国民党的正统政府，并不惜开动一切舆论宣传工具，揭露、指责与打击对方。但是，在这场宁汉大战中，南京政府明显地处于不利地位，因为孙夫人宋庆龄坚定地站在武汉国民政府一边，完全有充分的理由和根据宣布南京国民政府是“伪府”，蒋介石是“民贼”。这是蒋介石极为害怕和忧虑的。

从当时在党内的地位来看，宋庆龄虽然只是一个国民党中央执行委员和妇女部长，但是，她在政治上的声望却是如日中天。不仅蒋介石难以望其项背，就是汪精卫也难以与其争锋。因为只有她才可以说是孙中山的忠实革命伴侣和亲密同志，是孙中山的革命政策的坚决捍卫者。由此，蒋介石十分希望能把宋庆龄争取到南京政府一边来，但是，孙夫人对南京政府和蒋介石的决断态度，又使他感到又恨又怕。暗杀也在设想之列，只是没有动手。除了宋庆龄以外，宋氏家族的另一个重要成员宋子文也是蒋介石争取拉拢的对象。宋子文虽然在政治上不居于重心，但是却握有武汉国民政府的财政金融大权。又由于他与江浙财团的密切关系，在财政金融方面具有举足轻重的重要作用。争取到了宋子文，也就是争取到了江浙财团的支持，这在南京政府来说，也是成败的关键所在。遗憾的是，这个宋子文也跟在武汉国民政府的后面跑，并不肯与蒋介石合作。

虽然宋氏家族的两名重要成员都与南京政府对抗，但是蒋介石还是有办法的。他于危急之中想到了一个人，这就是宋氏家族的大阿姐掌门人宋霭龄，他很早就发现这位孔夫人对大局的许多想法，竟往往与自己不谋而合。于是，蒋介石早在率军北伐途中到达南昌驻扎庐山牯岭的时候，就曾经秘密派人到汉口送信，邀请宋霭龄到九江会面，磋商要事，以便争取她的帮助。宋霭龄接信后，当即搭乘中国银行的船赶到九江。但是，宋霭龄并没有下船，而是差人把蒋介石请到船上，与蒋介石做了 24 小时的长谈。

蒋介石和宋霭龄都没有公开披露这次会谈的具体内容，但是有一个人倒是记住了这次谈话的内容，因为她是这次蒋宋会晤的第一个受害者，这个人就是蒋介石的第三夫人陈洁如。在近年来披露的陈洁如的回忆录中说，蒋介石与宋霭龄会晤后，孔夫人径回汉口，蒋介石则回到他们当时在南昌的临时住所袁宅，并一五一十地将经过情形全部告诉了陈洁如。

正如蒋介石事先预料的那样，宋霭龄是宋家三姐妹中最有办法的，她不但意志坚强、精力充沛，而且是一位醉心权势、灵活狡诈、野心勃勃的女人。蒋介石深知这个女人最热衷的就是金钱和权势。在此，蒋介石把反败为胜的全部赌注与希望完全寄托在这个女人身上。结果并没有使蒋介石失望。在会谈中，宋霭龄首先帮助蒋介石分析了他目前所处的危险的境地。宋霭龄告诉他：“你是一颗明日之星。你要让这颗明星殒落得与升起时一样快吗？今天，鲍罗廷的意旨是要结束你的权力，交给加伦将军。你定会被他们消灭，只是时间迟早罢了，这点无可置疑。”说完这番令蒋介石毛骨悚然的话，宋霭龄接着又帮他剖析：“难道你怯于斗争，乖乖接受失败吗？我要老实告诉你，你如单枪匹马为国民党的目标奋斗，我可以说，你纵使有此精神，但却无足够的力量推动你的工作。但是，精神并非一切。这个解放并重建中国和制定国家宪法的重大责任，需要很大很多影响力、金钱、性格与威望。照目前情形，这些你一样都没有。环绕在你周围的，尽是些无能懦夫，其兴趣所在，无非私利而已。”

说到这里，宋霭龄见蒋介石面色惨白，神情悲哀而凄惨，已知自己的一番说辞击中蒋的痛处，当下话锋一转，开始接触这次会谈的核心问题。宋霭龄说：“不过，局势也并非绝望。我愿与你达成一项交易。是这样的，我不但要如你所愿，鼓动我的弟弟宋子文脱离汉口政府，而且还要更进一步，他和我并将尽力号召上海具有带头作用的大银行家们，以必要的款项支持你，用以购买你所需要的军火，俾得继续北伐。我们的交换条件，是你同意娶我的妹妹宋美龄，也要答应一俟南京政府成立，就派我丈夫孔祥熙担任阁揆，我弟弟宋子文做你的财政部长。”

对于宋霭龄开出的价码，蒋介石没有反对，或许正是他求之不得的目标。于是，他在向陈洁如转述的时候说：“我已走投无路。她开出很凶的交换条件，但她说的话却有道理。我不能期望汉口方面再给我任何金钱、军火或补给，所以，如果我要继续贯彻统一中国的计划，她的提议乃是唯一解困之道。我现在请你帮助我，恳求你不要反对。真正的爱情，究竟是以一个人甘愿做多大牺牲来衡量的！”“避开五年，让我娶宋美龄，继续进行北伐。这只是一桩政治婚姻。”

九江会晤，无疑是中国现代史上的一件大事。由此而开始了蒋宋两大家族合作的体制。

蒋宋在九江达成谅解和协议后，宋霭龄就正式开始在暗中策划倒汪助蒋、灭汉扶宁的一系列活动。她一方面运筹帷幄，精心设计，一方面将孔祥熙从广州召回汉口，以便夫妻联手共同助蒋成功。宋霭龄与孔祥熙在相互配合的同时，对各自的工作重点做了分工。宋霭龄主内，重点做好宋氏家族成员的分化瓦解工作，软化宋庆龄，俘虏宋子文，实现蒋宋合作体制；孔祥熙主外，重点联络北方的实力派军人冯玉祥助蒋，并协调汪蒋矛盾，促进宁汉合流成功。

孔祥熙的联冯活动进行得很顺利，蒋介石在南京国民政府要员们心目中的身价倍增，这为他以后的飞黄腾达奠定了基础。

宋霭龄的倒汪活动也进行得卓有成效。当时，宋庆龄与宋子文姐弟俩可以说是武汉国民政府的左膀右臂。如果说宋庆龄是汉方的政治支柱的话，那么宋子文则是汉方的财政支柱。早在 1927 年 3 月底，宋子文就以武汉国民政府财政部长的身份来到上海负责筹款。宁汉对立后，宋子文断然拒绝了蒋介石要求与他进行合作的请求。当蒋介石不得不抛弃宋子文，直接向上海金融界“借款”时，宋子文又拒绝为银行家们签发偿还“借款”的保证书。这使蒋介石十分恼火，但一时又无计可施。不久，宋霭龄也赶到上海，她暗中向蒋介石分析并献计：宋子文一时难以“转弯子”的原因，一是他一向把武汉政府视为“正统”，而把宁方视为“伪府”；二是宋子文素来自视甚高，对蒋介石等靠贩卖破枪出身的新军阀更是不屑一顾；三是他与汉口方面的许多人和事毕竟卷入太深，特别是与二姐宋庆龄感情颇深。现在要他叛汉投宁，无论是从他的一贯性格与气质方面，或是从伦理道德上讲，都是他一向不屑作为的。为今之计，只有采取软硬兼施的办法，一方面对他施压，使他不得不从；一方面让他能在心理上有所解脱，洗脱所谓“叛徒”的罪名。另外，宋霭龄认为，宋子文虽然上了武汉国民政府的船，但是，他对武汉地区近来阶级斗争形势则表示不满，对武汉政府的前途表示悲观失望，尤其对自己的前途、地位与财产深感忧虑。因此，宋子文不同于宋庆龄，他应属于那种能够争取过来的对象。

蒋介石一听，连称妙计，当即依计而行。1925 年 5 月，蒋介石任命特务杨虎为上海警备区司令，陈群为政治部主任兼特别军法处处长，杨虎、陈群奉蒋命在宋宅附近布置暗探，窥测动静。宋子文亦不断收到匿名恐吓信。宋一时感到十分紧张，以致不敢出法租界与公共租界一步，否则便被捕。接着，蒋介石又派人封闭了宋子文在上海的办事处，并成立江、浙两省财政委员会，令其没收宋子文在广东银行的所有财产。

在蒋介石用武力对宋子文进行威胁的时候，宋霭龄则配合默契地对他进行说服动员工作，并发动宋老太太与宋美龄等共同上阵，以群体战术对宋子文进行车轮大战，一起帮助他“洗脑筋”，晓以利害，促其反水，以维护家族利益等等。

宋霭龄与蒋介石联袂实施的软硬两手，确使宋子文感到穷于应付，心情也极其紧张。当时，宋子文住在位于法租界莫里哀路的宋庆龄公寓内，日坐愁城，莫知所措。经过一段时间的对峙、彷徨与动摇，宋子文已知自己别无选择，只能听从大姐的“劝告”与安排，表示与蒋介石的南京政府合作，并同意替蒋介石携带一封信，返回汉口交给宋庆龄，进一步动员宋庆龄脱离武汉政府，站到蒋方来。当宋子文于 7 月上旬离沪返汉时，宋霭龄另叫宋子文给宋庆龄带去一个口信，恐吓她如果不与南京政府合作，蒋介石就会对她实施一个暗杀计划，届时她将有生命危险云云。

宋庆龄接到蒋介石的“劝降”亲笔信与宋霭龄的恐吓口信，丝毫不为所动。但是，她却为大姐与大弟背叛孙中山的革命事业，与独夫民贼蒋介石为伍，深感羞愤与痛苦。她要宋子文答复大姐与蒋介石，如果武汉政府最后垮台了，她就回上海继续同蒋介石做斗争。她决不会与背叛孙中山遗训的叛徒进行合作。宋庆龄的这个态度，无疑也是与宋氏家族的决裂。因为在数十天之后，武汉政府垮台，蒋汪合流，宋霭龄及孔祥熙成为蒋记南京政府的大功臣，宋子文、宋美龄、宋子良等家族成员在大姐的带领下，先后均成为南京政坛上的风云人物，唯有宋庆龄不肯屈服于大姐的权威，成为蒋记南京政权的重要政敌，也成为宋氏家族的“叛逆”。

第十章

分道扬镳

南京政府的建立，是宋氏家族发展史上的一次重大变故。这个时期以及以后的宋氏家族成员已经不包括宋庆龄在内，宋氏家族在原先意义上的革命性与进步性均已消失殆尽，它的封建性、落后性与反动性日益暴露，以致逐步成为封建权势豪门的代名词。

——题记

三十四

7 月的武汉人称“火炉”，烈日炎炎。天热得令人发狂，太阳一出来，地上已像着了火。一些似云非云、似雾非雾的灰气低低地浮在空中，使人觉得憋气。晚上，西北方向有块云，欲要下雨，可是久而不落，又令人躁得憋气。

7 月 14 日晚，国民政府的会议厅，正在召开一个中央常委扩大会议。要员们一个个摇着扇子，坐着都出汗。会议时而沉默时而争吵激烈，会场一片混乱。主持会议的是武汉政府的头面人物、一把手汪精卫。他不顾国民党左派人士的坚决反对，悍然召开这次会议。此时汪精卫一反常态，撕开假左派的面纱，把自己“反共分党”的嘴脸淋漓尽致地暴露出来……

宋庆龄拒绝参加此会，仅派陈友仁代表她去发言，表明自己的立场。

汪精卫好像被蒋介石的屠杀吓破了胆，铁青着脸开场便说：“今天这个会议，不开不行了。共产党在那里杀人，我们不能不管了！关键在我们党内，也有同情者。今天，我们要统一思想、制订计划，所以才召开这个紧急会议。”

会议一阵沉默。

“我发表一下看法。”陈友仁站了起来。

“请讲。”汪精卫示意他坐下讲。

“我今天是代表宋执委来的，我的发言也是她的意见，同时我也赞同。孙夫人不提倡反共。因为联俄、联共和扶助农工的三大政策是总理亲手定的。有了三大政策，革命才能发展到今天的局面，抛弃三大政策就必然要向帝国主义和蒋介石屈服……”陈友仁侃侃而谈。

“不能笼统这样说！”当场有人起来反对。

会议顿时乱成了一锅粥。

孙科也坐不住了，甩下了帽子，立时火了起来：“总理革命一辈子，把全部心血献给革命事业。联俄、联共、扶助农工是他老人家的既定方针，也是你们当时在座的都同意了的，你们不念恩，倒是批判起他来了！”孙科越说越气，“你们说杀人，倒是有啊！不光杀共产党员，连国民党员也杀了不少啊！如今形势好转，又要闹独立、争军权、争地位，得不到又要另立政府。那么，我们武汉政府往哪儿摆？谁真谁伪，不是秃子头上趴虱子，明摆着的吗?！谁是真革命，谁是假革命，傻瓜都明白！”说到这里，孙科反问道：“孙中山的旗帜要砍掉，我们武汉国民政府还要不要？”

会场一阵哗然……

与此同时，一院之隔的宋庆龄，正坐在她的打字机前，面对着汪精卫的投蒋，面对着蒋介石的屠刀，面对着武汉国民政府的生死存亡，面对着孙中山先生的教诲，面对着全国人民的呼声掠耳……她正在义愤填膺地起草自己的庄严声明——《为抗议违反孙中山的革命原则和政策的声明》。

清秀的英文，伴着她的热泪流淌出来。

《为抗议违反孙中山的革命原则和政策的声明》开宗明义地严正宣布，由于蒋介石、汪精卫他们所控制的国民党“违反了孙中山的意志和理想”，她决定退出国民党中央执行委员会，“对于本党新政策的执行，我将不再参加”，以与国民党右派们划清界限，同革命的背叛者彻底决裂。

《为抗议违反孙中山的革命原则和政策的声明》从孙中山的革命原则出发，强烈谴责了叛徒们背弃孙中山新三民主义和三大政策的罪行，指出他们“动摇了党的基础，出卖了群众”；“摧毁党的力量，并延迟革命的成功”。

《为抗议违反孙中山的革命原则和政策的声明》彻底撕破叛徒们自称是“孙中山忠实信徒”的伪装，明确地指出执行三大政策与否是革命与反革命的分界线：“如果党内领袖不能贯彻他（指孙中山）的政策，他们便不再是孙中山的忠实信徒；党也就不再是革命的党，而不过是这个或那个军阀的工具而已。党就不成为一种为中国人民谋未来幸福的生气勃勃的力量，而会变为一部机器、一种压迫人民的工具、一条利用现在的奴隶制度自肥的寄生虫。”

尽管革命遭到了严重的挫折和失败，宋庆龄在《为抗议违反孙中山的革命原则和政策的声明》中对中国人民革命的胜利前途仍表示了坚定的信念。她宣告：“我对于革命并没有灰心。”她预言：违背三大政策的叛徒们“注定要失败”；“孙中山的三民主义终究是要胜利的。革命中国是不可避免的”；国民党一切忠实的党员和“千百万中国人民，仍将遵循这条道路以达到最后的目的”。

这篇《为抗议违反孙中山的革命原则和政策的声明》发表在1927年7月14日的《国民论坛报》上。这是由雷娜·普罗梅负责编印的该报最后一期，后被蒋介石没收。此后，这篇义正词严的声明就以传单的形式广为散发。

宋庆龄的“七一四声明”，不失为一篇战斗的檄文，也是宋庆龄一生奋斗中的又一座重大的里程碑。这一《为抗议违反孙中山的革命原则和政策的声明》使她成为国民党左派的旗帜，中流砥柱，孙中山革命事业的忠诚献身者。

《为抗议违反孙中山的革命原则和政策的声明》发表后宋庆龄已决定去莫斯科，因为那里是世界无产阶级革命的中心，也是丈夫生前要去却没去成的地方。于是，她便由武汉回到上海，办理出国手续，然后去莫斯科。

她在上海的半个月的时间里，蒋介石等人使出了软硬兼施的手法，并发动宋老夫人与宋美龄、宋霭龄共同对宋庆龄进行说服，蒋介石又以高官许之，但这都没有改变宋庆龄的威武不可屈、富贵不可移的决心。在她赴苏联前，又发表了赴苏联宣言：

> 我这次访问苏联，是为了向苏联人民致谢，感谢他们给予中国革命的帮助……
>
> 目前中国已经进入反动时期。革命的联合战线已经破裂了。有人背叛了革命，有人开小差，还有人完全歪曲了国民革命运动的真义。没有土地革命就不可能推翻封建制度……谁反对土地革命，反对千千万万农民获得经济解放，谁就站在反革命阵营那边。

接着她话锋一转，又道：

> 今天却大不相同了。国民政府的盛名已经一落千丈，与北方的半封建余孽不相上下……国民党不再叫人害怕，也不再受人尊敬了；甚至从前听到国民党部队进军的风声就抱头鼠窜的敌人，现在也轻视它了。
>
> ……

蒋介石看软的不行，便要实施硬的方案，决定派特务暗杀宋庆龄。在宋氏家人的竭力阻止下，蒋介石才变更方案，改为“严密监视，不许出境”。当夜，宋子文把这条消息悄悄地告诉了宋庆龄：“二姐，这次来我不再动员你了，外面风声很紧，你要出去的话，也要以防万一啊！”

“大弟，我知道了，我会当心的。”宋庆龄点点头。

8 月 23 日凌晨 3 点钟，上海法租界一片寂静，林荫道上还是黑黢黢的。宋庆龄一副贫穷妇女的打扮，由红头发的美国人雷娜 · 普罗梅陪同，趁军警交接班的时机，悄悄地离开莫里哀路寓所。在离寓所不远的法国公园附近，两人坐上了苏联领事馆等候在那里的一条小舢板，摇摇晃晃的舢板从几十个国家的军舰中穿过，顺着江水悄悄地从发出嘎嘎声的大船旁边漂过，经过三小时紧张的航行，到了吴淞口一艘表面油漆已斑驳脱落的苏联轮船旁边。天亮以前，陈友仁和他的两个女儿也匆匆赶到，乘上了这艘轮船。在早晨的晨曦中，这艘轮船便向海参崴急速驶去。

此时的宋庆龄望着海港，如释重负地松了一口气。

告别了恐怖的气氛，新生活在向她招手。

三十五

当宋美龄与蒋介石结婚的消息传到宋庆龄耳朵里的时候，她已到莫斯科 3 个月了。这个消息犹如一声炸雷，令宋庆龄大为吃惊。宋庆龄早就识破蒋介石追求小妹的用意，曾竭力阻止这门亲事，不让蒋介石利用她与孙中山的名义去提高南京政府的威望，利用宋家的社会关系去扩大他的影响，进而实现他的狼子野心。但是小妹趁自己在国外的机会，竟然匆匆忙忙地与蒋介石结婚了。这不仅是对她的不尊重，而且等于向魔鬼献殷勤。更使她失望和痛苦的是，不仅仅是小妹一人，母亲和姐姐及全家都背叛了她。她敬爱的妈咪曾与她一起反对这桩亲事，现在居然变了卦；大姐宋霭龄出于既得利益，竟做红娘，穿针引线，引狼入室，与虎谋皮；再想到大弟宋子文，也居然投到蒋介石的怀抱；包括丈夫的大儿子孙科，也抛弃了先父之训，认贼作父了……这一切怎不令宋庆龄痛心呢？她的心在流血……她把门紧紧关上，痛心疾首地哭了。多日的辛酸和委屈，连同她对亡夫的思念，全都哭了出来……她不像乡间村妇号啕大哭，而是暗暗流泪。是啊，宋庆龄是一位外柔内刚的女人，她的柔情表现为处变不惊、高雅雍容；她的强大表现在从不把自己的泪水流给别人看，即使受到了莫大的委屈，也能咬牙忍受。她有自己的理想，也有自己的追求。她想的是祖国的兴衰，做的是民族统一大业。正如她自己所说："人无追求，就等于没有灵魂。"现在想来想去，她把仇与恨都记在了蒋介石的身上……

宋庆龄哭了许久，终于恢复了理智。她坐在办公桌旁，开始办公，写她的理论文章，可是思绪总也收不回来。来苏联不到三个月的时间，她就遇到了三次大的不幸，而且一次比一次使她忧心如焚。

起初是普罗梅的逝世。从大革命的烽火年代到大革命失败后的艰险历程以及在莫斯科的流亡生活中，普罗梅一直工作在她的身旁，同舟共济，甘苦共尝，和她结下了深厚的友谊，而且又是她身边唯一的女友。但不幸的是 11 月 21 日普罗梅因脑炎住院，再也没有回来，这使她悲恸欲绝。人，还不是为感情而活着吗？普罗梅的去世，使她病倒了。

再者是南京政府红口白牙制造的谣言，说她与陈友仁准备在莫斯科完婚，并且把这个谣言刊登在美国的一张大报上。连一母同胞的宋霭龄也风传这些谣言，若不是小妹告知，她还蒙在鼓里呢。这是人身攻击，极大地伤了宋庆龄的自尊心。人言可畏，她与陈友仁好友关系难处。为躲避谣言，她不得不考虑离开莫斯科。冷静后，她又感到这不是一般的谣言，而是一种政治手腕，目的是损害她和孙中山的形象，进而实现不可告人的目的。这可能也是蒋介石拉拢自己不成，实施的离间计。可是，好心的人怎么能识别出来呢？为此，她曾蒙头睡了几天，像是得了一场大病，浑身出疹。

最近，她又接到了蒋介石的来信，无非是甜言蜜语的劝降，说南京政府形势大好，要她回国，政府仍保留她的位置。在接到蒋介石的亲笔信的同时，她又接到母亲和小妹的亲情劝降信，这更使宋庆龄不安起来。她感到这是个危险的信号。

12 月 17 日她在给蒋介石的回电中，尖刻地指出：“我正准备回国，却获悉你打算与苏俄绝交，并要求撤销苏俄领事馆。采取这一步骤，将是自杀行为；它将使中国陷于孤立并延缓其发展，为此，历史将要求你对此承担责任。你要是有一点领导者的远见卓识，倘若你还记得与苏俄进行合作是领袖（指孙中山）的临终遗愿，那就该悬崖勒马，使国民党免于陷入深渊。如果直到最后一刻还不采取废除断交的措施，我将留在这里，以抗议你的这个决定。”

后来，蒋介石在复电中含沙射影地说她的抗议和滞留莫斯科都是受人胁迫的结果。她在 12 月 23 日再次致电蒋介石：

> 我留在世界革命的心脏莫斯科是自愿的，就如同我的访问是一种对国民党领导人的反革命政策的自愿抗议一样。说我似乎是在别人的迫使下行事，这完全是诽谤和对我过去所做工作的侮辱。这种诽谤再一次说明你的疑神疑鬼，它妨碍你正确地考虑问题，使你做出了致命的决定……（你们）已经成了帝国主义的同谋……如果我回国的话，那也是为了参加工农斗争。孙中山为了工农的幸福奋斗了 40 年，他们现在正受到无耻地打着国民党旗号的残暴的反动派的屠杀……我将踏着革命者的足迹继续前进，这是缅怀我们领袖的唯一道路，我在这条道路上决不回头……

有一段时间，宋庆龄曾想回国，但一想到她的家庭与蒋介石的关系，心顿时凉了。此时，她已下决心到德国小住，避开这种干扰和心烦。

第十一章

黑云压城

亡夫灵前，宋庆龄扶棺号哭，悲恸欲绝：“总理，我在此地，你往哪里去了！……有此同生，为何不能同死啊！”

——题记

三十六

革命先行者孙中山去世后，中山陵于 1926 年 1 月 15 日破土动工，历时 3 年，于 1929 年春竣工。

1929 年 1 月 18 日，南京政府成立了“总理奉安委员会”，蒋介石为主任。为了扩大影响，蒋介石还特地请旅居欧洲的孙中山夫人宋庆龄回国参加奉安大典。

5 月 7 日，南京政府发表宣言，宣布国家统一完成。宣言称：“中国之统一，因全国人民奋斗与牺牲，正告完成。”接着，蒋介石以中央政治会议的名义，决定在北平举行四个集团军总司令祭奠孙中山灵柩的盛典，并通电全国，自 5 月 26 日至 6 月 1 日，全国一律下旗志哀。

宋庆龄在德国接到蒋介石要她速回的加急电文，心情异常复杂：亡夫奉安本是亲情之理；中山陵历时三载竣工，花费巨资百万，蒋介石用心良苦，她丝毫没有感激之情，因为她已看到蒋介石骨子里背叛了亡夫。他打着孙中山的旗号，掩人耳目。她虽有心回国，又怕落入陷阱。她恨蒋介石出卖亡夫之野心，目下又利用丈夫的名声，以示自己的正宗。

宋庆龄正在犹豫时，有人敲门，原来是二弟宋子良，代表政府当局和家人不远万里而来，请她回国。同时宋子良告诉宋庆龄：奉安大典筹备就绪，国旗下降，政府已为她安排了中执委员的要职。她的南京寓所也已修好，可以说是高档豪华。

宋庆龄警惕道：“眼见为实，二弟，是不是我要回去看一看。”

“全家都在盼二姐回去呢？”宋子良说。

“看来是陷阱我也要跳啦！”

第十一章
黑云压城

“这怎么能说是陷阱呢?”宋子良反问。

接着宋庆龄大义凛然道:“为了避免任何可能的误解，我必须表明，这次回去我仍然坚持我于 1927 年 7 月 14 日在汉口发表的声明，即，鉴于国民党中央执行委员会的反革命政策和行动，我宣布不再参加国民党的工作。

“因此，必须明白无误地说清楚，我参加先生的葬礼，在任何意义上，都不意味着我就不直接或间接参加国民党工作的决定有所缓和或转变。”

“二姐，此事已经过去多年，你怎么还这么固执呢?”宋子良不赞成她用这样直率强硬的措辞，担心引起政府的恼怒和家庭的不快。

她回答:“是宋家为中国而存，不是中国为宋家而存。”

回国以后，她不断地重复和说明她的这个起程前的声明，无疑又引起一场轩然大波。她的行动对当局企图使她陷入混乱或保持缄默的图谋浇了一盆冷水，而对那些为中国而浴血奋斗的战士则带来了一线希望之光。

宋庆龄于 1929 年循陆路从欧洲回国，5 月 6 日过莫斯科，转乘横越西伯利亚的火车，在 5 月 16 日抵达中国东北的哈尔滨，次日到沈阳。张学良派夫人于凤至到车站迎接，并在张的私邸会见宋庆龄。宋家与张学良的关系密切已久。由于张学良早年充满传奇色彩的经历，20 余岁即已名满中国，功业辉煌，引起宋家的关注。特别是宋老夫人和宋庆龄、宋子文及宋美龄，他们对张学良有特殊的感情，张学良也对宋家十分敬重。日本人原来是支持其父张作霖的，但在 1928 年却谋杀了他。张学良因此转向蒋介石，希望蒋帮助他抵抗日本。但蒋却把他推上反苏的道路。这一年，东北军同苏联发生了武装冲突。

尽管宋庆龄是反对军阀的，也许由于她感觉到“少帅”有真诚的抗日情怀，她同张会晤的场面是相当热烈的。她在哈尔滨发表的声明曾称苏联是中国唯一的真正朋友，这可能是为了劝说张学良放弃反苏的行动。宋庆龄善于交友，她同“少帅”夫人于凤至相处特别融洽，于也要去参加孙中山的奉安大典，正好结伴同行。

宋庆龄一行继续前行，在天津，她的继子孙科、天津警备司令傅作义和其他国民党高级官员到车站迎接。傍晚到达北平，参加孙中山的迁葬活动。在迎灵、护灵、家祭、封棺、国葬等一系列仪式中，蒋介石以党政首领及孙中山亲属的双重身份，与宋庆龄一起参加，但由于宋庆龄有了以上声明，她就能光明磊落、大方有礼地应付一切场面，而把自己的一切情感都倾注在对孙中山的哀思上面……

宋庆龄走下专列的时候，她穿着黑色的长旗袍，在月台上前行，只见她秀慧之气、刚强之志，溢于言表，完全一派巾帼丈夫的风范。想起孙中山逝世才四年多，中国革命和他手创的国民党竟被糟蹋到这等地步，宋庆龄到碧云寺时已悲痛得不能移步，下车后由左右搀扶而上。护灵处副官马汀在前引导，并报告迎接布置情形。宋庆龄到灵堂前行礼献花圈，然后手指灵榇，示意左右，再看看孙中山的遗容，卫士揭开覆盖在棺椋上的国旗，扶她上石台。她边走边哭：“总理，我在此地，你往哪里去了！”她仪容黯淡，左右请扶夫人下，夫人不忍，抚棺大哭，悲恸欲绝，泪珠滴于玻璃盖上……有此同生，为何不能同死啊！

6 月 1 日，宋庆龄又亲自护灵到南京中山陵，一步步走上几百级台阶，把孙中山的灵柩送进墓室。孙中山的遗体放在一具精致的紫铜棺内，棺下面有一个特制的楠木座子，棺上还有一层密封着的水晶透明板，站在石塘上扶着栏杆就可以瞻仰孙中山的遗容。公祭后，将紫铜棺盖上，然后由宋庆龄亲手将墓门“敬谨严扃”。

奉安大典后，蒋介石苦苦挽留宋庆龄在南京寓所居住下来，宋庆龄声称回家瞧看，于是第二天一早即返上海。记者纷纷登门采访，宋庆龄推说身体不佳，对政治无任何意见发表。

蒋介石对宋庆龄的回来，曾做三点指示：一是拉拢，二是封其嘴，三是前者不行就来硬的。6月9日，蒋介石先派夫人以姐妹亲情去说服，并请她到南京参加即将召开的国民党三届二中全会，遭到宋庆龄的断然拒绝。对于小妹的到来，宋庆龄满心高兴，但一想起蒋介石，她就厌恶起来。最后对小妹说："二姐很心疼你。"

宋美龄嘴快："我知道我是二姐一手带大的，我永远忘不了二姐。撇开政治不讲，看在我们姐妹的份上，我这次请二姐回南京，二姐也要给我面子啊！"

"政治和亲情如今连在了一起，二姐一句话两句话说不清楚。"宋庆龄直摇头，"说不清楚，你就很难理解二姐了。所以二姐不去，让小妹委屈了。"

宋美龄满怀信心而来，扫兴而归。她心里也有气，只觉得二姐变了，变得越来越固执了。

宋庆龄送走了小妹宋美龄后，就回到了生病的妈咪倪桂珍身旁，终日照料母亲，过一种普通人的生活，尽一份赤子之心。母亲病情稍好，她便陪母亲去苏州，逛杭州，尽享天伦之乐。此时，宋美龄、宋霭龄、宋子文虽是公务繁忙，也断不了回去看妈咪，也是看宋庆龄。宋庆龄很少说话，因为政见不同，她也不愿说话，说出来怕伤了全家的和气。她只想尽快把过去的缺憾，变成孝敬妈咪的行动。

三十七

中午的阳光直射地面，燥热的空气使蝉都没有了高叫的力气。宋庆龄参加一个朋友的集会回来，她乘坐的是福特出租公司的汽车。她长期以来一直从各个方面帮助革命者，资助那些处在贫困中的孤儿和难民，自己却舍不得购买专车，以至于出门不得不临时租用一辆车子。

汽车在滚烫的路面上平稳疾驰。突然，街面上两个衣衫破烂的男人厮打着冲到了路中央。司机摁响了喇叭，放慢了车速，但两个人好像早已不顾汽车的危险，一心往对方身上扑来扑去。司机本想小心绕行，哪知这两人在路中间忽东忽西，甩臂踢腿，车子根本绕不过去。司机只好停了下来。

宋庆龄初看两人穿着，像是小商贩，本想下车劝解。她刚去推车门子，坐在旁边的一位外国女子一把拉住说："夫人别动！我看这两人贼眉鼠眼，不像善类。"宋庆龄再仔细一看，果然这两人穿着虽破，头发却是认真剪理的，而且两人只是跳来跳去，并不真往对方要害部位击打。车子一停，两人已经扑打到汽车跟前，眼睛不时往车上窥视。啊！会不会是蒋介石的特务，故意吸引自己下车？宋庆龄还未多想下去，这外国女子早从另一侧推开车门跳了下去，两个家伙一看有人下来，竟一齐扑了过来。一个假装往这女子身后躲，一个就朝她的面门抡拳打来。

金发碧眼、身强力壮的女子一把关好车门，身子往旁边一闪，大吼一声"NO"！两个家伙定睛一看，下来的原来是位洋人，而孙夫人仍在车里，像事先商量好的一般，一齐喊道："我们打架，关你个洋婆子什么事？"说着就上前撕扯。只见她左右躲闪着，把两人引离了汽车，接着对司机大喊一声："快开车！"两个家伙见状，反身又往汽车跟前冲。司机开始还怕这女子吃了这两人的亏，已推开车门想帮她一把，看这两人又反身冲汽车扑来，才知道两人的本意是冲着车上的孙夫人来的。那女子看两个家伙丢开自己，又往车子跟前凑，他们的企图已经很明显了，又大喊一声催促司机快开车，便紧跑几步，从背后向一人伸脚一钩，这家伙哪里防备这一手，竟一下子被绊翻，肚皮贴地，向前扑出七八尺远，下巴都磕破了。这时从街道两旁一下子又跳出了五六个人，大嚷着："不得了了，洋婆子打人了！"司机一看，不顾宋庆龄叫他停车的吩咐，一踩油门，车子冲了过去。

几个家伙看汽车开走，更加恼怒，嘴里不干不净地怪叫着，要教训这外国女子，朝着她围了过来。这女子看汽车已开走，得意地笑了起来。没等几个人到跟前，她忽然把一个口哨放在嘴里，低头转身用劲吹了起来"嚁嚁——"

尖厉的口哨声在这寂静的中午显得那么响亮刺耳，几个人愣住了。街道那头，两个骑马的法国警察闻声向这边赶来，嘚嘚的马蹄声敲击着柏油路面。刚才还乱叫的几个人一看警察出现，互相对望了一下，一个人喊声"撤"，顿时四面散开，有的闪进了胡同，有的跳过路边矮墙，连影儿都没了。

那外国女子同前来的警察咕噜了几句，也甩开大步，朝莫里哀路 29 号走去……

这位机警地保护宋庆龄安全的外国女子是谁？原来是《法兰克福日报》驻中国特派记者，同时担任宋庆龄英文秘书的美国作家史沫特莱。

史沫特莱出生在美国西部密苏里州。她的父亲是印第安后裔，是个贫苦的农民。她从小饱受美国种族歧视和阶级压迫的双重苦难，造就了勇敢坚强的性格。她从童年起就卖报谋生，后来又在富人家庭当侍女，她还当过卷烟工人，推销过书报。但是这些粗重的劳动并没有熄灭她心中求知的火焰。她曾进入一家慈善机构办的学校读书，连小学都没有读完。但她始终没有放弃刻苦自学。她善于观察，勤于思考，不断写出有独特视角和蕴含深刻主题的好文章。终于在1928 年，以《法兰克福日报》和英国《曼彻斯特卫报》两家记者的身份，来到中国。

宋美龄和宋子文得知这件事后，一再关注二姐的安全，使蒋介石不敢危及宋庆龄的生命，但蒋介石并不死心，还是指示戴笠要加强对宋庆龄的监视和骚扰，要经常制造些意外和险情，让宋庆龄知道她的安全并没有把握，迫使她更多的时间只能待在家里，不敢随便到外界参加活动。

从此，比宋庆龄大一岁的史沫特莱，除继续担任宋庆龄的英文秘书外，又主动承担了一项重要任务，这就是保护宋庆龄的安全。自从这次同几个特务发生冲突后，史沫特莱身上又秘密地增加了一支手枪，随时准备万一宋庆龄遇到实际的危险，就挺身而出同敌人做拼死的搏斗。史沫特莱后来到了八路军总部，与朱德相处了一段时间。她为朱德的故事所感动，写出了朱德的传记——《伟大的道路》。

三十八

1929 年 8 月上旬，国际反帝大同盟会议要在柏林召开，并向宋庆龄发出了邀请。作为名誉主席的她，刚刚回国难以参加，于是她在寓所拟定了电报全文，声明自己不参加的理由，同时也以激烈的言辞抨击了国民党反动派对内屠杀工农、对外亲帝反苏的罪行，指出“反革命的国民党领导人背信弃义的本质，从来没有像今天这样无耻地暴露于世人面前。在背叛国民革命后，他们已不可避免地堕落为帝国主义的工具”。她向全世界表示：中国人民“不因受镇压而气馁，不为谎言宣传所蒙骗，他们将站在革命者一边进行斗争”。统治者的恐怖行动“只能唤起更广大的人民群众，加强我们战胜目前残忍的反动派的决心”。

电文尖锐深刻，像柄利剑直刺蒋政权的心脏。蒋介石怕得要命，直接封锁了这一消息，大报小报概不登载。所以电文也成了秘密传单，在大街小巷传递。宋庆龄发出电报后，正像她对友人表示的那样："我发了电报后，心里舒坦了……至于我个人因此有什么遭遇，那是无关紧要的。"

蒋介石对她恨之入骨，于是他召来戴季陶商量，决定采取"硬"的方法。可是宋美龄知道此事后，极力抵制。最后达成协议，由戴季陶出面警告。下面是戴季陶和宋庆龄的上海谈话纪要，是宋庆龄整理的，此文发表在1929年10月20日燕京大学出版的英文《明日之中国》第一卷第12期。为了求真求实，笔者不敢加工，直录下来，以飨读者。但从此文不难看出蒋政权对宋庆龄的刻骨之恨，同时也可看出宋庆龄面对白色恐怖，以正除邪，浩气凛然，充分显示了一位民主主义战士的风采和勇气。

宋： 我明白戴君是带了蒋介石的使命来探我的消息的，我打断了他，说他没有能出国是很可惜的。他被我的话窘住了，默不作声。他的夫人打破沉默问我为什么还没有到南京去。我回答说："葬仪已经过了，我为什么要到南京去呢。"她殷勤地继续陈述："陵园真是美丽，您的住宅里一切设备都布置好了，我们都愿意您到那里去，您也可以就近向政府提建议。"我对于她这番口齿伶俐的话，直率地答复她说，我对政客的生活不适合，况且我在上海都没有言论的自由，难道到南京可以希望得到吗？

在这当儿，戴君从他的座位上站立起来，咕噜着像是有什么东西要给我看，同时，他的手在口袋里摸索了一回，后来取出一张折着的纸。他正要递到我手里来，我已经看清楚了，我确信地对他讲，那好像就是那份我拍给反帝国主义大同盟的、南京政府不许发表的电稿。

戴： 这真是从你这里发出去的吗？我真不大相信，像您这种地位，取这种态度，实在是有点不可思议。这诚然是一桩很严重的事啊！

宋：这是唯一诚实的态度，即使孙先生处于这种环境之下，也是要取这种态度的。你散布谣言把我的电报视作共产党的捏造，未免太可笑了。我有权可以证明，一字一句都是我自己写的。

戴：共产党是要负一切罪证的责任的，尤其是现在，共产党受莫斯科的指导，在全中国制造混乱，杀人、抢劫、放火，你怎能发出这种电报来攻击政府呢？我们把私人关系搁在一边，政府对这种严重的过失，是不能忽视的。纵使政府有了错误，你也没有权利公开地说。你应该遵守党的纪律。而且这件事尤其不好的地方，是拍电报给外国人啊！这无异丢政府和民族——你自己的民族——的脸啊！

宋：遵守党纪，当然，谢谢你们把我的名字列上你们的中央执行委员会，其实我并不属于贵党。你不要用这种口气告诉我，说我是没有权利说话。你们是把我当做招牌去欺骗公众吗？你的好意正是一种侮辱。相信吧，没有哪个人认为南京政府是代表中国人民的！我是代表被压迫的中国民众说话。这你是知道的。全世界人民很容易分辨究竟我致电的“外国团体”对于中国及其人民的利益到底是友善的呢，还是有损害的呢？你适才带着“爱国义愤”所援引的反帝国主义大同盟，现在正为中国的主权和民族的独立而积极地工作。我的电报正是维护中国人的光荣的表示。你们投降日本和外国帝国主义，侮辱革命的苏俄，才证明你们是一伙走狗，给国家与人民带来了耻辱。你们的爪牙杨虎，在法国巡捕房控告我装置秘密无线电，布置外国特务来对付我，这不是丢脸吗？你们在中国革命的历史上留下了多少污点，民众将有一日要和你们算账的！

戴：你太性急了。孙夫人，革命不是一日能够成功的，请你不要枉费精力从事破坏工作、攻击政府和几个领袖，与我们合作才是你的义务。你的愤激和感情，我十分了解，这是过去几年痛苦经验的结果。但是孙先生不是一个寻常人，他远远超过一切人，天赋予他一种非常的智慧和才能，他的理想超前了几世纪。你必定明白的，三民主义不能凭空想由几代人去完成，可能需要300年或是400年，谁又能断定呢？

宋：很明显地，你现在所引据的都是你们篡改过了的三民主义。孙先生自己曾声言过，假如党员能确守主义，革命是能够在二三十年之内便可以成功。事实上，当他起草《建国大纲》的时候，他就有这个意思，革命一定能够在他活着的时候成功。不然，你是可以猜想得到的，这样具有天生智慧的人，又是在屡受党内军阀反叛之后，他会赞成军政时期吗？戴君，你的议论很显然地是带了病态的，这是你身体太坏导致你变得太悲观，你已经不再是热衷于革命、正义与改革的青年戴季陶了，你已不可避免地成为一个佛教徒了。但是我要警告你，不要把孙先生当作一个偶像，当作另一个孔夫子和圣人，这是对孙先生的名声的侮辱，因为他的思想与行动始终是一个革命家。我很遗憾，你的思想已经堕落了。

戴：正好相反，我的思想已经与年俱进了。改进社会状况、改善人民生活，这不正是革命吗？

宋：国民党是作为一个革命的组织而创建的，绝对不是一个改良派的社团，否则，它就应该叫作进步党了。

戴：那么请问你是怎样理解一个革命者的呢？似乎有很多不同的定义了。

国比天大

宋庆龄

宋：革命者不满意目前的制度，努力以求建设有利益于社会广大群众的新的社会秩序来代替旧的社会。请问迄今你们有什么革命的成绩呢？

戴：恐怕你没有注意到政府各部的进步吧。建设工作正在进行，朽败的房屋变成了新建筑，计划建立新的铁路，改革国家交通，救济人民的痛苦。比如，你看到的南京宽广的中山大道就是。这些不是我们在阻碍横生的困难环境中做出的杰出成绩吗？

宋：我除了看见你们妄肆屠杀数百万将来可以代替腐败的官僚的革命青年以外，没有什么了；除了穷苦绝望的人民以外，没有什么了；除了军阀争权夺利的战争以外，没有什么了；除了对饥饿的民众的勒索以外，没有什么了。事实上，你们什么都没有做，只进行了反革命活动。至于说到你们其他的功绩，宽广的中山大道是谁得利了呢？惟有便于你们这些人们乘坐汽车。我恐怕你们从没有想过成千上万的穷苦人民，为了你们的便利而拆去了他们惟一栖身的茅屋吧。

戴：这些都是荒谬不合理的谴责，请你告诉我不拆除破旧的茅屋和一些建筑怎么能从事改建呢？

宋：但是为谁的利益而改建呢？你是不是以为孙先生组建国民党是要使富人更富，并吸吮中国几万万垂死人民的膏血呢？他努力不屈不挠地奋斗 40 年是为着这样吗？

戴：任何人都有良心的，这不是个人专有的，你知道在哲学上……

宋：请你不要谈那些玄妙的道理，我只知道事实。

……

戴：孙夫人，我希望你不要再发表宣言。

宋：戴君，使我不说话的惟一办法，只有枪毙我，或者监禁我，假如不然，这简直就是你们承认了你们所受的指责并不冤枉。但是你们无论做什么事情，都要和我一样公开进行，不要使用鬼祟的毒计，用侦探来包围我。

戴：我去南京，回来以后再来看你吧。

宋：再来谈话也是没用的了，我们之间的鸿沟太深了。

在这篇谈话中，她所选择的论点和口气都是有意说给蒋介石听的，因为是蒋派戴季陶来的。就戴个人而言，她也变得对他十分鄙视。戴利用他同孙中山的老关系，成为蒋介石的主要辩护人。他曲解孙中山的学说，竭力为蒋的血腥反动行径进行辩护。

9 月间，国际反帝大同盟在德国集会，再次选举宋庆龄为名誉主席。1929 年 9 月 21 日，她登上一艘法国邮船驶往马赛。约一个月后，她到达了欧洲，一住就是两年时间，直到 1931 年后，因母亲倪桂珍在青岛去世，她才重又踏上祖国的圣土。这时共产党领导的革命已成燎原之火，汹涌澎湃；如同闪电划破乌云，倏焉万里，闪耀八荒，第一次反“围剿”的胜利，撼动了中国，震惊了世界。它给亲人的是振奋、鼓舞；它给仇人的是惊心动魄。在那段时间里，宋庆龄已看到祖国的希望之光，并投入了革命的洪流之中，此后再也没有离开伟大的祖国。

第十二章
义救演达

宋庆龄之所以受到国人的敬仰，是由于在大革命失败后，在蒋介石的白色恐怖中，她舍生忘死，营救了一个个患难与共的战友，谱写了革命人道主义的一曲曲颂歌。

——题记

三十九

宋庆龄回国后不久，邓演达和陈友仁也跟着回国了。

邓演达的回国，是由黄琪翔等同志邀请的。当时，国内仍处于蒋介石政权的白色恐怖之下，国民党左派中坚也在分化。当初，宋庆龄、邓演达、陈友仁三人在莫斯科成立的“中国国民党临时行动委员会”，由于大革命的失败和自身的矛盾，也分成了南北两大派别，一是以陈友仁为首的联合广东军阀成立的政府，设在广州；二是以邓演达为首的“中国国民党临时行动委员会”，设在上海。二者的目标都是反蒋，都是高举孙中山的旗帜。在这一点上他们和宋庆龄的观点是一致的。再者宋庆龄与这两个领导者皆是患难与共的战友，论感情都是没说的。这两个组织都要求宋庆龄参加，倒使宋庆龄为难了。所以，骑虎难下的宋庆龄，干脆表示谁的政府也不参加。

其实宋庆龄对二者都是有自己看法的。陈友仁与广东军阀连在一起，其实也是孙中山所走的旧路，此路是失败之路；邓演达要成立第三党，既区别了蒋介石的国民党，又不赞成新兴的共产党，这也是宋庆龄不愿意看到的。此时的宋庆龄，由于受苏联和共产国际的影响，她更倾向于共产党了。这也表现了宋庆龄思想的成熟。在共产党员的身上，她已看到了一抹新的曙光，对孙中山“联俄、联共、扶助农工”三大政策的延续，她对共产党寄予了极大希望。但是，想法归想法，她与邓演达、陈友仁的患难友谊是永存的。

在宋庆龄心中的天平上，她两者都支持，但她更倾向于邓演达的国民党临时行动委员会。邓演达是位硬汉子，是国民党左派中一粒永不熄灭的火种。他敢说敢为，回国后便在上海——蒋介石的鼻子底下火爆爆地干了起来，出版了《革命行动报》，高举革命旗帜，揭露蒋介石的法西斯统治和罪恶，颇有成绩，实令宋庆龄十分敬佩。

当时《革命行动报》由几十份迅速发行上万份，直接威胁了蒋介石的南京政府。因此，蒋介石命令特务机构去查，发现是邓演达所办，于是，蒋介石拍了桌子："此患不除，难于安民。"

这时，宋庆龄以自己特有的敏锐的政治嗅觉，为邓演达担忧。一天，宋庆龄找到邓演达，出于对邓演达的爱护，提醒邓演达，干事要策略化："择生，你写文章，宣传革命，我并不反对，但要当心呀！"

邓演达不以为然地说："夫人，请你不要为我担心。"

"要知道，你冒犯了蒋介石，他会找你麻烦的。目下，风声很紧，你可不可以暂时避开一下？"

"我现在工作正繁忙，恐怕一时还难于离开上海。下期报样正在编排，为了安全，我可以接受夫人的提醒，从后门出入，以后再不走前门了，你看行吧？"

"你多保重。"宋庆龄临离开时再三嘱咐。

果不出宋庆龄所料，在这次谈话后不久，1931 年 8 月 17 日夜，邓演达被捕。

那是一个漆黑的夜晚，邓演达应邀在上海愚园路愚园坊 20 号，给江西起义干部训练班的毕业学员讲话。谁知这个消息走漏了。当邓演达正在讲话时，敌人呼啦啦开过来一个连，两步一兵三步一岗地紧紧包围了院子。待邓演达讲完话，走出深院时，一声喝令："站住！举起手来！"

邓演达还没有反应过来是怎么回事，十几个便衣特务便蜂拥而上，把邓演达投进预先准备好的麻袋，扎紧袋口，扔到院外的车上，呼哨一声便拉走了，又转火车，直奔南京。

正在南昌坐地"围剿"红军的蒋介石闻听邓演达被捕的消息后大喜道："先投进监狱，让他尝尝我的厉害！等我完成'剿匪'后再来处置!”

“是! 司令。”

“执行吧!”蒋介石屏退了左右，一双贪婪的眼睛盯在偌大的“剿共”作战图上，一次更大的“剿共”计划在他胸中孕育着……

四十

上海莫里哀路29号，宋氏住宅。

那是一个傍晚，红日西沉，红霞满天。上海的一切都朦胧地罩着一层紫红色，像是一片经过打磨而且杳无边际的金属片儿，闪闪发光。

宋庆龄吃了晚饭，送走了两位来拜访的年轻的共产党员，望了望西天的云霞，然后回到书斋里，动手给友人写信。可是她的心无法平静下来，一封信足足写了一个小时，还感到语言颠三倒四的，表达不尽如人意。倏然间，有人敲门。宋庆龄上前开门，来人是江西起义干训班的两个中年同志。

“夫人，演达被捕了!”

“啊——”宋庆龄大吃一惊，“快坐下，是怎么回事，你们详细谈谈!”

“事情是这样的!”两人一五一十地道出了邓演达被捕的经过。最后，他们断定:“一定是叛徒告的密!”

“现在演达在哪里?”宋庆龄又问。

两人摇摇头说:“不清楚。”

“你们先回去，”宋庆龄说，“后事我来处理。”

“那太感谢夫人了。”两人退去。

宋庆龄终止了写信。她脑海里反复浮现着邓演达的形象。大革命失败后，邓演达曾做过多次振奋人心的演讲；流亡苏联时，他们一同总结经验教训，又一同扛起了革命的旗帜，他是位干起工作不要命的好同志；在流亡柏林时，为研究中国的农民革命运动，他又呕心沥血，废寝忘食地工作着，往往在沉闷中偶出妙语，幽默含蓄；回国后，他又积极地投身到反蒋的洪流中，尽管她不赞成他的第三政党的观念，但他毕竟是一个革命坚决的好同志；他创办的《革命行动报》，发行量之大，言辞之激烈，无疑是投向蒋政权心腹的一柄利剑……这一切，都在促使宋庆龄要下决心营救邓演达。

可是话说过来，此事谈何容易！要知道，营救邓演达，必须亲自向蒋介石求情。求情的事，宋庆龄从来没干过。可是这次求情，不是求同志而是求自己的敌人。大革命失败后，她曾发表过谴责蒋介石，不与其同流合污的“七一四”声明；孙中山南京“奉安”时，她又反复重复这个声明，致使蒋介石对其愤愤不平。眼下真的要求情，还真难为了我们的宋庆龄。

这时，邓演达在狱中受刑受拷打、铁钳夹手、红铁熨掌……以及邓演达的尖叫声又一股脑地涌入宋庆龄的脑海，使宋庆龄终于坚定下来——为了革命同志，自己还顾得什么个人的脸面？

宋庆龄经过一段痛苦的思想斗争后，革命情、同志情、战友情终于占了上风。于是，她从上海出发，乘上了去南京的火车，开始营救邓演达的行动。尽管事情艰难，但她已有充分的思想准备。

9月的南京，天高气爽，风和日丽。但只要稍稍留心，不难看出其恐怖的气氛来。宋庆龄以其特殊身份，终于见到了蒋介石。

蒋介石闻听宋庆龄求见，心里一怔。他对宋庆龄的印象是出污泥而不染，失败面前不低头，为笼络她，他绞尽了脑汁，包括中山陵工程的修建，耗资百万，都没有感化宋庆龄。如今宋庆龄自己找上门来，他还以为她受了感化，降服于他呢！

接见是在南京总统府内，这是蒋介石的刻意安排。宋庆龄来到总统府会客厅，不卑不亢，落落大方。蒋介石示意宋庆龄坐下，与以往接待客人的情形不一样的是蒋介石亲自端茶奉水，一口一个“二姐”，叫得好甜好亲。

“二姐，只要你来政府工作，我一切都听你的。”蒋介石奉上茶水道。

“工作之事暂且不谈，这次来主要是为邓演达的事。”宋庆龄道，“现在国难当头，你与邓演达的矛盾，我来给你们调解好不好？”

“啊，原来二姐是为这事而来呀？”蒋介石好扫兴。

“对。请你把邓演达叫来，我们三人当面谈。”

蒋介石默不作声。

宋庆龄又道：“如果你觉得这里谈不方便的话，就派人陪我去见邓演达，我先同他谈谈，然后咱们三人再谈？”

蒋介石的脸上横肌抽动着，仍默不作声。

最后，宋庆龄一定要见邓演达，蒋介石便耍一个花招道：“我还不知道此事哟。你去问何应钦，兴许他会知道的。”当宋庆龄又找到国民党军政部长何应钦时，何应饮又推说只知道邓演达关在南京，但具体位置还不太清楚。

宋庆龄愤然离开总统府。快落山的太阳斜照在她的身上，把她那本来窈窕的身影拉得很长很长。

四十一

为营救邓演达，宋庆龄于11月25日又登上了去南京的列车。这时，她经过多方打探，才得知邓演达被关在南京中央军人监狱，已受尽了皮肉之苦。

她一下车，便由孙中山的侍卫副官马湘和范良陪同，直奔位于郊区外的中央军人监狱。该监狱长名叫胡逸民，在北伐战争时，与邓演达私交颇深，十分敬佩邓演达的为人和才华。听了宋庆龄的口述，十分同情邓演达的不幸："夫人此行，有什么要求？"

"我想见邓演达一面！"宋庆龄道。

"那好。"胡逸民见是宋庆龄求见，岂有不准之理。于是他在没有事先请示蒋介石的情况下，便命令左右大开绿灯。

会见是在胡逸民的办公室里。胡逸民安排宋庆龄坐下，奉上茶水，接着又传邓演达过来。这在宋庆龄看来已经是最高的礼遇了。

"夫人，想不到还能见到你！"战友相见，邓演达喊道。

"演达，我的好同志。"宋庆龄望着浑身血迹的演达，泪流不止。许久许久，才控制住了自己。

"当初，你的告诫我没能听进去……"邓演达也痛哭起来，"不过，我也死而无怨啦！"

"我们正在设法营救你，希望你好好配合，坚持到底。"说到这里，宋庆龄再次控制不住自己的感情了。

两人挥泪而谈，时而激昂陈词，时而垂泪痛哭，情景极为悲壮。

就在宋庆龄离开牢狱之后，早有人把邓演达与宋庆龄秘密会见一事报到蒋介石处。蒋介石大怒："娘希匹，这还了得！他胡逸民胆大包天，敢不请示我，问他有几个脑袋？"当下便派侍卫长王世和急急忙忙赶到中央军人监狱，找到胡逸民。

"胡狱长，你好大胆啊！"王世和一派盛气凌人的样子。

"'国母'求见，岂有不准之理！"胡逸民解释道。

"你真糊涂啊！"王世和道，"我看你已经干到头了吧？"

……

接着，一场飞来横祸降落到胡逸民头上。反过来，宋庆龄与邓演达的会见，又缩短了邓演达的生命时间。此时，蒋介石感到宋庆龄竭力插手此案，夜长梦多，日后难以收拾。恰在这时，发生了

“九一八”事件，由于蒋介石的不抵抗政策，全国人民为挽救民族危亡掀起了汹涌澎湃的爱国救亡运动，一浪高于一浪。这一切都迫使蒋介石快刀斩乱麻。

他立即召来戴笠，下达密令，先软化，软化不行再“斩决报来”。

接着，又派李熙元与邓演达谈判释放条件：

“要释放您，好说。”李熙元开口便说，“但要讲个条件！”

“什么条件？”邓演达问。

“你保证不写反蒋文章，再奉劝宋庆龄支持党国工作。”

邓演达听后哈哈大笑，许久才止住笑声道：“我写反蒋文章，不是我邓演达要写，而是中国人民要我写的！至于要夫人支持你们政府，那是人家的事，管不了。两个条件，我一个也答应不了。要杀要剐，随便吧！”邓演达浩气在胸。

“请你再考虑一下！”李熙元再次劝道。

“没有什么可考虑的！”邓演达一口咬定。

……

谈话不欢而散。

紧接着，蒋介石便下了处决的密令。

1931 年 11 月 29 日，那是一个阴沉的晚上，外面刮着寒风，风声像一个临死的人在呻吟；一阵阵骤雨鞭打着牢房的窗户。

牢房的门“哗啦”一声被打开了。五个大力士在戴笠的带领下，把邓演达解出，秘密地押至南京麒麟门外沙子岗，残酷地杀害了他。邓演达留下了“为人民而死，虽死犹荣”的豪言壮语，牺牲时年仅 36 岁。

起初，宋庆龄闻此消息并不相信，还以为蒋介石下野，孙科任行政院长后，邓演达即可释放。这时，宋庆龄怀着忐忑不安的心情，立即乘车去南京，找蒋介石询问，蒋介石道：“你已经见不到他了。”

宋庆龄听后勃然大怒："你们是杀人不见血的刽子手！"说完，一抬手把茶几掀翻在地，蒋介石急急逃上楼去，宋庆龄愤然离南京返沪。

血雨腥风伴着邓演达壮烈牺牲的消息，在华夏大地劲吹飘落。人们在觉醒，反蒋的高潮一浪高于一浪，剧烈地冲击着蒋家王朝。为此，尽力挽救失败的宋庆龄，为配合工农革命运动的高涨，含泪写出了《纪念邓演达》的文章，呼唤人民不畏强暴："我们所能给邓同志最大的安慰，莫过于加强我们的决心，尽我们最大的努力，以实现总理留给我们未完的事业为更适当的了。能如是，才能使我们的事业得到最后胜利。"

第十三章

营救同志

暴行能使怯懦噤口，却不能使正义沉默；世人最伟大的品性，莫过于用自己的身躯去保护善良和正直的他人。

——题记

四十二

高高耸起的石拱桥，白练一样的缓缓流水，像一块块绒毯似的金黄稻田，黑顶白墙的农舍，多么美丽的江南水乡景色！坐在车窗旁的宋庆龄，透过玻璃凝眸注视着沿途的风光。锦绣江南、鱼米之乡的美丽丰饶，更激起她心中的阵阵隐痛，一股悲怆和义愤直冲脑顶。

1931 年 1 月 17 日，参加苏维埃第一次全国代表大会筹备会议的 24 名共产党人在上海被捕，其中有中华全国总工会执行委员兼秘书长林育南、中共中央宣传部干事李求实、中共江苏省委委员何孟雄、上海总工会秘书长龙大道、中共南京市委书记恽雨裳，以及左联的五位青年作家胡也频、柔石、冯铿等。他们受尽酷刑，拒不屈服，被国民党淞沪警备司令部在龙华寺秘密活埋或枪决。但国民党当局一直封锁消息。宋庆龄从史沫特莱口中了解到事件真相后无比悲愤，她愤怒地说：“正是信奉基督教的委员长把我们最优秀的青年活埋了。”

“他应该对所有的屠杀事件负责！”

“他一开始背叛革命，就开始杀人。因此只要他是国民党政府的独裁者，我就决不在其中任职；如果他也算是个基督教徒，我就不做基督教徒。”

宋庆龄在回忆中乘火车赶往南京。

“九一八”日军进攻沈阳，蒋介石下令不抵抗，白山黑水沦于日本军国主义的铁蹄之下；“一·二八”日军进犯上海，蒋介石又通过各种途径，要求驻守的十九路军后撤退让。日本帝国主义吞并中国的狼子野心早已暴露无遗，亡国的危险威胁着每一个正直的中国人，使他们心头流血，可掌握着军政大权的蒋介石却视而不见，反而集中力量一心一意消灭共产党，剪除国民党内异己，压制其他党派和民主人士。结果是，日寇的进逼越紧，人民和各界爱国人士要求抗日的呼声越高，而蒋介石对爱国者的镇压就越厉害，眼见因要求抗日被捕的政治犯越来越多。这些人都是国民的精华，是日后抵抗异族侵略的中坚。无论是从中华民族生存发展的需要出发，还是从保护公民人身言论自由的人道主义出发，宋庆龄都感到必须设法营救他们，不能容忍这些国家的精英一个个被关押、被杀害。她感到这是一项崇高而伟大的使命。身为“国母”，她必须挺身而出，为民请命，把这些被扣上各种可怕罪名的正直的爱国人士营救出来。想到自己的使命，一股浩然之气在宋庆龄胸中激荡奔突，她站起身来，在列车包厢里来回踱起步子。

杰出的国民党领袖邓演达被秘密杀害，国际友人牛兰夫妇被非法逮捕的事实，使宋庆龄深感此行使命的艰巨。她只能用适合自己的形式，用自己的崇高威望，唤起国民党内有正义感的人，通过一种合法的办法，把那些被特务秘密逮捕、秘密关押，以致面临秘密杀害的爱国志士们，从蒋介石的魔掌中营救出来。

用合法的手段能够从蒋介石手中救出人来吗？宋庆龄再一次估量着、谋划着。蒋介石所以能那样为所欲为地杀害爱国志士，经常靠的是秘密行动。因为即使在他掌权后，国民党也没有一部法律赋予他滥杀的特权。他的许多作为不仅于革命者是罪恶，就是于国民党的法律来说，也完全是非法、违法的。那么阻止蒋介石的有效办法，一是以现存的法律为武器，要求按法律程序办事；二来就是要求把逮捕、审判、量刑的活动公开化。世上多少罪恶都是在暗中进行的，如果放到光天化日之下，蒋介石这个独裁者也不得不考虑舆论的压力、人心的向背。对！紧紧抓住这一点，定能不虚此行。

宋庆龄一到南京，小妹宋美龄立即赶来：“二姐，你要来的话，该提前给我说一声，派飞机去接你。省得坐火车，一路咣当咣当，多烦人哪！”

“好啦，谢谢小妹！看看沿途的风光也是赏心悦目的事嘛。”宋庆龄微微笑着。

“二姐，你这次还是住我那儿吧，咱们好好聊聊。”宋美龄真心地说。

“我改天去你那里坐。住，我还是住陵园吧。我要祭奠中山先生的亡灵，在他身边认真参悟民族、民权、民生的真谛。”宋庆龄的心情沉重起来。

宋美龄的声调也降了下来：“既是这样，二姐请便。有用我帮忙的事，你随时说吧。”

宋庆龄在南京奔走呼号，游说鼓动。她提议组织一个专门的委员会，统一处理政治犯问题。冯玉祥、宋子文、孙科等人表示支持，但遭到陈果夫、陈立夫、张静江、戴传贤、张群、吴稚晖等人的坚决反对。

不久，平地一声惊雷，以宋庆龄为临时全国执行委员会主席的中国民权保障同盟在上海宣告成立。中国民权保障同盟主席宋庆龄，副主席蔡元培，总干事杨杏佛，主要成员有鲁迅、周建人、胡愈之、林语堂、史沫特莱、王云五、邹韬奋、茅盾、郁达夫、王造时、郑太朴、班乐夫等。

中国民权保障同盟的成立宣言称：“这个同盟不是一个政党”，是无党派性的，决不专为一党一派的人效力，不论哪国人，一视同仁。宋庆龄向新闻界发表谈话宣传中国民权保障同盟的宗旨是，营救一切爱国的革命的政治犯，争取人民的言论、出版、集会、结社等项自由。她号召新闻界同人与中国民权保障同盟成员站在一起，共负起促进人类社会进步的使命，为那些羁押在监狱中的大量无名无告的政治犯主持正义，在舆论方面兴起一个有利于自由和正义的潮流。

呵护英华，主持正义，无党无派，一视同仁。这个极具号召力的宗旨使中国民权保障同盟迅速得到了社会各界的广泛响应和支持。

四十三

“夫人，电报!”

“夫人，电报!”

“电报!”“电报!”“电报!”

这一封封电报，都是来自世界各国知名人士的，他们中有政治家、科学家、作家、画家、建筑家、律师等，他们从地球的各个方位发出词恳意切的电报，请求在国际上享有盛名的中国伟大女性、他们最信赖的朋友——宋庆龄女士，从人道主义立场出发，对牛兰夫妇的被捕给予营救。

牛兰夫妇是两位持有瑞士护照的美国人——保罗和格大特鲁德·牛兰。牛兰是“泛太平洋产业同盟”秘书处的代表。这个同盟本身就是“红色工会国际”的分支机构，而更为机密的是，他实际是共产国际的代表，任务是专门协助中国地下革命者的。1931 年 4 月 24 日，原中共中央政治局候补委员顾顺章叛变，供出共产党的许多重大机密。他们夫妇二人以共产党嫌疑罪被上海公共租界的特别巡捕逮捕，然后转交给蒋介石。

其实，营救牛兰夫妇，宋庆龄早在从欧洲回国的第一天就开始行动了。更早一点说，当她还在返国途中路经莫斯科时，就有人告诉了她牛兰夫妇的危难，并请她援助。

宋庆龄仔细阅读这些电报，都是国际上鼎鼎大名的人物发来的，他们中有提出相对论的大科学家爱因斯坦，作家茨威格、罗曼·罗兰、巴比塞、吉斯赫，建筑家格罗皮斯，版画家珂勒惠支，德国国会中最老的议员蔡特金，英国独立工党主席布罗克韦，尼加拉瓜民族革命领袖桑地诺，美国律师达罗以及三位参议员等。

实际上，营救牛兰夫妇的活动有着公开和隐蔽的两个部分。从隐蔽的一面来说，国际上由“红色国际救援会”发起，反动派把这讥讽为“一些苏联特务为了在作案现场被捕的另一个特务而举行的声援集会”。在隐蔽战线上组织救援的，外国方面由左尔格领导，他的公开身份是德国官方报纸的记者，又是秘密的共产党人。中国方面由上海地下共产党领导人潘汉年领导。从隐蔽战线进行救援，是迫不得已的，因为在法西斯式的独裁统治下，有些活动是不便也不能公开的。

在公开的营救活动中，宋庆龄是中心人物。当时站出来为共产党人辩护，是要冒很大风险的，但是她义无反顾。1932 年 7 月，她就组织了“牛兰夫妇救援委员会”，成员中有鲁迅先生，著名女作家丁玲，国民党左派柳亚子，国际知名散文家林语堂，国民政府中央研究院院长蔡元培，实用主义学者胡适等。

宋庆龄不放过一切适当的机会向外界发表声明，揭露所谓“牛兰案件”的真相。不久，她接到“国际非战及反对日本对中国之侵略大会”筹委会的邀请，通知她已当选为筹委会委员及执行委员会委员。她复电同意担任委员，但是不能亲自到日内瓦出席大会，因为营救牛兰夫妇的活动还没有取得胜利。她认为营救牛兰夫妇是当时民权保障运动的焦点。她在上海向租界报纸记者发表谈话说明为什么不能出席这次大会时说：“这次国际大会的男女代表都是为使中国免遭帝国主义侵略而战的战士，面对他们，我不能只是说：你们正在为使中国免于被肢解而战，但你们的友人和同事却在遭受南京政府的监禁和死亡威胁。”

宋庆龄更直接地揭露说："我对这两个政治犯的营救和对这些非法迫害的抗议现正受到南京政府的压制，这个政府派在上海的特务不但禁止中国报刊登载我自己的抗议，连国际上声援他们的消息也不许发表。"

为了抗议监狱方面的非人待遇和迫害，牛兰夫妇在狱中进行了绝食斗争，他们身体虚弱，陷于半昏迷状态。但法院却把这说成"用绝食作为威吓的工具"。为了挽救他们的生命，宋庆龄赶到南京，把牛兰夫妇接到了中山陵园区内的一所房子里，请外籍大夫马海德对他们进行救治。

顶着南京政府的高压，宋庆龄专门从瑞士请来律师，为牛兰夫妇辩护。她一次次到监狱看望牛兰夫妇，公开发表声明对南京政府迫害政治犯的行为进行抗议并要求保释。但是蒋介石一意孤行，坚持要对这两人审判。围绕审判地点，宋庆龄又进行了斗争。她按照法律规定，要求在被告的被捕和被控犯案地点上海进行审判。牛兰夫妇被关在南京监狱，蒋介石原定在南京进行审判，由于宋庆龄的斗争，最后改在江苏省高等法院所在地苏州进行审判。牛兰夫妇被野蛮地判处死刑。由于宋庆龄救援活动的广泛影响，国民党当局并不敢执行死刑，又改为无期徒刑，二人被关进南京的江苏第一监狱单人牢房服刑。

宋庆龄领走了牛兰夫妇年幼的儿子吉米，细心关照他的生活，并经常带他到监狱同牛兰夫妇见面。后来，她把小吉米秘密转移到了苏联。

中国民权保障同盟成立，营救牛兰夫妇的活动被作为同盟行动的一个内容。宋庆龄始终没有放弃争取二人获释的努力，而且实际上取得了效果。蒋介石虽然为了面子，对宋庆龄的救援死顶硬顶，但他终于没敢对二人下毒手。抗日战争爆发后，在日本飞机轰炸南京时，狱卒们打开了监狱大门，听任二人逃出监狱。

牛兰夫妇出狱后，辗转到达上海。宋庆龄把他们安置在一所空闲的公寓里，从自己家里搬去一些家具，使他们隐蔽下来。最后他们也被转移到苏联，直到20世纪60年代年迈逝世。他们的儿子吉米后来做了苏联外交官。

四十四

1933年2月，在上海从事地下工作的几名共产党高级干部，在法租界被法国巡捕逮捕。他们是中共全国总工会上海局书记罗登贤、余文化，中共全总宣传部长、全国海员总工会党团书记廖承志。

廖承志被押着一边走，一边紧张地思考着问题究竟出在什么地方。快到关押处的时候，他终于理清了思路——一定是内部出了叛徒，而且根据同时出卖他们几个人的特点，他判断出了告密者是谁。还没容他想出怎样把自己被秘密逮捕和内部出了叛徒的消息传递出去，他已被带到了法国巡捕房。

一进关押处，廖承志大吃一惊。原来陈赓同志已先于他们被抓了进来。

一见到陈赓也已被捕，廖承志立即感到现在党面临的危险太大了，而且连宋庆龄也会受到叛徒的威胁，因为陈赓两次来上海治伤都是宋庆龄安排的，而廖承志是宋庆龄看着长大的，前不久在巴黎和柏林时，他还与宋庆龄在一起。能够同时出卖陈赓和廖承志的人极有可能也知道他们和宋庆龄的关系。怎么办？必须把这些人被捕的消息尽快通知出去，一方面使被捕的人得到营救，一方面使有危险的同志做好防范。这是刻不容缓的事情了。

廖承志急中生智，立即向法国巡捕说："喂，如果我告诉你们一名真正的共产党人藏在什么地方，能不能减轻对我的处罚？"

第十三章
营救同志

“噢，你肯招供？”法国巡捕似乎不太相信。

“是的，我愿意告诉你们，如果那样能把我释放的话。”廖承志装得很像贪生怕死的样子。

“如果真能抓来可以考虑放你，但你如果欺骗我们，那是要加重惩罚的！”法国巡捕不大相信一个共产党人能这样轻易地出卖同志。

“我现在就带领你们去抓，怎么样？”

两个法国巡捕信以为真，乐颠颠地跟着廖承志去抓人。他们哪里知道，廖承志是要借机把自己和其他几人被捕的消息传递出去。

廖承志三拐两转，带着巡捕到了自己家里。他对法国巡捕说：“你们在这儿守着，我进去看看那个人还在不在。”他一进屋子，立即巧妙地把自己和罗登贤、陈赓被捕的消息告诉了母亲何香凝，请她尽快通知组织营救。

法国巡捕知道上了当，只好把廖承志又押了回去。

但是，消息已经传出。何香凝立即致电全国军政长官进行营救，并且因悲愤过度病倒了。

宋庆龄得到消息，立即赶到何香凝家进行慰问，并且同何香凝研究营救办法。

宋庆龄虽然知道敌人的魔爪已伸到了身边，自己也同样面临着危险，但毫不畏惧。她和蔡元培一起委托上海著名律师吴凯声出面办理此案，并且召集中国民权保障同盟临时执委会议，商议营救办法。

国民党反动政府得知罗登贤等人被法国租界逮捕十分高兴，马上要求把这些共产党要人引渡给他们处治。法国租界答应照办。

宋庆龄气愤至极，首先发表了公开声明《告中国人民——大家一致起来保护被捕的革命者》。她痛斥中国政府与帝国主义狼狈为奸，迫害中国人民的反帝抗日战士。她称被捕者是中国人民最高尚的代表人物，强烈要求释放他们，不允许他们遭受酷刑和死亡。

廖承志是国民党烈士廖仲恺的儿子，宋庆龄的公开信使国民党各派人士都感到国民党要杀害自己烈士的儿子于情于理都说不过去，因此在引渡前，廖承志首先被释放。

廖承志回到何香凝身边没几天，宋庆龄突然只身来到何香凝的客厅里。母子二人非常惊奇，因为这时候宋庆龄轻易不出门，而且从来不会事先不打招呼就一个人上门。她同何香凝寒暄时，给廖承志递了个眼色。何香凝知道他们之间有要事要谈，便借口去拿糖果离开了。

当房间里只有宋庆龄和廖承志时，宋庆龄严肃起来，她凝重地说："我今天不能待久。我只代表最高方面问你两个问题：一、上海的秘密工作还能不能坚持下去？二、你所知道的叛徒名单要马上写出。"

廖承志问："您说的最高方面是指……"

宋庆龄贴近廖承志耳朵："共产国际。"

"好！只要十分钟。"

廖承志奋笔疾书，宋庆龄转身到另一个房间找何香凝去了。当宋庆龄再过来时，廖承志已经把叛徒名单写在一张窄长的纸条上。宋庆龄从随身的坤包里取出一支香烟，把上面的烟丝磕出，迅速将纸条搓成一个小卷，塞进烟卷里面，她干得很熟练，一会儿就好了。接着她把这支"烟"放回烟盒，观察了一下，感到满意了，便对廖承志说："我这就走。"何香凝过来送行，她对母子二人说："都不要出去，我一个人走。"

何香凝、廖承志有些担心地望着宋庆龄，她却淡淡一笑："不要紧，很安全的。"径自走过厨房，出门去了。

根据宋庆龄带出的这份名单，出卖革命同志的叛徒得到了应有的惩罚，防止了更多的同志被捕。

不久，廖承志在母亲何香凝支持下逃出上海，参加了正在长征途中的红军，开始了新的革命生涯。

第十三章
营救同志

四十五

廖承志获得释放，但罗登贤、陈赓等四人却被法国租界引渡给南京政府，增加了营救的困难。

4 月 5 日，宋庆龄率杨杏佛、沈钧儒、伊罗生等中国民权保障同盟成员专程赶到南京，继续开展营救活动。

两辆福特轿车风驰电掣般驶到扬子饭店门前，车门开处，汪精卫、罗文干相继走出。他们被侍者带到宋庆龄下榻的房间门口。

平时趾高气扬的汪精卫毕恭毕敬地走进房间：“夫人亲到南京，精卫有失远迎，望夫人见谅！”

“不必客气，坐吧，兆铭、文干。”宋庆龄指着沙发。

“夫人有何见教，还望明示！”汪精卫身体前倾，恭敬有加。

“我 2 日的电报……”

宋庆龄还没说完，汪精卫就抢过话头：“夫人在电报中说，罗登贤、陈赓等‘罪证既不成立，移提久禁，已属违法。务望力争，由正式法庭审判，勿用军法审讯，以重民权而保司法独立’。精卫句句铭记，定着力使依法办理！”

“好！兆铭，切莫口上答应，手上拖延。”宋庆龄盯着汪精卫说。

“精卫向来心口相应，知其不可者还要拼力而行，何况此事夫人所言于理于法皆为正道者乎？”汪精卫信誓旦旦。

“那好。今天我代表中国民权保障同盟再提出四点要求：一、立即释放一切政治犯。二、废止滥刑。三、给予政治犯阅书读报之自由。四、严惩狱吏敲诈犯人及受贿行为。”宋庆龄身体文弱，出语却是义正词严。

“夫人放心，精卫必以最大之努力，确保夫人所提之要求尽早实现！”

汪精卫、罗文干一走，伊罗生兴致勃勃地说：“今观汪院长所言，罗登贤、陈赓有救矣！到底是夫人德高望重啊！”

宋庆龄呵呵一笑：“此人历来口惠而实不至，今日之言未可轻信，营救之事，还要做艰苦努力。”

杨杏佛插话：“这汪精卫是狗掀门帘——全凭一张嘴，我们岂可因他而误大事。请吧，夫人，我们这就去苏州监狱看望陈赓他们吧。”

宋庆龄带杨杏佛、沈钧儒、伊罗生等人来到监狱看望陈赓，蒋介石派的特务头子张某假意殷勤，陪伴左右，寸步不离，实际是监视他们，不许监狱内外互通消息。

宋庆龄见到陈赓，关切地问道：“腿伤怎样了？”

陈赓朗声回道：“腿伤虽好，心疾却重。”

“安心将养，抗日救国正待将军效力——这狱中气味……”宋庆龄说到这里，巧妙地给陈赓一个眼色，紧接着做出一副要打喷嚏的样子，一个转身。

姓张的特务头子生怕宋庆龄的喷嚏喷自己一脸，急忙转身躲避。宋庆龄却趁掏手帕之机，把一个纸团扔到陈赓脚下。陈赓早已会意，瞅纸团落地，一步上前踩在脚下。

宋庆龄的喷嚏没有打出，用手帕轻揉了几下鼻子说：“这狱中气味太差，要注意狱中通风啊！”

特务头子赶紧说：“我们一定改善，一定改善！”

宋庆龄一行一出狱门，陈赓急忙拾起地上的纸条，原来是党组织给狱中同志的指示。宋庆龄巧借视察监狱之机，接通了狱中陈赓、罗登贤与党组织的联系。

陈赓毕业于黄埔军校，能征善战。孙中山在广州时，他曾参加东征战斗，危急时刻救过蒋介石的命。在蒋介石叛变后他投身于革命根据地的军事斗争。蒋介石特别欣赏陈赓的才能，一直想把陈赓拉到自己手下。这次陈赓被捕，蒋介石非常高兴，多次用旧情和高官厚禄进行引诱。他亲自设宴款待陈赓，答应陈赓一旦“悔过”，就请他出任师长。陈赓知道今天的蒋介石早不是当年跟随孙中山的那个蒋介石，他已经成为孙中山的叛徒，革命的死敌，便冷笑着对蒋介石说：“我陈赓不做你的狗官！共产党员不像你们这些狼心狗肺的东西……要打就打，要杀就杀，对我不要抱任何幻想。”

蒋介石对陈赓一再劝降无效，恼羞成怒，便动了杀机。陈赓的生命危在旦夕。

宋庆龄在南京，眼看蒋介石要下毒手，怒不可遏。为了挽救陈赓的生命，她不顾一切，闯进了蒋介石的府邸。

蒋介石一看宋庆龄来备感意外，不过他马上就换了一副笑脸：

“二姐……”宋庆龄“哼”了一声，蒋介石立即又改口，“啊，孙夫人，中正盼夫人常住南京，参加政府工作，并随时请教，如大旱之望虹霓！今日既来，何不早通报一声，让中正盛装出迎，今突登门，岂不显得中正轻慢？”

宋庆龄一脸怒容，根本不接老蒋话茬儿：“我今天来，只问一句，你打算如何处置陈赓？”

蒋介石脸上掠过一丝无奈，他知道宋庆龄出面干预，事情麻烦了，但也只好硬着头皮说：“陈赓本为不可多得之将才，中山先生生前也颇为赏识，但总理去世后，他因年轻，为共产党所惑，执迷不悟，诚为可惜！”

宋庆龄脸颊潮红：“什么诚为可惜？难道你要杀害他？”

蒋介石支支吾吾：“这个，这个……”

宋庆龄拍案而起：“姓蒋的，陈赓过去跟随你打仗，你打了败仗还是他救了你的命，不然你也活不到今天，这是天下人人皆知的事实！如果你胆敢杀他，在全中国人眼里，你就是忘恩负义的小人！

中国传统最讲知恩必报，你也搞什么‘新生活运动’，天天讲礼义廉耻，现在你却要谋杀救命恩人，你是蒋中正还是中山狼？杀戒一开，你必是众叛亲离，遗臭万年！”

蒋介石被宋庆龄责骂得满面通红，他也自知理亏，只好矢口否认：“孙夫人误会了，我并没有杀他的意思……”

“不杀，你还关着他干什么？难道你想让他屈死在监狱里？”宋庆龄句句紧逼。

蒋介石头上冒出了汗：“我不过是想要他好好反省几天，夫人若信不过，把他带走好了，但是……”

宋庆龄紧紧抓住话头：“你现在就把他找来，你想教训他什么，我来教他！”

蒋介石无可奈何，只得让宋庆龄带走陈赓。算起来，这已是宋庆龄第三次救他了。

使宋庆龄难过的是，对罗登贤的营救没有取得效果，蒋介石生怕夜长梦多，未经审判就把他杀害了。罗登贤牺牲时年仅 29 岁。

四十六

初夏的上海，已是赤日当头，潮热难当。宋庆龄在楼后的花园里对着一丛兰草出神——她心里在为罗登贤的营救无效而烦闷。这时门卫通报，有一位先生求见。

来人西装革履，不待宋庆龄返回客厅，已出现在花园里：“孙夫人好！”

宋庆龄细看之下，是负责上海地下党与她联络的一位交通员：“啊，是你。请到客厅喝茶！”

“谢谢！今天不坐了。邓中夏同志在法租界被捕，他现在还没暴露身份，用的是施义这个名字，请您尽快设法营救。”

“又是法租界！”宋庆龄咬着牙闭了一会儿眼睛，尽量压抑心中的愤恨，“好吧，我这就去安排。”

上海的外国租界，被帝国主义分子誉为“安全与公正的岛屿”，但实际上他们此时却扮演着可耻的角色。他们的巡捕房忙于搜捕革命人士，送给蒋介石去屠杀。在这方面，他们的捕房督察长英国人吉文斯和法国人若贝兹都是臭名昭著的。

邓中夏是中国共产党建党初期杰出的工人运动领袖，曾领导了最著名的1922年京汉铁路工人大罢工、1925年省港大罢工。他参加过共产党同孙中山先生的谈判，促成了第一次国共合作。从那时起，宋庆龄就认识他。1927年以后，他帮助老朋友毛泽东在农村建立革命根据地，他是中国共产党重要领导人之一。

上海著名的女律师史良被宋庆龄请到了家里，她美丽而严峻的面色深深感染了这位大律师，史良感到一种庄严的使命。宋庆龄紧握着史良的手动情地说：“请运用你的法律知识营救一位革命志士。他的名字叫施义，是在法租界被捕的。现在还羁押在租界内。一定要设法为他辩护，争取开释。”

史良为宋庆龄关注革命同志的耿耿赤心感动着，连连点头说：“请夫人放心，我一定尽最大的努力！”

停了一会儿，宋庆龄又说：“你们做律师的，要注意多为被捕的革命者和进步人士进行辩护，这是你们一种特殊优势和职业光荣。你们要通过自己的行动使正义得到伸张，使革命力量得到保护。”

史良为使事情办得稳妥，特意找了她的一位老师共同商量，制定了一个策略：第一步要求不许移提犯人。邓中夏既在法租界被捕，就应在法租界审讯。只要能不引渡给蒋介石，事情就好办了。因为租界内法庭毕竟执行的是比较严格的资产阶级法律，这样第二步就可以按法律程序为邓中夏辩护。邓中夏只是“涉嫌”，不会做出太严厉的处罚，结局会好的。

史良把方案向宋庆龄做了汇报，宋庆龄很满意，嘱咐他们细心查阅材料，做到万无一失。

开庭时，史良以她对法律条文的烂熟和雄辩的口才，折服了法官和陪审团，结果第一审就获得胜利。她们制定的两步计划一次就达到了。

宋庆龄为此十分高兴，诚挚地向史良表示感谢。

上海党组织也暗中派人与巡捕进行交涉，对方答应只要有几百元送来，他们就肯放人。

眼看营救成功在即，不料风云突变。

邓中夏这时是中国革命互济会党团书记，和他同时被捕的有一位互济总会救援部长杜玲英，此人被引渡给国民党淞沪警备司令部后，指认留在法租界的“施义”，真实身份是共产党高级领导人邓中夏。反动派早就想抓共产党“首要人物”，一听说施义乃是邓中夏，星夜上报蒋介石。蒋介石大喜过望，亲自下令，把邓中夏引渡到南京。

蒋介石像当初对待陈赓一样，用高官厚禄引诱邓中夏投靠国民党政府，遭到邓中夏同志的严词痛斥。蒋介石生怕宋庆龄又来干预，放虎归山，干脆不经审判就杀害了邓中夏。邓中夏牺牲时年仅39岁。

邓中夏被害，使共产党失去了一位卓越的领导人，蒙受了重大损失。宋庆龄对此痛心不已，向蒋介石的法西斯独裁统治发起了更猛烈的抨击。

第十四章

面对屠刀

生死之大节，乃见真品性。

——题记

四十七

正在中国民权保障同盟全力为民请命、保护革命志士的时候，它的内部却出了叛徒。

原来，中国民权保障同盟对革命者的营救，把蒋介石政府迫害人民、对革命者滥抓滥杀的反动嘴脸暴露在全国和全世界人民面前，敌人又恨又怕，几次交手之后，他们竟然把迫害的矛头直接对准了宋庆龄领导下的中国民权保障同盟。

一天，宋庆龄收到了特务们用最下流的语言写成的恐吓信。信中说，如果她再为营救别人去和政府为难，她自己就得代替那些人去死——为了证明这些话不是说说而已，信中还夹带了经典性的象征物：子弹。中国民权保障同盟的其他成员也先后收到了这类卑鄙的恐吓信。

面对恐吓，中国民权保障同盟的多数成员付之轻蔑的一笑。为了人民的基本权利，为了帮助爱国志士，他们早将个人生死安危置之度外。杨杏佛甚至重新抄写了他在 1927 年大革命失败后发表的一首表达自己为了民众利益视死如归决心的诗。

当然，并不是每个人都愿意为了他人而献出自己的生命。

中国民权保障同盟北平分会主席胡适就与杨杏佛的想法大不相同。他不愿担负营救革命志士这种危险的工作，在中国民权保障同盟内部闹起了摩擦。

事情起因在杨杏佛视察北平监狱时，当时在狱中的刘尊棋用英文给宋庆龄写了一封信，揭露监狱中的种种黑暗行为，托杨杏佛带出。后来经中国民权保障同盟讨论，宋庆龄签发了这封信。胡适在这封信上大做文章，公开发表谈话，硬说他陪杨杏佛视察时，没有人交信，诬蔑这封信是捏造的。而且声称北平监狱根本没有私刑，犯人受到很好的待遇，从而为敌人攻击中国民权保障同盟提供了炮弹。对胡适这种行为，蔡元培、杨杏佛一再进行规劝。然而，胡适更加变本加厉，又从根本上攻击中国民权保障同盟。他发表文章说："民权保障同盟不应该提出不加区别地释放一切政治犯……一个政府为了保卫它自己，应该允许它有权利去对付那些威胁它本身生存的行为。一个政府要存在，自然不能不制裁一切推翻政府或反抗政府的行动。"

中国民权保障同盟的多数盟员认为，胡适的这些言论，已经不是同中国民权保障同盟其他成员在个别问题上的小争论，而是对中国民权保障同盟根本宗旨的否定和攻击了。显然，他要保障的已经不是"民权"，而是要镇压民众之权。

在中国民权保障同盟中央执行委员会上，一贯对恶势力"横眉冷对千夫指"，对人民大众"俯首甘为孺子牛"的鲁迅终于拍案而起："鉴于胡适之对中国民权保障同盟根本宗旨的攻击和背叛，我提议，开除胡适的盟籍！"

"逐个表决，记录在案。"主席宋庆龄做出决定。

"我来记录。"总干事杨杏佛说。

"我同意开除胡适。"蔡元培第一个表态。

"我同意。"黎照寰举了手。

"OK！"史沫特莱投了赞成票。

"我反对开除！第一，一个组织内部有不同意见是正常事情，怎么能因意见不合就开除人家？第二，胡适是'五四运动'的大将，是当今大名人。开除这样的大名人，岂不是我们这个团体的重大损失？我们这个团体靠什么来支撑？"林语堂首唱反调，独树一帜。

"对于语堂先生的第一条理由，我有不同看法。中国民权保障同盟是一个有着明确行动纲领的组织，那就是营救革命者，保障人民的基本权利。它不是一个可以容纳各种派别的政党，尤其不能容忍反对根本纲领，帮助政府压迫人民，或者为这种压迫辩护的人。因此，我同意开除胡适。”宋庆龄表明了自己的态度。

“我对语堂兄的第二条理由也不能苟同！”杨杏佛放下记录站了起来，“说胡适是名人，因此不能开除，简直像个笑话。胡适是名人，那么我请问，宋庆龄同志是否是名人？蔡元培名气如何？鲁迅比胡适名气如何？茅盾的名气如何？有这么多的名人在，怎说靠谁支撑？而且，首要的问题不在名气，而在对同盟的纲领持什么态度。若仅以名气大小作为取舍标准，那么我看蒋介石名气似乎更大，是否应该先把蒋介石请进来呢？”

会场上发出了笑声。林语堂没抬头，咕哝了句什么。

邹韬奋支持鲁迅的提议。

胡愈之同意开除胡适。

对鲁迅提议的表决结果，出席会议的 31 人，30 票赞成，1 票反对。鲁迅的提议作为会议的决议通过生效。

胡适被开除了。宋庆龄感到有些话还要说，她为此写了《中国民权保障同盟的任务》一文。她说：“胡适身为同盟盟员，又是北平分会主席，竟进行反对同盟的活动，他这种行为是反动的和不老实的。胡适是同意了同盟所发表的基本原则才加入同盟的，但当国民党与张学良公开反对本同盟时，他害怕了起来，并且开始为他的怯懦寻找借口和辩解。本同盟清除了这样一个‘朋友’，实在是应该庆贺的，同时还要尽力防止类似事件及破坏再发生。在这许多基本原则上，我们只有绝对团结，不能容许动摇。”

开除胡适后，国民党当局气急败坏，干脆宣布中国民权保障同盟非法，不许他们再开展活动。

在特务的威逼下，中国民权保障同盟经常租用的开会场所——上海八仙桥青年会不敢再租借场地。于是宋庆龄在上海市区内另找了一个场所秘密开会。但有一次会议刚刚开始，几个贼眉鼠眼的人溜了进来。显然，特务们已经盯上了这里。宋庆龄当即决定转移会场。宋庆龄、鲁迅、蔡元培、杨杏佛等一个个从容撤出，各自乘车散去。不久，他们从不同方向又聚集在黄浦江的一条船上。杨杏佛安排开船。船在江上游弋，会议重新开始。但刚开会不久，两艘摩托艇追了上来，全副武装的警察自称水上警备队，强行登船检查，会议又被迫中断。

面对如此严酷的逼迫，中国民权保障同盟还能不能进行活动，还敢不敢继续为被迫害的革命志士大声疾呼，给予营救？

宋庆龄文弱的身躯里激荡着一股浩然正气，此气充盈天地之间，鬼神亦不敢犯。特务们的宵小之行，反倒使她变得百倍刚强。会议两次被冲散，宋庆龄又毅然选中上海海凌天主教堂作为会议地点，而且把会议时间定在凌晨3点。特务们怎么也不会料到宋庆龄亲自主持的会议能选这个地点、这个时间，因此，会议顺顺当当开了三个小时，把所有议题都进行完毕了。

中国民权保障同盟继续发出强大的声音，争取人民的民主权利，谴责蒋介石对爱国人士的非法迫害，尽力营救着一批批革命者。青帮大亨杜月笙终于憋不住跑到南京，要求蒋介石下决心谋害宋庆龄。在蒋介石的暗示下，戴笠开始制定一项计划，要用最卑鄙的手段，消灭宋庆龄。于是，他们连用“孙夫人”这块牌子，装扮自己是孙中山的忠实信徒也顾不得了。

四十八

寓所门口有蒋介石派遣的特务活动，这是宋庆龄早就知道的事实，但是近来这些人好像行动更诡秘了。来访者提醒宋庆龄注意这一点，宋庆龄淡淡一笑："我知道的。除非他们杀了我，否则就阻挡不了我为人民做事。"

宋庆龄和朋友们看得没有错，令人谈虎色变的军统少将行动组长沈醉，已经躲在了宋庆龄寓所对面的矮墙下边。

沈醉是谋杀宋庆龄行动的直接组织者。当然，他是奉命行事。

给主子卖命谋害他人而不惜自家性命的沈醉，吃点辛苦自然不在话下。

烈日暴晒、大雨浇头、蚊虫叮咬，往常小特务们吃不了的苦沈醉都不放在眼里，他一双眼睛直盯着宋庆龄的门口、窗户，不放过任何风吹草动。

"记下：早上 6 点，女仆燕娥外出，7 点 10 分返回。"

"8 点 45 分，中央研究院院长蔡元培来，密谈 15 分钟，9 点离去。"

"10 点 10 分，宋庆龄打开北窗，佯装眺望对面楼顶鸽子 5 分钟，真实用意待查。"

"12 点 29 分，已查明是共产党的……哎哟！"

沈醉轻叫一声。原来，一只大黄蜂把阴影里沈醉瞪圆的眼睛当成了袭击目标。沈醉迅速用左手拍死黄蜂，但他的右眼皮上已肿起一个红枣大的包来。

"组长！你的眼……"没等小特务把话说完，"啪"的又一声，沈醉一掌压在小特务肩上，把小特务打得蹲在了地上，"不许出声！接着写——已查明是共产党的冯雪峰在两人保护下进入宋宅……"

每天一份详细的监视报告从沈醉手里发出，转给戴笠，再呈蒋介石。

"娘希匹！这有什么用？他们都密谈了些什么？嗯？"想不到蒋介石没有表扬，反而大动肝火。

戴笠回到家里，大伤脑筋：我手下三万六千喽啰，竟没有一个长驴子那么长耳朵的，怎么能听到人家在里面说什么？

还是沈醉有办法："局长，再发愁我们也长不出驴耳朵了。不过我有一计，可以钻进去，贴近听……"

第二天，宋庆龄的女仆李姐上街买菜，被一辆疾驰而来的出租车别了一把，人倒没伤着，只是把菜篮子轧扁了。司机态度奇好，帮李姐重新买了菜，还用车直接送到门口。

一来二去，婚姻刚被破坏的李姐对这个潇洒英俊、出手大方的司机产生了好感，司机趁机提出求婚。

宋庆龄发现李姐很快陷入热恋，听李姐说了二人相逢的奇遇。宋庆龄让她把司机叫到家里，刚问了两个问题，司机就露出破绽，落荒而逃。

沈醉精心设计的打入宋庆龄家中的"美男计"泡汤了。

假司机回来就说："孙夫人看上去极文雅，没想到还挺刁钻，您给我准备的那套话，根本用不上。"

沈醉倒不怪他："这种事情，怎么也编不圆满。孙夫人何等样人，谅我们怎能欺骗得过。算啦！"

"那我们何不硬干？她一个妇道人家，怎能挡住我们？"小特务还不甘心。

"哼，这儿是法租界！不是老蒋的地盘。别看高鼻子洋人抓了共产党交给我们，可他们自有一套鬼名堂。我们真要在这儿动手，那洋巡警就会跟咱们过不去啊。"

"那我们就天天受这洋罪？那天的大黄蜂……"

"对！有了。美男计不成，我们再来个'打草惊蛇计'，逼她自己搬出法国租界。到了政府的地盘上，我们可就……哈哈！"沈醉很为自己的又一条妙计陶醉。

宋庆龄住宅内的电话突然乱响起来，不是响过那边没人说话，要不就是阴森森地恐吓："听着，我们发现有共产党进入你的寓所，改天再来，我们就要开枪，惊着夫人可莫怪我们!”

宋庆龄夜里偶然朝外一望，花园的墙头竟有几双闪着绿光的眼睛。李姐黄昏回来时，还受到几个戴着鬼怪面具的人的纠缠。

没几天，上海市长吴铁城来访。他假意寒暄一番，临走似乎不太经意地说：“夫人住在这里，我们不便派人警卫。听说租界近来治安不大好，万一有个情况，我们可不好向全国人民交代。静安寺那边有所花园别墅腾出来了，如果夫人愿意，我可以安排住在那里，多派些警卫，安全比这里有把握。”

宋庆龄笑笑：“多谢关照！等得空时我先去看看房子再说吧。”

吴铁城满脸堆笑：“那好那好！铁城是孙先生老部下，理当尽心。夫人哪天去看，一个电话，铁城定当安排妥当。”

吴铁城一走，李姐赶紧说：“夫人，要有合适的地方，我看咱们还是换一换。这几天可真怕死人了。”

宋庆龄冷笑几声：“毒蛇果然出洞了，哼!”随即愤愤地把茶杯往桌上一砸，“卑鄙，太卑鄙了！真是孙先生当初看错了人!”

李姐怯怯地问：“夫人，我说错什么了吗?”

“噢，不!”宋庆龄拥着李姐一起坐到了长沙发上，“李姐，是有人想谋害我，因为在这里不便下手，想把我们逼到外面去。我为民族、国家争取光明的前途，虽死何恨！可他们耍鬼把戏，岂能瞒过我?”

李姐恍然大悟：“小特务在这里闹鬼，大官出面装人，原来是一唱一和。夫人，我们可不能上当啊!”

宋庆龄温柔地笑着：“李姐，继续住这儿，你不害怕?”李姐“腾”地站到宋庆龄面前：“我不怕！那些特务再胡闹，我就喊巡警来。”

“李姐，好样的！我们是堂堂正正的人，岂怕那暗中作祟的小鬼！再出门挺起身板来，有人在电话中耍流氓，告诉他们要录下音来追查!”

沈醉小把戏耍尽，宋庆龄仍镇静自若地会客、外出，继续揭露蒋介石政府法西斯统治的本质，救援那些受迫害的革命者。

宋庆龄正义的声音震撼得蒋介石食不甘味，寝不安席。他叫来戴笠，大声吼着：“她救一次人，在我脸上抹一次黑。这样下去，红军打不死我，她也把我抹成二花脸，叫我在这里坐不成！你一定要封住她的嘴，捆住她的腿！”

“校长，别的办法都试过了，不行。可不可以……”戴笠做了个杀人灭口的手势。

“哼!”蒋介石不置可否，转身离开。

暗杀宋庆龄的方案制定出来了，但这件事太重大了，戴笠不敢像对付蒋介石的其他政敌那样说干就干。没有明确的指示，他不敢动手，或者说不肯动手。万一老蒋回头再变卦，或者受到其他压力要洗清自己，那当替死鬼事小，还要落下万世骂名，子孙后代都要不得做人了。更何况，他戴笠对宋庆龄心中也是敬重有加的。

蒋介石长吁短叹，也下不了这个决心。

蒋介石的辗转反侧，却让宋美龄嗅到了一丝气味。

“你一向不是这样的嘛，什么事情让你为难到这个样子?”宋美龄想套蒋介石的话。

“没有什么事情，也跟你没有关系。”蒋介石心情不好，话也说得拙劣起来。

“跟我没关系？没关系你早说实话了，这不是不打自招吗?”宋美龄紧逼了上来。

“说没有就没有，别烦人好不好?”蒋介石竟少了平素对宋美龄的爱怜和顺从。

“谁烦你了，你说清楚!”宋美龄的脾气上来了。

“就是你，你们家的人！怎么样?”蒋介石已到了不能自控的程度。

“哈哈哈……”宋美龄发出一串尖厉的冷笑，“露馅了吧？杜大耳朵这几次来，鬼鬼祟祟，见了我就想往后躲。好事不背人，背人没好事！我跟你蜜月里他就绑架我，这几次来，一定是想对我二姐下毒手，你说是不是？”

宋美龄逼视得蒋介石不敢抬头，但他仍嘴上硬着：“你、你胡说！”

“我胡说，还是你胡说？看，这是什么？别以为我什么都不知道……”宋美龄掏出一张纸在蒋介石面前一晃，不待老蒋看清又迅速揣了起来。

蒋介石以为宋美龄真的看到了戴笠的暗杀计划，顿时面色惨白：“不关我的事！是他们看二姐太不像话，自己搞的，我已经把他们……”

这一下证实了宋美龄的猜测。对二姐的感情使她像一头发怒的狮子扑向蒋介石：“好啊，你这个杀人狂！东边杀西边杀，今天竟然杀到我宋家人头上了，今天我就跟你……”宋美龄抓了几把没抓着，反身抓起了一支手枪。

蒋介石大惊失色，抱着头往后退：“达令，别、别拿枪，你听我说，你听我说……”

宋美龄身着睡衣，早已是披头散发，拖鞋也甩掉了。她双手握枪，两眼发亮，像一个复仇女神，一步一步逼向蒋介石：“要杀我二姐，今天我就先杀了你！”

蒋介石望着黑洞洞的枪口，早已魂飞魄散。他一步步退着：“放下，放下枪，你冤枉我了！”

宋美龄怒目圆睁，牙关紧咬，仍一步步前进着。

“啪！”蒋介石退到了衣架上，衣架摔倒了。蒋介石一惊，一屁股蹲在了地上。

第十四章
面对屠刀

宋美龄停住了脚。

蒋介石坐在地上，突然耍起赖来："你开枪吧！朝这儿打！打死我，你宋家的人，一个也活不了！"

僵持了一分钟宋美龄才开口："也好，今天先寄下这一枪。你要敢对我二姐下毒手，我——"

宋美龄一发狠，枪口朝下，"当——"一发子弹射入了地板，"早晚叫你吃这一枪！"

侍卫们听到枪声，一齐扑到了门前窗下："委员长，委员长！"

蒋介石慢慢从地上站了起来："没有事，退下吧。"

听到蒋介石的声音，侍卫们松了一口气。少顷，又有人疑惑地问："那，夫人她——"

显然，他们又怕是宋美龄遭了不测。

"噢，我没事，让你们受惊了。刚才碰了东西，明天进来收拾吧。"宋美龄声音轻柔，完全不似刚才。

第二天，蒋介石把戴笠的计划撕碎了摔到地下："不能叫她死！"

"那——"戴笠眨巴着眼。

"我说不能叫她死！"蒋介石拉长了声音。

这回戴笠明白了。

很快，根据戴笠理解的意思，沈醉制定了用"车祸"加害宋庆龄的新方案。

杜月笙提供了装有装甲的特种汽车。

戴笠的要求是，要让宋庆龄受重伤，最好是脑震荡，从此神智不清，或者变成植物人，以便蒋介石控制和利用她的名声。但是决不能危及她的生命，这要确保万无一失。

沈醉在南郊军营里做了多次模拟试验，发现只能从宋庆龄乘车的尾部撞击，而且要在她的车子低速或停止时，才能达到这个效果。但是，撞击者却可能丧命。即使不死，也会被法国警察抓起审讯。

为防止其他特务为保命出差错，沈醉自告奋勇亲自驾驶。并且表示，死了为党国尽忠心甘情愿；如果不死，也不会供出这个阴谋，牵连别人。

戴笠对沈醉大加赞赏，在上海最豪华的饭店请沈醉吃饭。戴笠连连给沈醉敬酒："党国有你这样的忠臣，真是幸事！你放心去干！办好了，除了委员长的最大心病，你就是党国第一功臣！你要被法国佬抓起来，我保证把你弄出来。而且从此你的老母和其他家人会受到最优厚的待遇！"

他们查看了地形，选定了动手的路口。沈醉在宋庆龄外出时，几次把汽车悄悄尾追过来，进行预演。只是没有把速度加起来，没有真的往上撞。

戴笠把详细实施方案报给蒋介石，这次蒋介石很满意，夸奖了戴笠一番。

何时实施呢？蒋介石仍然踌躇。

四十九

宋庆龄不屈不挠的斗争使蒋介石恨之入骨，可一看到宋庆龄不仅在全国，而且在全世界享有的崇高威望，蒋介石又十分害怕，生怕触动宋庆龄引火烧身。而宋美龄那晚的枪口也让他心有余悸，但拖下去眼看中国民权保障同盟运动声势愈来愈大，又心有不甘。想来想去，蒋介石想到了"旁敲侧击"。

蒋介石在宋庆龄身边的人中，挑中中国民权保障同盟总干事杨杏佛做第一个下手的对象，"敲山震虎""杀杨儆宋"。

杨杏佛个子瘦高，浑身充满活力。他早年追随孙中山，参加同盟会。孙中山任临时大总统时，他是总统府秘书处收发组长。后接受孙中山实业救国的劝告，赴美留学，专攻科学技术。杨杏佛的思想和翩翩风度，赢得许多在美女学生的好感。宋庆龄就是那时与杨杏佛相识的。杨杏佛回国后，再次出任孙中山的秘书。孙中山逝世后，又任治丧委员会总干事。北伐时期，他在上海配合周恩来策动第三次上海武装暴动，胜利后被选为上海市临时政府常委。自从蒋介石发动"四一二"反革命政变，他就一直开展反蒋斗争，参加过邓演达的中国国民党临时行动委员会；尤其在中国民权保障同盟成立后，杨杏佛以其杰出的才干，代表宋庆龄四处奔波，救出许多同志，是同盟实际工作的主持者。人们曾说，邓演达是宋庆龄的左膀，杨杏佛是宋庆龄的右臂。

1933 年 6 月 18 日，杨杏佛带儿子小佛从中央研究院出来，没走多远，丧心病狂的特务就朝他们乘坐的汽车开枪了。杨杏佛知道自己不能幸免，极力用身体护住儿子。所以小佛的腿部中了一弹，幸免于难。杨杏佛连中数枪，壮烈牺牲，年仅 40 岁。司机也同时遇害。

听到杨杏佛牺牲的噩耗，宋庆龄只觉得天旋地转，她的手在空中抓了两把，重重地摔到了地板上。

她不能接受这个现实。蒋介石暗杀她的计划、制造车祸致她重残的阴谋她并不知道。原来她总以为，蒋介石即使要动手，也得捏造个名目，把人先抓起来，那样总还有个营救的机会。她万万想不到蒋介石执政多年以后，竟然还会使出当年上海滩流氓的手法，进行如此卑劣的暗杀！

只因为要多保护一些民族的精英不被杀害，只因为要争取人民一点基本的民主权利，蒋介石就要视她为眼中钉，必欲置之死地而后快。宋庆龄面对苍天发出一连串质问："孙先生十次起义，五度流亡，致力国民革命 40 年，推翻两千年封建专制，建立起来的中华民国，竟然堕落成了这个样子吗？蒋介石一再表白他是孙中山先生的忠实信徒，是三民主义的继承人，他就是这样对待孙中山先生的追随者，就是这样对待争取民权的仁人志士吗？这就是挂着青天白日旗的国民党总裁干的事吗？这就是挂着青天白日满地红旗子的国民政府的所作所为吗？”

悲愤，如大海的怒涛，如火山的熔岩，在胸中激荡，使宋庆龄不能自持。这不仅因为她与杨杏佛的友谊，不仅因为中国民权保障同盟所从事事业的重大损失，不仅因为这已经表明自己的生命同样受到实实在在的威胁，还因为蒋介石已经彻底撕掉了一切伪装，连最起码的遮羞布都不要了，这个党、这个政府已经彻底烂掉了，孙先生奋斗一生的事业在蒋介石手里已经荡然无存了。

宋庆龄昏昏沉沉地躺了一夜，身体和精神几乎都要垮了。突然，她似乎看到了蒋介石的狞笑，她意识到了自己的责任。如果自己这样被悲愤压倒，那就正中了敌人的奸计。蒋介石暗杀杨先生，想达到的正是这个效果。不！决不能让敌人的阴谋得逞！她要站起来，哪怕迎着带血屠刀，她也要毫不畏惧地前行，揭露敌人，继续战斗！

宋庆龄坐到了打字机前。胸中的怒火和正气通过她的玉指，以雷霆万钧之势，变成了刺向敌人的匕首，变成了鼓舞人民的号角。随着键盘噼啪作响，一篇战斗的檄文清晰地出现在雪白的纸上：

为杨铨被害而发表的声明

宋 庆 龄

……

这批人和他们所雇用的凶手以为单靠暴力、绑架、酷刑和暗杀就可把争取自由的最微弱的斗争扼杀。这就是他们统治人民的武器，也正说明了他们整个政权的面目。……

但是，我们非但没有被压倒，杨铨为同情自由所付出的代价反而使我们更坚决地斗争下去，再接再厉，直到我们达到我们应达到的目的。杀害杨铨的刽子手们要明白，政治罪行必然给他们带来应得的惩罚。

20日下午，杨杏佛的入殓仪式在上海殡仪馆举行。宋庆龄通知中国民权保障同盟的成员前往参加，这将是同盟对敌人白色恐怖的一次示威。特务们借杨杏佛的死继续威胁其他成员，他们故意泄露出新的暗杀名单，上面赫然有宋庆龄、蔡元培、鲁迅等。他们以为这些人将不敢出面，那样他们的阴谋就得逞了。

宋庆龄的勇气由于她外表的纤弱和美丽而更加百倍地显现出来。她把下午的倾盆大雨看作天公为杨先生哭泣的泪水，把疯狂乱舞的逆风看作反动派向革命者发出的淫威。她顶风冒雨，准时出现在殡仪馆门口。

面对一袭素衣、臂挽黑纱、神情肃穆的孙夫人，原准备在这里捣乱的特务们被震慑得缩起了脖子，他们不敢正视宋庆龄那因哀伤而显得美丽、因悲愤而露出威严的大眼睛。

一身正气的何香凝来了，铁骨铮铮的鲁迅来了，无所畏惧的胡愈之、沈钧儒、李四光、茅盾来了……入殓仪式由于宋庆龄的出席而提高了规格，也由于宋庆龄的出席震慑了特务而变得相对平安了，整个仪式显得庄严隆重。

入殓仪式后，一大群记者围住了宋庆龄，请她发表谈话。宋庆龄以激昂的语气指出，尽管现在围着她的人中，就有冒充记者的特务，但是她并不害怕。她说，我昨天已经发表一篇声明，我已经向全世界公告，这是一种有计划有组织的政治性暗杀，我不会被这种卑鄙无耻的手段所吓倒，我将继续坚持斗争。

鲁迅也当场表示，只要我还活着，就要拿起笔，去回敬他们的手枪。

但是同盟执行委员中名气不小的林语堂却没有来。这位以漂亮的散文著称的才子完全被敌人的子弹吓倒了。他说：“死无葬身之地的祸是大可不必招的，与其掉脑袋，还不如做顺民。”他甚至要求同盟从此停止工作，以免同盟的其他会员都被暗杀。

千古艰难唯一死，生死关头辨勇懦。在有的人被死亡吓倒，忍辱偷生的时候，宋庆龄以她的实际行动，塑造了自己不避刀丛剑树、笑傲千古艰难的刚烈女性形象，赢得了万民敬仰，百代流芳。

五十

1935 年冬天，上海地下党又遇到一个万分紧急的事件：党与外界联系的重要通道——电台，被敌人发现，敌人派出大批军警包围了电台所在地区，像篦头发似的挨门逐户搜查，电台不仅无法工作，而且转移出去的道路也被封锁。电台一旦被查获，上海党组织的损失就惨重了。危急之中，上海党组织请求宋庆龄帮助想想办法，能否保住这部电台。电台是最敏感的东西，搞不好不仅帮不了忙，连宋庆龄自己也可能陷入真正的危险之中。宋庆龄仔细考虑以后，决定冒险一试。

宋庆龄拨通了上海市长兼淞沪警备司令吴铁城的电话。吴铁城一听到宋庆龄的声音，立即显出一种受宠若惊的样子：“夫人住在上海，铁城身为地方官，没有为夫人出力，很是惭愧，夫人有什么吩咐，铁城一定尽力！”宋庆龄说，目前正有一事想请吴市长帮忙，只是这事电话上讲不太方便。吴铁城立即表示，马上到孙夫人寓所来。

上次吴铁城请宋庆龄搬家，碰了软钉子，他开始有些不悦，但很快他就感到庆幸，因为宋庆龄没搬出来，使自己没有充当谋害孙夫人的罪人，良心上的自责少了一些。这次听说孙夫人主动提出让自己帮忙，他感到是个立功赎罪的好机会。同时他还在想也许那次的阴谋宋庆龄并不知道，要能通过这次机会再掩饰一下，那就更好了。

吴铁城一来，宋庆龄单刀直入："听说你们在王家弄堂一带查出了电台？"

吴铁城没想到宋庆龄要谈的是这样关系重大的军事秘密，憋了半天才以攻为守地说："怎么，夫人对这样的事感兴趣？"

宋庆龄轻轻一笑："怎能不感兴趣，那电台是我的。"

"你的？"吴铁城大张着嘴，"夫人要电台干什么？这可是犯大禁的事啊！"

"犯禁不犯禁还不在你吴市长一句话。如今许多人用商业电台做生意不是公开的秘密吗？"

"夫人是说那是你的商业电台？你也在做生意？这我可从未听说过。上上下下都知道孔夫人是经商炒股的高手，而孙夫人向来只关心政治啊。"

"你的意思我不会，也不能做生意了？"

"铁城不敢这样说，也没有这个意思。"

"那我问你，我不做点生意吃什么、用什么？难道就啃孙先生去世时留下的几本书？"

"啊呀，夫人要用钱尽可对铁城讲，铁城不才，但既在这里为官，总不能让孙夫人在我眼前忍饥受冻吧！"

"这么说吴市长愿意供应我的开销，那我愿意把电台交给你，也省得我劳神费力。只是我想问一下，吴市长供给我的钱是你的私房呢，还是公款？"

"这个，这个吗？铁城效忠党国，为官清廉，是没有多少私产的。"

"这么说是用公款了，我想知道你以什么名义给我开销？"

"上海地方款嘛，是没有这个项目。不过，我可以向中央申请。"

“咚”，宋庆龄一拳擂在了桌子上，满面怒容地站起来，指着吴铁城：“你明明知道我与蒋介石势不两立才不用他的钱，自己谋食。如今你倒来劝我向他投降。要是我肯让他利用我的名义，他自会把我供奉起来，哪里用得着你来这里装熊装象！既是如此，你请吧！你查着电台，然后连我一起押解到南京请功领赏吧！”

宋庆龄起身要进套间，吴铁城慌了，连忙站起：“夫人息怒，铁城没有来替蒋先生做说客的意思。也不是铁城不肯帮忙，只是，只是，发现那一带有电台发报的事，现在许多人都知道了，不查出结果铁城也不好交代啊！”

“噢？凡是有线索的事你都要查出结果才行吗？那我问你，这上海就有共产党，人人知道，你怎么不抓尽？陕北有红军，全国都知道，你怎么不‘剿灭’？政府里有人贪污，大家都知道，你怎么不破案？我的电台有人听着发报了就得拿住，说来说去还是看我没什么力量，不受当局欢迎吧？”

几句话激得吴铁城满面通红：“夫人错怪铁城了，铁城绝非势利小人。我愿意为夫人出力。只是，现在骑虎难下，铁城也有难处啊！”

“这么说是我话说重了，铁城，坐，快请坐。这么着吧，你只要网开一面，我把电台撤出，今后决不在你的地面上使用，以免让你为难，如何？”

其实，这电台究竟是什么人的，吴铁城心里并没底。当然他开始怀疑是共产党的，但没有凭据。现在听宋庆龄这一说，他也犯犹豫，如果万一真是孙夫人的电台，甭管她干什么，查住了蒋介石也不能怎么样，倒是自己因此落个猪八戒照镜子——里外不是人。想来想去，不如悄悄送个人情算了。

“好吧，夫人，我这就去安排，该搜查的照查，留一条路你撤出，我也好搪塞。”吴铁城说完就要走。

“铁城，让别人去安排，你再坐一会儿，喝杯茶，听我给你弹首钢琴曲子好吗？”

“夫人尽请放心，铁城是心口如一的人，既答应了夫人我决不食言。这事我必须亲自安排，万一别人处理不周，铁城就有口难辩了。夫人的钢琴我改日专程来欣赏吧。”

宋庆龄这次化险为夷，全凭了她的崇高威望和随机应变。

第十五章

反战旗手

日本帝国主义和蒋介石是国内外战争的罪恶根源，反对外战和内战，献身于人类进步、文明、发展的不朽伟业，是宋庆龄的己任。

——题记

五十一

飞机俯冲时尖厉的啸叫，巨型炸弹掀起的冲天气浪，排炮射击引起的大地颤抖，把个灯红酒绿的大上海变成了血火厮拼的边关沙场。

蒋光鼐、蔡廷锴率领的十九路军，不愿中国尽亡于日本人之手，不顾蒋介石“不许抵抗”的严令，毅然奋起自卫，于是爆发了气壮山河的“一·二八”淞沪保卫战！

1932年1月30日上午，旅长翁照垣正在真如前沿指挥所布置各营恢复被破坏的防御工事，值班参谋突然跑来报告：“孙夫人、廖夫人来前线劳军！”翁照垣大吃一惊：“这怎么行？从清晨开始的一场血战刚刚停下，双方已是短兵相接，敌人近在咫尺，孙夫人和廖夫人到这里不是太危险了吗？”他大声喊道：“快去拦住，千万不要到这里来……”值班参谋不等旅长说完就着急地喊道：“来不及了，看，她们已经来了！”

翁照垣用望远镜从观察孔中向外一望，几辆满载慰问品的大卡车正朝这里开来。两位夫人在军部人员陪同下，已经下车步行，往这边走来。多么伟大的女性！翁照垣激动得喉头发颤，急忙跑出指挥所，上前迎接。但没跑出几步，就见头上一架敌机俯冲而来，他一边跑一边大叫：“孙夫人、廖夫人注意……”没等喊完，他只觉得脑后生风，赶忙就地一滚，敌机射下的枪弹在他身后爆起一串一米多高的烟尘。翁旅长一把抓下军帽，望着远去的敌机大骂：“狗日的飞机……”忽然他想起什么，又反身跑回指挥所，一把抓过步话机，下达了一条命令：“各营连注意！现在我们敬爱的孙夫人、廖夫人已经到前线慰劳我们，各营连务必加强警戒，严防敌人偷袭！加强对空观察，确保孙夫人、廖夫人的安全。”

翁旅长二次跑出指挥所时，宋庆龄、何香凝已经来到阵地前。宋庆龄身着毛领呢大衣，脑后挽着发髻，望着阵地前敌人丢下的死尸、遍地弹坑和冒着黑烟的枯草衰木，神态镇定自若，一副久经征战的大将风度。翁照垣集合起部队，抱拳向宋庆龄跑去：“报告孙夫人，我旅在此坚守一天两夜，已打退日军 13 次冲锋，敌人未能前进一步！”

宋庆龄缓步走向已是衣衫褴褛、浑身泥土血污的士兵，摸摸他们的肩膀，掏出一方真丝手帕，为一位士兵擦去脸上的灰尘。看到士兵们还穿着单薄的夹衣，有的重伤号只做了简单的包扎，她的眼睛湿润了。

巡视一圈后，宋庆龄站到了队前。她整理了一下被风吹散的头发，提高了声音讲道：“翁旅全体官兵同志们，日本帝国主义占我东北，又犯我上海，足见其亡我中华之野心。现在，你们以冲天的勇气，正当防卫，捍国守土，恪尽军人之职守，拒强敌于阵前，不惜牺牲自己，誓卫中华之尺地寸草，可嘉可赞！你们是真正的军人，有血性的男儿！有你们这样的军人，中国必不当亡！你们誓同敌人血战到底的无畏精神，民族可赖，民众可恃！我代表上海民众，代表全中国的民众，向你们表示慰问！向你们致敬、致谢！”

官兵把对孙夫人的敬佩和感激之情集中于手掌之上，枪声稀疏的阵地前滚过一阵暴风雨般的掌声。

宋庆龄用和缓了的声音继续说：“今天我们带来了一些慰问品，东西虽然不多，但这是上海人民的心意。看到这些东西，你们应该想到，在你们的背后，站着坚决支持你们抗战的民众！你们的英勇行为已铭刻在民众的心中，也将以光辉的一页载入不屈的民族的史册！今天，我还要特别说一句，廖夫人是听到‘九一八’事变的消息，为了支持国内的抗战专程从法国赶回来的。今天我们带来的慰问品中，有一部分就是她卖掉了自己的字画，用那些钱购买的……”

“向廖夫人致敬!”翁旅长带头喊了起来。

何香凝也讲了话。她除了对十九路军官兵英勇抗战的行动给予嘉许外，还当场赋诗一首：

“倭奴侵略，野心未死，既据我东北三省，复占我申江土地，叹我大好河山，今非昔比!

焚毁我多少城市，惨杀我多少同胞，强奸我多少妇女，耻!你等是血性军人，怎么能咽得下这口气?”

何香凝哀婉激越的诗句又一次点燃了官兵们心中对侵略者的怒火，许多人当场表示，不负孙夫人、廖夫人厚望，要誓死保卫上海。

翁照垣最后代表全旅官兵讲话：“即使战至一兵一弹，也要尽卫土之责，使敌人无越雷池一步之机会!”

翁旅长把缴获日军的两架望远镜回赠给孙夫人、廖夫人，以资纪念，并把一面被炮弹炸去一角的指挥旗送给宋庆龄，表示他们誓同敌人血战到底的决心。

宋庆龄她们离开不久，疯狂的日军又“呀呀”地冲了过来。受到刚才宋庆龄和何香凝慰问鼓舞的将士们，以百倍的勇气冲出堑壕，飞舞的大刀直向鬼子们的头上砍去!

在军部，蔡廷锴军长热情接待了宋庆龄，并向她谈了一些机密情况：“前几天有人把我叫到杜月笙家里，午饭后张静江同我说，上海局势一触即发，十九路军如能撤退，他可向蒋总司令报告。被我顶了回去，结果不欢而散。开战当天，蒋介石又密令其嫡系宪兵第六团在北站下车，企图接替翁旅防务，又被我拒绝。这仗打下去，即使胜了，恐也要受到上面非难。”

宋庆龄说：“天下兴亡，匹夫有责!中国是全中国人民的中国，不是哪一个人的中国。你们守疆卫土，全国民众都支持你们，即令有人想破坏抗战，谅亦不敢冒天下之大不韪!”

蔡廷锴又说："我十九路军从去年10月至今，饷银分文未发，目前作战，武器弹药消耗巨大，军政部却不予补给……"

宋庆龄说："眼下战事正紧，内部摩擦，暂不宜提，恐助敌之士气。但你们的困难，我当发动民众给予捐助解决。"

宋庆龄和何香凝回到家，立即利用她们的威望和社会影响，展开了为十九路军募捐的活动。何香凝在自家门口贴出了告白，请求各界人士为正在与敌浴血奋战的军人慷慨解囊，以尽爱国之心。宋庆龄向海外华侨和全国各地发出呼吁，请他们为祖国不受异族侵略捐献爱心，并且在上海亲自奔走，筹款筹物，经常忙得连饭都顾不上吃。在她们的影响和推动下，海外和国内各界捐款源源而来。新加坡著名华侨胡文虎汇来一万元；上海的先施、永安、新新等大公司和上海《申报》总经理史量才都捐出巨款；山西的阎锡山还派人送来一批迫击炮和600发炮弹；各界普通群众生计虽然艰难，每人所捐有限，但情绪高涨，行动踊跃，令人鼓舞。

宋庆龄在自己寓所辟出一间房子，专门盛放和发放这些款物。这里每天人来人往，热闹非凡。十九路军接到这些物资，士气更加高涨。日本侵略者开始时十分狂妄，曾叫嚣要在48小时内消灭十九路军，结果一次次疯狂进攻都被击退，始终不能向前推进。

宋庆龄和何香凝记挂着身着夹衣在风雪中作战的士兵，发动上海人民缝制棉衣，结果五天之内就赶出了三万多套全新的棉衣棉裤。当士兵穿上这些棉衣的时候，许多人眼里禁不住流出了热泪。

宋子文听到二姐天天在为抗敌的十九路军奔走，便从南京赶来看望。一进门看见宋庆龄眼里布满血丝，人也明显消瘦了，便关切地说："二姐，你这些天太辛苦了，要注意休息啊！"

宋庆龄眼里闪着激动的光芒："前线将士们正在浴血奋战，我辛苦点算什么？这正是为国出力的好机会，正应该抓紧时间多做点工作。再说，这也是对前线将士的鼓舞啊！"

“二姐，我听说为了支援十九路军，你把自己的积蓄都要花光了，这……”宋子文为二姐日后生计发愁。

“子文，你没听说过一句话吗？没有国哪有家！敌人已经打到家门口了，我们还能再为自己算计吗？”

“军队是国家的军队，本应由政府出钱以资军用，你出力、出一点钱是可以的，可是等到仗打胜了，你自己却衣食无着，这……”

宋庆龄呵呵一笑：“你不必为我的衣食发愁。《诗经》里有这样一首诗——”宋庆龄情不自禁地吟了起来：

“岂曰无衣？与子同袍。王于兴师，修我戈矛，与子同仇。

岂曰无衣？与子同泽。王于兴师，修我矛戟，与子偕作。

岂曰无衣？与子同裳。王于兴师，修我甲兵，与子偕行。”

宋子文眼里几乎滚出泪花：“二姐，你的胸襟和见解太令我感动、敬佩了！”

“子文，我们还是一起到前线看看吧。”

宋庆龄拉着宋子文又一次到前线，敌机俯冲扫射，炮弹呼啸，宋庆龄毫无惧色。她指着与日军拼死血战的官兵，对宋子文说：“看，十九路军明知敌人的装备比自己强，而能够不顾一切，以血肉之躯拼死战斗；民众明知自己衣食艰难，还要节衣缩食支援军队，这是一种多么了不起的精神！中国有不可侮的军队，有不可侮的民众，中国决不会因抗战而亡！宋子文，这可是考验每一个人的时候啊！”

“二姐，今天我在这里看到听到的，与南京传说的情形有很大不同。政府中的一些人被这一仗吓坏了，现在首都已经迁往洛阳。但我已经明白了自己该怎么做，你看我的行动吧。”

第二天，宋子文的夫人张乐怡带着大批慰问品来了。

没几天，孙科夫人陈淑英以及陈友仁夫人、梁寒操夫人也都带着劳军物资来到前线。

一个美国记者在淞沪前线采访后，向全世界发出报道：“孙中山先生之宋夫人，德才如玉，刚强正直，爱国义勇，不畏强暴，极力宣传抗敌救国，卓有成效，举目环球，无与伦比，啊——她是一位敢死之救国女杰！”

五十二

又是一个炎热的夏天，又是一个盛夏的8月。

又是一位世界反法西斯委员会派出的代表，又是乘坐国际客轮在上海上岸。

但是，这一次没有军警阻拦。宋庆龄把客人顺利接回。

来人的公开身份是美国教授，他到中国来的正当理由是旅游，顺便会会朋友。当局无可挑剔。

然而，达德教授同样是一位坚强的反法西斯战士，而且此行同样负有秘密而重要的使命。

一个雨后清凉的夜晚，达德教授迈进了宋庆龄朴实的寓所。

高大魁梧的美国教授在娇小的宋庆龄面前却显得格外恭敬：“尊敬的孙夫人，三年前的世界反战大会由于你未能参加，罗曼·罗兰主席和各位代表深感遗憾。这次世界反法西斯大会在巴黎召开，罗曼·罗兰仍是这个委员会的主席，他和许多代表非常希望能在会上见到你的倩影，听到你的声音。主席先生和其他同志特派我前来迎接你。请你这位副主席一定赏光前往，不负大家之念。也莫让我这个特使空来往返啊！”

“达德教授，你太客气了！上次未能出席，实是国内事务所缠。我也非常想念委员会的朋友和同志们，我多么想马上见到他们！还有那曾经产生过第一个无产阶级政权的巴黎圣土，我也多么想去瞻仰凭吊！只是，一来国内还有许多事情，二来国民党当局恐怕不会准许我出国……”

“孙夫人，”达德教授一听就有些着急，“国内的工作永远是紧张的，但你通过这次会议可以更好地了解世界形势，开阔眼界，对今后开展国内工作只会有好处。至于当局方面，我看你只要用正当理由提出，他们未必能够阻拦……”

“教授先生，今天你把世界反法西斯斗争的形势就多给我介绍一些。至于我能否出席，我努力争取，但结果要等一两天后才能告诉你。”

这天晚上，他们谈到很晚。达德教授把自己的斗争经历和世界形势谈得很详细。宋庆龄听得兴致盎然，客厅里不时传出开心的笑声。

经过一番交涉和权衡，证明宋庆龄的确不便出席。

但又不能再让各国的同志们失望。宋庆龄和党组织磋商后，决定委派一名全权代表前去。这个人选最后商定为中共地下党员、上海文化界救国会党组书记钱俊瑞。

钱俊瑞接到史沫特莱的通知，见到了宋庆龄。

“钱同志，世界反法西斯大会将在巴黎召开，我目前出国不方便，你能不能作为我的代表前去参加呢？”宋庆龄完全是一副商量的口气。

“能代表孙夫人前往，对于我来说是太荣幸了。只是我怕自己把握不好哪些话当说、哪些话不当说，哪些该多说、哪些该少说，因为这不是代表我自己，而是代表孙夫人，万一处理不当，恐有负夫人之厚望。”钱俊瑞说得也非常诚恳。

“只要你愿意代我前去，就足够了。至于去时应该注意些什么，我们另约时间再谈，好吗？”宋庆龄显然对这个问题早已有所考虑。

“孙夫人，我非常感谢你给我这样一个很好的机会，我乐于前往，并且力争完成好这个任务。孙夫人几年来在国内反战、反法西斯和营救革命志士的工作，以及所取得的辉煌成效，我这几天认真整理一下，到会上可以向所有关心你的朋友们汇报。这一项工作我自己准备。至于这次会议上的发言等问题，我请夫人另安排时间给予明示。”

“谢谢你，钱同志！具体再谈的时间我另行通知你。”

翌日下午3点，钱俊瑞和达德教授前后脚来到了莫里哀路宋庆龄家中。宋庆龄给他们相互做了介绍后，开始用流利的英语说：

“国际反法西斯委员会的目标你们是知道的，我反对德国纳粹法西斯，反对意大利墨索里尼法西斯，反对西班牙佛朗哥法西斯。你说这个法西斯我们应该不应该反对？”

“当然要反对，而且要反对到底！”钱俊瑞和达德教授几乎是同时回答。

宋庆龄又笑着对钱俊瑞说：“对，你说得对！所以你这次去巴黎开会，就要代表我把这层意思讲透：全世界人民要团结起来，不但要反对希特勒、墨索里尼的法西斯主义，还要反对日本军阀、财阀的法西斯主义，他们都是凶恶的侵略者、压迫者。还有一个卑鄙残暴的蒋介石法西斯主义，它对内压迫人民，对外出卖领土和主权。对于东方这两个法西斯主义，欧美各国人民还不很清楚。达德教授，你说是不是？”

“是。”达德教授说，“这次钱同志出席，要把这点讲得充分些。”

宋庆龄又嘱咐钱俊瑞说：“你应当好好准备一下，多搜集些材料，并且同德意法西斯做对比，指明它们的性质和我们同它们做斗争的任务。要说明我们在这里的斗争同欧洲各国人民的斗争是完全一致的，我们有共同的目标，我们休戚相关。全世界人民都应该起来反对法西斯，反对压迫和剥削，挣脱自己的奴隶地位。”

宋庆龄又向达德教授介绍了中国共产党的统一战线政策。她说：“中国共产党最近发表了一个宣言（指《八一宣言》），做了一个决议（即1935年12月《瓦窑堡会议决议》）。我看很对，我完全赞成。你看过吗?”

“很遗憾，我目前还没有看到。”

“噢，这太遗憾了。”宋庆龄说，她转向钱俊瑞，“你要赶快找一份给教授，翻译给他。如果一时找不到，就把这两个文件的大意给教授说一下，让他尽快了解。这是两个很重要的文件，意义很大的。”

宋庆龄接着严肃地说：“我这样说，并没有别的意思，就是要达德教授也懂得一点中国共产党的主张和政策。达德教授年纪比你大些，钱同志，他斗争经验丰富，他这次陪你去，可以帮你很多忙。他了解一点中国共产党的主张和政策，就可以帮助你、告诉你，在大会上，在小组会上，在个别谈话中，应该着重讲些什么，少讲些什么，哪些东西可以不讲。因为他了解情况多，人头熟，可以帮助你说话时因地制宜，因人制宜，效果好。”

她又对达德说：“你这是初次来中国。你一定会发现中国的情形很糟很糟。但是，请你相信，中国的情形一定会好起来的。中国有个共产党，我看希望就在这里。你们美国朋友中有不少相当了解中国共产党的，比如，史沫特莱、斯诺、格兰尼奇，他们同情和支持中国共产党。我看他们有眼光，有见识。他们也都是我们的好朋友。我和你虽然初次见面，但我相信，我们会成为好朋友的。”

教授连连点头：“是的，我们一定能成为好朋友。”

钱俊瑞和达德教授一起登上了开往法国的轮船。“钱先生，这次有你前往，我总算不虚此行啊!”

“教授，我这次出去，你可要多帮助我，这是我的请求，也是孙夫人的厚望。我们一定要代表她开好这次会议，不能让她失望啊!”钱俊瑞说。

教授深有感触地说：“孙夫人真是一位了不起的人物。她对于中国和世界的了解是那么深刻，那么见解独到。可以说，在我接触到的女性中，她是最伟大的一位，是真正具有政治家、战略家眼光的伟大女性！”

钱俊瑞说：“教授是很有眼力的。在这次会议上，我们要让更多的人了解她！”

钱俊瑞在大会上根据宋庆龄的意思，做了认真发言，结识了不少朋友，也向大会如实介绍了宋庆龄的不少情况。罗曼·罗兰主席听了钱俊瑞的发言和介绍的情况后，在大会上热情洋溢地说：

“你们以为我们卓越的副主席宋庆龄仅仅是一朵香满全球的鲜花吗？不！她是一头名副其实力图冲决一切罗网的雄狮。”

五十三

1936 年 1 月，一个牧师打扮的男子来到莫里哀路宋庆龄的寓所。

来人号称“王牧师”，其实他不姓王，而是赫赫有名的董健吾。当年，毛泽东率领秋收起义的队伍上井冈山，夫人杨开慧惨遭湖南军阀何键杀害，毛泽东的两位爱子毛岸英、毛岸青流浪上海，后来就是被董健吾收留下来的。

宋庆龄笑盈盈地迎了出来：“噢，上帝的使者！欢迎你！”董健吾也拿腔作调：“啊，仁慈的夫人！不知你要向上帝传递什么消息？本牧师愿为您效力！”宋庆龄呵呵一笑：“一个杀人魔王自觉作恶太多，要向上帝忏悔，不知你能不能传达到这个消息？”董健吾眼睛一亮：“果有此事叫我碰上，是本牧师的造化，本牧师敢不竭尽全力？”宋庆龄斜眼看住董健吾：“天堂路远，关山重重，不知牧师可否吃得辛苦？”董健吾从宋庆龄的神态中发觉已不完全是笑话，心里疑惑起来：“噢？真有其事？”稍一停顿，他坚定地说：“纵是赴汤蹈火，只要夫人说出，决无推辞！”宋庆龄严肃起来：“那好，正有一件要事，请你到陕北辛苦一趟。”

董健吾请宋庆龄进一步说明详情。

原来，日本侵略者步步推进，其侵吞中国的狼子野心已暴露无遗，它不仅威胁到中华民族的生存，也威胁到蒋介石的统治。在这种情况下，蒋介石也不得不考虑进行抗日准备。但是共产党问题始终让他感到头疼。军事“围剿”失败，共产党已胜利完成长征，到达大西北，驻扎在陕甘宁外围的东北军、西北军根本不愿同共产党作战，“攘外必先安内”的反动政策已无法推行下去。蒋介石冥思苦想，武力消灭共产党既然不行，能不能换个办法，用政治手段解决？共产党已经表明了愿意共同合作抗日的态度，时机适宜，条件具备。但是，当他决定同共产党谈判时，才发觉当年携手合作的两个党如今确实距离太远了。十年来对共产党“围剿”追杀，两党之间早已断绝了一切联系，现在甚至身边连一个能与共产党联系上的“眼线”也没有了。蒋介石不得不派出几路人马去找共产党，其中一路就是宋子文。宋子文自己也没办法和共产党联系，只好求助二姐宋庆龄。宋庆龄虽对蒋介石背叛孙中山的种种倒行逆施深恶痛绝，早已宣布同蒋介石为首的国民党中央断绝关系，但她想到国难当头，如果老蒋真能与共产党合作，共同抗日，挽救民族危亡，也算是顺应历史潮流，而且符合共产党中央提出的建立抗日民族统一战线精神，是国家的幸事，民族的幸事，因此同意了自己出面，替蒋介石传递这个消息。况且又是大弟弟宋子文相求，宋庆龄对宋子文当初投靠蒋介石也很不满，但宋子文毕竟是一奶同胞，血浓于水，而且在武汉政府时合作共事，是姐弟中比较亲近的一个，他的忙应该帮。

董健吾听明原委，既高兴又担心。高兴的是，蒋介石终于认识到共产党是消灭不了的，只好谈判求和，这既对整个国家的前途有利，也对共产党取得合法地位进一步发展壮大有利；担心的是宋庆龄的安全，宋庆龄现在为蒋介石帮忙，老蒋自然无话可说，如果一旦谈判不成，或日后国共合作破裂，蒋介石以及他手下的那些干将，还不因此而给宋庆龄同志加上“通共”的罪名，威胁她的声誉和安全？

宋庆龄微微一笑，说这些问题她早已想过。第一，1935 年党的《八一宣言》和年底党的瓦窑堡会议的精神她是非常理解并坚决支持的，这件事实际上是在为国共合作搭桥，不论个人冒多大风险也在所不惜；第二，她做这件事并不是公开站在共产党一方，而是站在国共两党之外的第三者立场上，为国共两党的和解谈判进行斡旋，反动派难以找到攻击她的口实；第三，这一切都是在极其秘密的情况下进行的，为的是防止日本间谍和蒋介石身边亲日派的破坏，同时也可以避免其他不必要的干扰。宋庆龄请董健吾尽管放心，不必为自己担忧。

宋庆龄要求董健吾到陕北直接找党的最高领导人毛泽东、周恩来等传递这个消息，请党就新的形势及时做出安排。董健吾的公开身份是牧师，没有暴露过身份，不易引人注意。他收养过毛泽东的儿子，也算和毛泽东有私人交情，是此行比较理想的人选。

听完宋庆龄交代的任务，董健吾热血沸腾，恨不得马上就出发，去执行这项光荣而重大的使命。宋庆龄请他回家做些安排，明天再来取信上路。

……

1936 年 2 月底，董健吾到了瓦窑堡，满指望马上见到毛泽东、周恩来，好把宋庆龄托付的要件呈上。谁知毛泽东、周恩来为准备抗战，已率领部分红军渡过黄河，到了山西的石楼驻扎。在瓦窑堡中央总部的博古等人接待了董健吾。他们用电报把宋庆龄要件的内容汇报给毛泽东、周恩来。

1936 年 9 月，又一位著名的共产党人，与鲁迅一起同为“左联”

发起人的作家和党的优秀宣传干部潘汉年也回到了上海。受毛泽东的委托，潘汉年敲开莫里哀路29号的门，寒暄过后，他首先呈上了毛泽东给宋庆龄的亲笔信。宋庆龄捧信在手，激动地读出声来：

宋庆龄先生左右：

武汉分别，忽近十年。每从报端及外来同志口中得知先生革命救国的言论行动，引起我们无限的敬爱。1927年后，真能继续孙中山先生革命救国之精神的，只有先生与我们的同志们。目前停止内战联合抗日之呼声虽已普及全国，然而统率大兵之蒋氏及国民党中央迄今尚无彻底悔过之心。这种违反孙中山先生革命的三民主义与三大政策之行为，实为国民党大多数党员所不容许而应立起纠正才是。因此我想到要唤醒国民党中枢负责人员，觉悟于亡国之可怕与民意之不可侮，迅速改变其错误政策，是尚有赖于先生利用国民党中委之资格做具体实际之活动。兹派潘汉年同志前来面申具体组织统一战线之意见，并与先生商酌公开活动之办法，到时敬请接洽，予以指导。附上我们致国民党中央的信以作参考。同时请先生介绍与先生比较接近的国民党中枢人员，如吴稚晖、孔祥熙、宋子文、李石曾、蔡元培、孙科诸先生，与汉年同志一谈，不胜感幸。

宋庆龄读完，心潮激荡难平。毛泽东同志对她的无限敬仰之情溢于言表，高度的信任，更使她热流暖身。半天，宋庆龄才开口对潘汉年说："毛主席这样看重庆龄，实不敢当。"

潘汉年说："主席交这封信的时候，口头还有许多交代。主席对您的敬重，句句发自内心，决无半句虚言。这也是我党中央许多负责同志的共识。汉年此次前来，要同国民党进行真正的谈判，没有夫人的鼎力相助，万难成功。敬请夫人一定不吝赐教。"

第十五章
反战旗手

接着，按照中央的指示，潘汉年把这次同国民党谈判的基本立场先向宋庆龄做了介绍，并且申述了党关于组织和建立统一战线的具体主张，请宋庆龄充分利用她的影响，在国民党人士中开展工作，帮助实现两党的真正合作。

潘汉年汇报之后，还拿出了中共中央在8月25日致国民党中央的信，请宋庆龄过目。为了防止敌人的破坏，谈判将在极其秘密的情况下进行，但是党对宋庆龄没有丝毫保留。

听完潘汉年介绍的情况，宋庆龄认真思索了一阵才说："蒋氏其人，我是深知根底的。没有相当外力的推动，他断难举旗抗日。十年来，他手上已沾满了共产党人和民主爱国人士的鲜血。就我个人感情而言，我决不愿与其共事。但共产党深明大义，以国家民族利益为重，不计前嫌，而能诚心与之谈判合作，我深为敬佩。毛泽东同志以如此大事相托，宋庆龄只好放弃自己的恩怨，为推动国共两党的合作竭尽绵薄之力。"

"孙夫人，您分析得太正确了！蒋氏的反动与顽固，我们早就领教了。所以谈判虽开，但决不会轻易取得效果。因此我党的基本立足点是'逼蒋抗日'，不逼，他决不会自动走上抗日道路。为此，我们还要发动全国的民众，包括救国会方面努力配合。但是在国民党中央里面，就得多多借重孙夫人了！"

宋庆龄和潘汉年一起商量了他在南京公开活动的办法。对毛泽东所托须介绍与潘汉年晤谈的国民党中枢人员，宋庆龄分别写信和打电话进行联络。对国民党方面的谈判代表，宋庆龄一一介绍了他们的背景和特点，提醒潘汉年与这些人谈判时应注意的问题，商定了一些具体策略。

"谢谢，谢谢！太感谢孙夫人了。您的谈话等于给了我一只装有妙计的锦囊，对我帮助太大了。"潘汉年临行前发自内心地说。

"不必言谢！为国家民族的光明前途尽力，是每一个有良知的中国人的本分。如果真能实现国共的第二次合作，两党两军共赴国难，驱敌寇于东海，挽国难于危亡，实现民族独立，国家富强，则人民幸甚，中华幸甚，孙先生在天之灵也会欣慰。因为你们所谋求的，也是孙先生革命一生所要致力达到的目标。”

宋庆龄安排的董健吾陕北之行，完全达到了目的，在国民党与共产党高层领导之间架起了对话的桥梁，沟通了双方愿意谈判合作的意向，同时也激发了张学良要与共产党单独联系的意念，以致有了国共十年分裂内战后一系列石破天惊、出人意料重大事件的发生，像张学良、杨虎城骊山捉蒋，蒋介石被迫接受抗日救国的八项主张，共产党从抗日救国大局出发，主动取消中华苏维埃全国政权的称号，被蒋介石追杀了十年的工农红军不计前嫌，自愿改编成国民革命军第八路军，军帽上的红星换成青天白日大帽徽，等等。正是有了这些大事变，才有了中华民族自 1840 年以来反抗异族侵略的第一次伟大胜利。推动第二次国共合作，是宋庆龄为中华民族立下的伟大功勋之一。

五十四

1937 年 2 月，国民党五届三中全会。

这是国共合作以来第一次会议。

当衣着庄重的宋庆龄步入礼堂时，会场沸腾了。代表们纷纷向她起立致敬，她谦虚地向他们示意请坐。许多前排的代表向她伸出了手，他们希望能与她握手，并以此为荣。宋庆龄走上前去，同他们一一握手。“孙夫人好！”“向孙夫人致敬！”温馨的问候由开始的一两个人逐渐汇成一股声浪，一些后排的代表也开始离开自己的位子，想挤到前面和宋庆龄握手。当看到秩序因此有些混乱时，宋庆龄停止了与代表们的握手，她双手高高举起，向大家致意，请代表们在自己的位置上坐好。这时几乎所有的代表都站立起来，一边向宋庆龄行注目礼，一边用暴风骤雨般的掌声表达他们的敬意。

虽然宋庆龄早已宣布同国民党脱离一切关系，但她仍然一直是国民党的中央执行委员。这一方面是许多代表坚持选举她，另一方面蒋介石也愿意她留在国民党中央里面，为他的政权装点门面。

自从1927年蒋介石、汪精卫叛变革命以来，宋庆龄这是第一次出席国民党中央的会议。

她所以出席会议，主要是因为毛泽东在去年的信中要求她利用国民党中委资格多做一些有利于实现国共合作、推动蒋介石走上抗日道路的工作。

代表们对宋庆龄的热情和欢迎，相形之下显然使蒋介石产生了被晾在一边的感觉。蒋介石大为不悦，他站在主席台上，迟迟不肯落座，掏出一块手帕，用一连串干咳发泄他的不满。但是没有人往他这边看，没有人对一个干咳患者发出的噪声有兴趣。

蒋介石再也按捺不住，竟忘记了会议该由谁来主持，自己呼呼地吹起了麦克风，嚷着："安静安静，开会了！"

会上，宋庆龄与何香凝、冯玉祥、孙科、李烈钧、经亨颐等人联名提出了《恢复孙中山先生手订联俄、联共、扶助农工三大政策团结御侮案》。提案说："在过去的6个月中，我们得到中国共产党几封致本党中央委员会的公开信和通电，请求国共再度合作，联合抵抗日本。它证明团结反对侵略者的斗争已经成为全中国人民一致的要求，此事更进一步地为西安事件所证明了。中国共产党既然愿意停止危害本党政治权力的活动，并支持统一抗日，所以本党更加便利来取得恢复先总理三大政策的机会，以挽救本党和祖国免受奴役，并完成我们的革命工作。"

宋庆龄在会上还发表了演说，对这一提案进行说明。她说："救国必须停止内战，而且必须运用包括共产党在内的全部力量，以保卫中国国家的完整。”针对汪精卫之流提出的坚持“剿共”的提案，宋庆龄严正指出：“令人万分遗憾的是，直到今天，政府中仍有个别人士不了解救国必先结束内战的道理。在今天居然还可以听到‘抗日必先剿共’的老调，这是多么荒谬！我们要先打断一只手臂之后再去抗日吗？”

经过西安事变，国民党内部已经发生了很大变化，中共提出的抗日民族统一战线政策被大会原则上接受，正式通过了同中国共产党关系的“四项原则”。

会后，国共两党又多次进行双方合作抗日的实质性谈判。“七七事变”爆发，日本帝国主义已经把一场全民族的战争强加到中国人民头上，国共合作更显迫切。中共中央及时交给了国民党一个《中国共产党为公布国共合作宣言》的文件，并且约定，这个文件发表的同时，由蒋介石发表一个承认中共合法地位的谈话。

但是蒋介石对文件的发表一拖再拖，宋庆龄开始连续发表文章，敦促国民党加快步伐，使第二次国共合作正式建立。宋庆龄重申了孙中山关于“共产主义是民生主义的好朋友”的思想，强调国共合作对挽救国民党“堕落”的意义，希望国民党领导人切实改变“十年反共战争的错误”。

在宋庆龄和各方人士的推动督促下，终于在当年 9 月下旬由国民党中央通讯社先后发表了中共的宣言和蒋介石的谈话，正式宣告了抗日民族统一战线的建立。

“渡尽劫波兄弟在，相逢一笑泯恩仇。”经过了十年内战的国共两党经历了太多的风风雨雨之后，终于实现了第二次合作，从此开辟了中国革命史上的一个新纪元。

第十六章

抗战岁月

一次宋庆龄到南洋女子中学演讲，几天后仅女中校长所居住地区的居民就赶做出了一千多件丝绵背心。在妇慰分会的动员下，上海妇女还赶做了二十万双手套送往前线。当国民党政府准备发行五亿元的救国公债时，十年来宋庆龄第一次没有对政府的决定给予批评，而是从支持政府抗战的角度给予合作。

——题记

五十五

自从“七七事变”发生后，莫里哀路宋庆龄的寓所就成了抗击日本帝国主义侵略又一条战线上的一个指挥部。

卢沟桥事变发生的第二天，共产党就向全国发出抗战宣言，红军随即集结开赴抗日前线。

1937 年 8 月 13 日，日军再次重兵进攻华东门户上海。蒋介石调集 70 多万军队进行抵抗。

宋庆龄看到随着国共合作而出现的抗日新局面，非常高兴。她一直盼望的全民抗战局面已经开始出现，她早已着手进行的抗日实际工作也将收到成效。

一天，大姐宋霭龄笑盈盈地来到宋庆龄家里。宋庆龄一见，亲昵地把大姐扶到沙发上坐好说：“姐，你可有日子没来了，今天怎么有空来看我，我真高兴啊！”

宋霭龄说：“我本来决心不过问政事，一心经营实业，用赚来的钱给国家和那些需要帮助的人办些实事。可现在，日本人打到了家门口，生意也没法做了。国家到了让人打上门的程度，赚钱还有什么用？我听说你正在组织‘妇女抗敌后援会’，这抗日的大事，我也要积极参加。父亲生前一直教育我们要爱国，还有什么比抵抗侵略更能显示爱国的行动呢？需要做什么，我想听听妹妹的想法。”

宋庆龄激动地说：“姐，你今天这席话，使我仿佛又看到了民国初年站在大总统身边那个叱咤风云的大秘书，看到了在中山先生流亡国外时帮他联络党员、重振雄风的好助手。”

宋霭龄一挥手：“英雄不提当年勇。”

宋庆龄说：“真的嘛！大姐。”

宋霭龄说："好了，我想参加你的抗敌后援会，你收不收大姐吧？"

宋庆龄赶紧说："姐，你要参加，最好不过了。姐的精明强干，加上孔先生的财神爷地位，我们声势就更大了。现在已有了廖夫人何香凝，张学良夫人于凤至，孙科夫人陈淑英，蔡元培夫人周养浩等。姐要参加，我们都推举你挂帅如何？你也算是民国总统的秘书、开国元勋啊。"

宋霭龄一绷脸："别瞎扯！我可不是来争什么领袖，我是真心想为抗日做点事。有德高望重的孙夫人在，别人谁也不能越位。"

宋庆龄"扑哧"一下笑出了声："姐，还说别人涮你呢，你这不是拿妹妹开涮吗？"

宋霭龄说："当然也不是我谦虚。你知道我一向不爱出头露面，我在公众场合总是不习惯那么多眼睛，一看那些眼睛盯着，我就冒虚汗。你却和我相反，平时显得羞怯腼腆，一到了大场合，精气神就来了。我悄悄听过你的几次演讲，你在那种时候总是显得神采飞扬，口齿伶俐，如有神助。看得我好羡慕、好嫉妒。你天生是当领袖的材料。爹妈生我们真是太不公平了。"

宋庆龄说："好吧，今天幸亏没有旁人，如果有，人家一定会以为我们的神经不正常，自家姐妹在这里互相吹捧。这个上海妇女抗敌后援会，有姐在，妹妹决不能领衔。开会时我们推廖夫人何老太太挂帅怎么样？她是我们的前辈，是真正的德高望重之人，多年来任妇女部长，在妇女界可是一呼百应的人物。"

"为了保卫中国，保卫上海，当然也是为了保卫咱们的家乡，保住这块生财的宝地，我愿意多出钱多出力。至于组织人事上的事，我不想多发表意见。一切听妹妹的。"

妇女抗敌后援会在拉斐德路何香凝住宅召开了成立大会，何香凝被推为主席，宋庆龄和宋霭龄担任了常务理事，一些国民党军政官员的太太们也出任了理事。在宋庆龄与何香凝领导下，妇女抗敌后援会立即展开工作，进行抗日宣传，训练妇女担任战地护士，号召大家捐钱捐物支援抗日，活动开展得轰轰烈烈。

一天，宋庆龄正在起草一篇论述抗日战争中国必胜、日本必败的文章，她想以此改变某些人只看到日本鬼子的武器装备好，心中不愿亡国又怕战争打不赢的思想。正写到关键处，大姐打来电话，约她过去一起吃晚饭。宋庆龄想赶出这篇文章，回说今天不去了。但大姐说，几个孩子今天都回来了，他们想见“上海娘娘”，还是大家凑一起吃饭，边说边聊的好；要不，晚上他们就过来玩。宋庆龄本来就很喜欢大姐的几个孩子，听大姐这么说，就答应马上赶去。

在宋霭龄家里，两姐妹和宋霭龄的四个孩子令仪、令侃、令俊、令杰一起，热热闹闹地共进晚餐。也不知道是谁教的，这几个孩子经常管宋庆龄叫“上海娘娘”，叫宋美龄为“南京娘娘”。孔二小姐令俊刚在南京宋美龄处住了一段，这天席上她说话最多，大都是关于“南京娘娘”的一些私事公事，大家不时笑着，气氛特别轻松融洽。

晚饭后宋庆龄本想立即赶回，大姐却把她留住了。在避开孩子们的小客厅里，宋霭龄先开了口：“你说说这个小妹，咱们成立了妇女抗敌后援会，她又在南京成立个什么中国妇女慰劳自卫抗敌将士总会。你还知道有大姐在，自己不领衔。她倒好，自任主席不说，还声称她那个慰劳会是全国最高组织，别人建立的组织都得算她的分会，让跟她联系，受她领导。你说这算什么事？”

宋庆龄笑了：“大姐一向不争这种事的，怎么今天倒跟小妹计较上了？”

宋霭龄说：“就是的，我管这事干什么？可不知怎么，想着想着就跟你扯这儿了。”

宋庆龄说：“大敌当前，救国人人有责，小妹又成立个组织不算错。至于说让各地跟她联系，她那里算总会，我觉得也可以。因为抗日嘛，是全国当前第一位的大事。她身为委员长的夫人，世人瞩目，她这样做，无形中就是向全国全世界表明中国政府的抗日决心。”

宋霭龄说：“小妹精力过人，心高气盛，凡事总爱占先。理解的说她胸怀大志，不理解的就以为她贪恋权势。难得你这么看得开，不与她计较，这就好。过去的十年，我们姐妹生分了不少，这一抗日，我们姐妹心倒贴紧了，这才是父亲生前一直希望的……”宋霭龄说到这里，眼圈儿竟有些红了。

宋庆龄赶紧说：“过去的十年，我们姐妹政治观点上有分歧，但并没有真正影响我们的姐妹情谊。现在在抗日的道路上，我们观点一致了，自然更会加强我们的合作和情谊。过去有句话说：万山之中，小者为尊。今天我们三姐妹也来个大让小吧。我看我们干脆把我们的组织改个名字，作为宋美龄的分会也好。不知大姐意下如何？”

宋霭龄说：“说实在的，我都好说。刚才我说的也主要是怕你想不通。既然你能同意，我自然没说的。我看改个名字也好。昨天国民党上海市党部发出一道‘圣旨’，说抗敌后援会的名称只能由他们组织的团体使用，别人再用就是侵权。各种团体必须向他们申请，经审查备案才算合法。我的主张是宁肯把团体投在小妹麾下，也不投他们。”

宋庆龄说：“我们意见一致了就好，这事当然还得征求其他理事的意见。特别是何主席的意见。不过我想把道理讲明白了就好办，我们的目的不就是支援抗日吗？”

经与何香凝及其他理事商议，宋庆龄把自己的团体改名为“中国妇女慰劳自卫抗敌将士总会上海分会”，从属于宋美龄领导的妇慰会。宋美龄听后激动万分，除给二组打过电话外，又亲笔写了一封信，派专人把信送到上海，对二姐胸怀坦荡、磊落无私表示钦敬，对二姐能支持自己表示感谢。

上海抗战爆发后，宋庆龄比上次的热情更高，发动妇女捐款捐物，训练妇女担任照料伤员的战地护士，组织抗日宣传。宋庆龄比以往更忙了。她亲自撰写了大量文章，分析抗日形势，鼓舞人民树立抗日必胜的信心；到处进行演讲，号召人们为抗日出力出钱；向外国朋友介绍实际情况，争取国际力量对日本侵略者的谴责。

一次宋庆龄到南洋女子中学演讲，几天后仅女中校长所居住地区的居民就赶做出了一千多件丝绵背心，经宋庆龄转送给了前线将士。在妇慰分会的动员下，上海妇女还赶做了二十万双手套送往前线。当国民党政府准备发行 5 亿元的救国公债时，十年来宋庆龄第一次对政府的决定没有给予批评，而是从支持政府抗战的角度给予合作。她亲自布置了上海妇女“献金”日，号召大家踊跃购买公债。9 月 5 日一天，仅妇慰分会的常务理事们就购买了 23000 多元。

宋霭龄在妇慰分会中也积极工作。宋庆龄筹备了一次中外妇女联席会议，以便向各国在上海的妇女代表报告中国抗日情况，通过她们向世界揭露日本侵华真相，以使各国同声谴责和孤立日本帝国主义。会议召开那天，宋庆龄偏偏病了，不能亲自出席。宋霭龄当仁不让地登台主持了会议，并且亲自用英语向各国妇女代表进行演讲。她报告了上海妇女救亡运动的开展情况，要求各国妇女主持公道，敦促她们本国的政府联合起来，共同制裁日本。宋霭龄流利的英语和表达的与宋庆龄一致的思想，受到与会代表的一致好评。

五十六

著名的莫里哀路 29 号寓所，现在变得双倍地“安全”了——除了原来的国民党特务日夜在四周监视外，现在又多了一批日本特务。他们不分昼夜地盯着窗里的灯火明灭，窥视着每一个在这里进出的人。

这是1937年11月11日大上海沦陷于日军之手后那个严寒过早降临的冬季。

上海失陷，使国民党的首都南京也暴露在日军炮口之下。蒋介石先是把政府机关迁到武汉，后来又迁到了战时陪都重庆。南京军民对日军进行了殊死抵抗，灭绝人性的日本鬼子在南京制造了惨绝人寰的大屠杀，一次就屠杀中国放下武器的军人和平民30万人，使天地变色，人神共愤，彻底暴露了日本政府宣传的“东亚共荣”的虚伪和欺骗，暴露了日本帝国主义对中国完全是要武力征服和亡国灭种的野心，同时也更加激起了中国军民的抗战决心。

国民党政府西撤。作为国民党中央执委的宋庆龄何去何从？这时要在日本帝国主义占领下的上海坚持抗战显然已不可能，而且也随时面临着生命危险。中共中央非常关心宋庆龄的安全，拍来电报要求她离开上海，最好是到香港开展抗日工作。国民党政府非常希望利用宋庆龄的声望，动员她随国民党政府西撤。不是共产党员的宋庆龄却明确表示要尊重毛主席、周副主席的意见，转移到香港开展新的抗日工作。

中共中央建议宋庆龄转移香港和宋庆龄决定尊重党中央的意见离沪去港，是有着明确的战略考虑的。这时日本帝国主义还没有宣布同英国交战，香港名义上还是中立地区；香港毗邻广州，便于直接同国内来往而支持抗日；香港还在英国人手里，蒋介石对那里不能直接控制，可以少受国民党特务的干涉和监视；在香港可以更方便地同支持中国抗战的外国友人和华侨联系，宋庆龄在广大华侨中有着崇高的威望，她可以方便地把他们捐助的抗日物资收集起来，运送给中国抗日军民。所以当她的联络员李云把中共中央建议她到香港开展工作的电报交给她的时候，宋庆龄立即表示，按毛主席、周副主席的意见办，并开始着手进行准备。

离开上海前，宋庆龄发表了致国际友人的声明。她用铁一般的事实控诉了日本帝国主义对中国的侵略和屠杀中国人民的血腥罪行，呼吁世界各国都来拥护和支持中国的抗日战争，她建议各国政府采取抵制、封锁、制裁的办法去惩罚日本帝国主义，以支持中国的抗日和维护世界和平。她高瞻远瞩地指出，及早对侵略者进行惩罚，也是为了世界各国自己的利益，因为只有这样，才能制止侵略，使其他国家免遭法西斯的入侵。

在西方一些主要大国还沉湎于拿中国做牺牲品，去满足日本法西斯的胃口，而保存他们自己时，宋庆龄的见识已洞穿了时局发展的趋势。可惜他们听不进去，以致后来的情形被不幸而言中：日本帝国主义偷袭珍珠港，给美国造成极大损失；进攻香港、新加坡、缅甸等地，向英国的势力范围伸手，使他们损兵折将，一度处于十分被动的境地……

五十七

一个浓雾弥漫的早上，宋庆龄来到香港岛的一个码头，准备取道海上，前往广州。快要开船时，一位朋友匆匆赶来，一把抓住宋庆龄的手，焦急地说："孙夫人，现在广州每天遭到几十架日本飞机的轰炸，实在是太危险了！广州是一座没有空防的城市，日机在那里简直是为所欲为。为夫人的安全考虑，还是不要去了吧！"

"不！正因为那里现在是抗战前线，我才要亲自去。你不必为我担心。"宋庆龄感谢朋友的关心，却不能接受她的建议。

"夫人，如果那里真有非处理不可的事情，能否改在离城市重要设施远一点的地方，或者就在香港处理最好。日军的炸弹可是不管你身份如何，落在身边就会粉身碎骨的呀!”朋友对宋庆龄前往广州的危险看得十分清楚。

“广州同我感情上的联系太紧密了，当它遭受战火劫难的时候，我不能漠视不管，我要同那里的人民一起，共同保卫这座美丽的城市。至于危险，你不必太担心。十几年前，叛军陈炯明部炮轰广州总统府，我就经历了极大危险，但是我平安地渡过了难关。这次日本帝国主义的飞机也不能奈何我的，而我们的军民却要给侵略者以严惩!”说到广州，宋庆龄柔情似水；说到侵略者，宋庆龄的眼睛里却几乎喷出火来。

宋庆龄挥挥手，毅然上了轮船，没有什么危险能把她吓倒。

日军攻占徐州以后，紧接着兵分两路，一路直扑国民党临时首都武汉，一路从海上进逼广州，企图把他们所占领的地区连接起来。

广州是革命的策源地，早年孙中山在这里建立大元帅府，宋庆龄在这里经历了许多不平凡的日子。现在她住在香港，与广州咫尺之遥。这座美丽的南方城市正在遭受战争的威胁和破坏，使她不能不加倍地关注它。

日军进攻广州，为的是切断中国从海上的对外联系。这些疯狂的军国主义分子，每天出动大批飞机，对广州狂轰滥炸，城市设施和平民的生命财产遭受极大损失。但是英勇的广州人民没有屈服，他们同仇敌忾，竭尽全力保卫自己的家园。

为了鼓舞人民的抗战意志和加强统一战线工作，宋庆龄不顾广州上空每天盘旋不绝的日军轰炸机，冒着生命危险，数访广州。

这一次，宋庆龄得到消息，中共重要领导人邓颖超将亲往广州，帮助组织妇女参加抗日运动。宋庆龄与邓颖超在大革命时期就建立了深厚的友谊，她们在工作、事业上互相支持帮助，并有很好的私人感情。但是1927年以来，她们已有十多年没有见面了。邓颖超这次前来广州，使宋庆龄有了与她当面晤谈局势与重叙友情的绝好机会。宋庆龄十分高兴，她决定自己做得更主动一些，为邓颖超的工作提供方便。

宋庆龄在广州战事最紧的日子亲临这里，广州市长吴铁城为她举行了官方的盛大欢迎会，人民群众则在街道两侧自发欢迎他们心目中的民族英雄和抗战领袖。

宋庆龄加紧工作，为迎接邓颖超的到来做好各种准备，同时全面了解广州的抗战局势，向有关当局提出保卫这座城市的作战意见。

邓颖超受中共中央特派，来广州会见宋庆龄、何香凝等知名人士，鼓舞广州人民的抗敌斗志，以进一步巩固国共合作，加强抗日统一战线。

邓颖超得知宋庆龄已先一步来到广州欢迎自己，十分感动。她们像久别重逢的姐妹，亲切拥抱，互致问候。接着，邓颖超向宋庆龄介绍了共产党关于时局的分析和斗争策略。宋庆龄坚定地表示，要为巩固和发展国共合作，夺取抗战的最后胜利多做工作。然后宋庆龄陪同邓颖超，一起在广州视察，会见有关人士，为邓颖超在这里的工作提供了极大方便。

邓颖超这次在广州活动时间很短，但宋庆龄的风度和热情给她留下了深刻印象。

送走邓颖超，宋庆龄开始对广州进一步视察。对广州这个几十万人口的城市，日军已经投下了10万枚炸弹；到处的残垣断壁，记载着日寇的累累罪行。

宋庆龄来到中山大学附属医院，这里刚有一个从炸死的妇女腹中取出的婴儿。母亲死了，婴儿还完好无损，嗷嗷待哺。宋庆龄非常怜惜，抱起来在他那可爱的小脸蛋上印上一记亲吻，嘱咐医生护士要加倍关心这个小生命。宋庆龄亲抱这个小婴儿的照片和小婴儿的遭遇见诸报端，对揭露日军暴行和呼唤国外支援中国抗战，起到了非常有力的作用。

宋庆龄又来到黄花岗七十二烈士墓，向先烈们敬献花圈；参观了黄埔港等军事设施，勉励抗战官兵和人民群众发扬广州人民反英爱国的光荣传统，狠狠打击日本侵略者。

9月，日本侵略者对广州的进犯加紧。为了声讨日寇罪行，争取国际援助，广州人民决定举行10万人参加的夜间火炬游行。宋庆龄在香港听到这个消息，遂决定亲往参加。许多朋友再一次劝她："广州没有足够的高射火器，弱小的中国空军没有足够的飞机可以升空同日机作战，而且广州的防空预警系统非常落后，只有日本飞机飞过海岸线以后才能发现，而那时距广州的飞行时间不过几分钟了，人群根本无法疏散。10万人的火炬就是敌机轰炸的最好目标指示器，这样的活动太危险了，精神虽然可嘉，冒此风险却大可不必。"宋庆龄坚定地说："抗战必有牺牲。过去没有举行火炬游行，每天照样有官兵和平民死于日机轰炸之中，而今天的游行，实是一种力量和决心的显示，纵有牺牲，对国际社会必有震动，对全国抗战必有鼓励！"

宋庆龄又一次来到广州。游行的当晚，她手持一支火炬，站在成千上万群众的前排，率领大家浩浩荡荡地穿街过巷，呼喊抗日口号，而对随时可能出现的危险，毫无惧色。这个游行示威活动，通过外国记者的笔，传向全世界，为争取世界各国人民和海外华侨支援中国抗战，发挥了重要作用。

宋庆龄在集会上专门对妇女同胞讲话，号召她们辛勤工作，缝制棉被和军服，并且眼光要放得长远，不限于仅仅支援在广州作战的部队，还要把这些军需品送给远在北方作战的军人。她要求每个妇女都要制作一条棉被或者一件军服，而且自己当场捐出了够做几十件军服的款子。

宋庆龄为保卫广州呕心沥血，国民党政府的某些人却以为广州靠近香港，日军不敢攻占，因而不做认真的抗击准备，结果日军一来，他们只好率先逃窜，使广州轻易落入敌手。广州居民大多疏散外地，表示他们不向敌人屈服，不同侵略者合作。宋庆龄在广州沦陷前悲愤地离开这里，回到香港，全身心地投入新的工作。

五十八

挪威，奥斯陆。

大船主克里斯蒂聚精会神地读着挪威援华会成员安桑带来的保卫中国同盟编印的《新闻通讯》，他一会儿轻轻点头，一会儿攥紧拳头在桌上咚咚敲着，过了一会儿，他把小册子往桌上一放，站了起来。

“先生，你认为中国军人同侵略者战斗的精神怎样?”安桑抓住时机问。

“这些军人作战是非常勇敢的！不过，敌人打进家了，叫我也会拿起武器同敌人决战的。”克里斯蒂眼睛并不朝这边望。

“中国军人是非常了不起的！他们只有落后的老套筒，原始的炸弹，却敢于同装备精良的敌人作战，而且打得敌人心惊胆战，这样的军人令人钦敬。”

“我们西方有一句名言：剑短，就向前一步！武器落后当然只能靠勇敢了。”克里斯蒂还是这种口吻。

安桑并不灰心：“武器落后可以靠勇敢弥补，可是他们在寒冷的冬天连棉衣也没有，负伤以后没有药品治疗。我想你在材料上看到了，八路军根据地一位伤员截肢时甚至只能用锯木头的锯子，你不感到他们确实需要援助吗?”

“这种情形是让人同情的，不过我当初创业的时候也吃过不少苦。不经苦中苦，哪得甜上甜？”

“克里斯蒂先生！”

“安桑先生。”

安桑涨红着脸：“这么说，你不准备为那些抵抗日本侵略的战士们提供帮助了？”

“我那样说了吗？”

安桑脸上露出了笑容：“富有正义感和同情心的克里斯蒂先生，那么你准备捐助多少呢？”

“我说过要捐助了吗？”

“什么？你到底还是不愿帮助中国呀！你这个一毛不拔的吝啬鬼！你白白耽误了我半天时间！不同情别人的人，上帝是不会保佑他的！你的船队在海上将遇到风暴，撞上冰山！你将变成一个穷光蛋！到那时，看谁肯施舍你一餐饭吃！你会饿死的！”安桑气咻咻地抓起帽子，转身准备离开。

这时克里斯蒂又开口了：“安桑先生，好大的脾气呀！你不要急着走，我们再谈谈嘛！”

“还谈什么？还要再白白耽误我的时间吗？告诉你，全世界有正义感的人都向中国人伸出了他们援助的手，即使你一分钱不出，他们也将会得到他们需要的东西，他们的正义战争也会取得胜利！”安桑的愤怒之情溢于言表。

克里斯蒂倒不愠不火：“安桑先生，你不惜牺牲自己的时间为中国人募捐，你是挪威人中的俊杰。可是你说话的艺术还欠火候！我早已拿定主意要捐一笔钱，但老实说，并不是因为你的游说，而是因为我刚才读了宋庆龄女士的文章，她那种为了国家和人民的炽热情感打动了我。但是你要知道，我的钱并不是白来的，要我出钱，我是有条件的。”

“要什么条件，你说说看！”

“全世界都知道宋庆龄女士是一位年轻美丽的贞洁女神，我也对她无限景仰！如果她能答应……”

“说，答应什么？”安桑参加的挪威援华会是保卫中国同盟直接促进建立的，与“保卫中国同盟”联系密切，因此宋庆龄不仅是保卫中国同盟的主席，也是这些援华会的精神领袖。安桑对宋庆龄十分敬重，他决不允许任何人对宋庆龄有一点儿不敬。他早把拳头攥得紧紧的，准备这个老家伙一旦说出无礼的话，就给他来个满脸开花。

克里斯蒂对安桑的动作毫无察觉，他依旧沉浸在自己的思路里：“如果她能答应在我的捐款收据上亲笔签名，我立即把钱汇往香港。”

安桑松了一口气，原来是这样。但他立即又想到，这恐怕也是不可能的。全世界每天捐往中国的款项和物资该有多少，如果都要孙夫人一一签名，怎么可能呢？他狠狠地盯住克里斯蒂看了一会儿说：“我看不出你有什么诚意！”说完就往外走去。

克里斯蒂追了出来：“我要捐500万盾，这笔钱足够装备一个炮兵营的！”

安桑头也不回：“你还是把它留给自己用吧！”

克里斯蒂急了，两步追上来抓住安桑的胳膊：“安桑！你无权替中国人拒绝捐款！”

安桑望了望对方，嘴巴微翘，露出一种嘲讽的笑意，什么也没说，走了。

克里斯蒂像一只斗败的公鸡，垂头丧气，望着安桑远去的背影，又鼓起劲喊了一声：“安桑，我等着你再来。”

香港西摩道21号，保卫中国同盟新建会址。

克拉克女士拿着电报悄悄进来，看见宋庆龄正全神贯注地起草一篇文稿，便在宋庆龄身后站住了。

“你好，克拉克！什么事？”宋庆龄问。“啊，孙夫人！你并没有回头，怎么知道身后有人？又怎么知道是我呢？”克拉克惊奇地说。

宋庆龄回头莞尔一笑：“大概是第六感官吧。”

“怪不得那些特务不能暗害你，你有中国神功吧？”

“什么事情，请讲吧。”宋庆龄岔开了那个话题。

“是这样，挪威援华会来电报说，一位挪威船主有意捐款，但他坚持要夫人的亲笔签名。挪威援华会询问是否答应他？”

“噢，有这种事？”宋庆龄疑惑地说。

“孙夫人，我看不必答应。这些实业主算盘拨得很精，说不定他们会拿了夫人的亲笔签名去为他们的企业做广告，他们的捐款是不赔本的买卖呀！”

“嗯，不能排除有这种情况。”宋庆龄未动声色。

停了一会儿，克拉克女士又开口了：“当然，孙夫人声名远播，也许有人出于对夫人的敬意，只不过想借此得个纪念，要是那样的话……那又当别论。”

“好吧，不论哪种情况，只要人家拿出钱来帮助了我们抗日，我签个名又有何不可。孙先生生前常讲，为了国家和人民，牺牲性命也在所不惜。签名比起牺牲性命来，总是小道吧？”宋庆龄笑了起来。

“只是，此例一开，只怕许多人捐个仨瓜俩枣，也要求夫人签名，就不好应付了。”

“回电吧，这个名我签了！”宋庆龄下了决心。

克里斯蒂如愿以偿，非常高兴。他把宋庆龄亲笔签名的原件锁进保险柜，却把影印件挂在办公室里，刊登在报纸上，引得许多人羡慕不已。很快，英国的纺织业主、美国的农场主、加拿大的林业场主、新西兰的渔业主等等，纷纷为中国的抗战慷慨解囊。他们一方面确是为了支援中国抗战，一方面也有得到一张宋庆龄亲笔签名的小私愿。宋庆龄不论工作多忙，只要捐款人提出这方面的要求，她总是给予满足。那些日子，由于宋庆龄和“保卫中国联盟”成员的努力工作，世界各国成立的援华会多达一百多个，各种捐款和物资源源而来，有力地支援了各个战场。而宋庆龄为给捐助人签名，柔嫩的手指上竟磨出了老茧。

五十九

丁零零……

一阵急促的门铃声把保卫中国同盟通讯员潘标叫醒了。他侧身看表，才5点多钟，看窗外尚未大亮。这是谁呢？他赶紧起床出去开门。

“啊，宋主席！你又来这么早？你家里离这里得一个多小时的路呢，你起得太早了呀！”小潘为宋庆龄起早贪晚的工作精神感动着。

“小潘，今天是星期天，来的人一定多，我们还是早做准备，免得人家来了我们准备不好。”宋庆龄笑盈盈地说。

“主席，你昨天回去那么晚，我想你今天可以晚来一会儿，有别人在也就行了，你把自己搞这么紧张，万一累倒了我们工作反而要受损失的。”

宋庆龄笑了：“你还挺会关心别人。其实你在这里有一人不走你就休息不了，有一人来了你就得起，你才是最辛苦的。你累不倒，别人更没问题了。”

潘标摸着后脑瓜：“我是年轻小伙子，累不垮的。”

“噢，那你说我老了吗？”宋庆龄故意板起脸问。

“不不不！经常有人悄悄问起你的年龄，他们没有一个猜你过了40岁的。他们问我时，我总说，你们看是多大就是多大。至于我，虽在夫人身边工作，可人家的年龄是私人问题，我不知道。外面其实有许多传说，说夫人每天用牛奶洗澡，吃中国古代宫廷养颜食品，所以显得特别年轻。其实他们哪里知道，夫人每天这么辛苦，而生活费用才两角钱呢？夫人的年轻，完全是，是……”

“是什么？”宋庆龄追问道。

“天生丽质呗。”

“好啊，你这个小潘，竟然也来孙夫人面前恭维献媚！你想干什么？”

两人赶紧回头，原来是克拉克女士。小潘连忙说：“啊呀，你也来这么早！你们都不过星期天了，让我也过不成。”

“主席都来这么早，我这个秘书来晚了行吗？嗨，你们刚才说什么呢？”克拉克女士问。

“他刚才自吹他是年轻小伙子，意思是说我老了，我正追问他呢。”宋庆龄笑着说。

“哟，谁敢说孙夫人老啊。哎，前几天美国报纸登了一条花边新闻。美国中央情报局有个小特务，发现了孙夫人写的一封信，他如获至宝，把那封信连同一个报告送了上去。但是他不知道那封信是孙夫人写的，他在报告中给夫人编了一个名字，说写这封信的人叫苏西，是一名中共党员，年龄在30至35岁之间，结果中央情报局按这个线索怎么也查不着那个人，到后来才发现信是孙夫人写给一个英国团体的，整个闹拧了。不过这个小特务猜夫人的年龄还是蛮有一套的。”克拉克绘声绘色地说。

“有什么一套！要知道我今年整整46岁了啊。虚度日月啊，我希望能在我50岁之前把日本帝国主义侵略者赶出中国去，我们要加紧为这个目标奋斗啊。”宋庆龄有些伤感地说。

一群美国水手叽叽喳喳地边说边走进来。一个水手指着宋庆龄向他的同伴说：“喏，那位就是宋庆龄女士。”

宋庆龄一眼就认出了说话的这位是常来的詹姆斯，就笑着用英语同他打招呼："Hello，詹姆斯，你指指画画做什么？让人来抓我吗？"

詹姆斯马上跨前一步，站到宋庆龄跟前，恭恭敬敬地说："孙夫人，那位是我们船上新来的亨利，他听说我们每次到香港都要来向保卫中国同盟捐款，常常能够得到夫人的亲自接见，他早就是夫人的崇拜者，所以今天特意和别人换了班，一大早就起来了，没想到一进门就看见夫人在这里。亨利真是好运气！"

"欢迎欢迎！你们这么热心帮助中国人民抵抗侵略，我代表中国人民感谢你们了！"宋庆龄说着向这些美国水手鞠了一躬。

"哎呀，夫人，不敢当不敢当！"水手们慌忙还礼。亨利赶紧上前，拿出一个大信封说："真是不好意思！我们这些人收入微薄，所捐有限，起不了多大作用……"

亨利没说完，詹姆斯又开口了："孙夫人，亨利今天捐得最多，他说他要把烟戒了，多捐一点钱给'保盟'。"

亨利的手在裤兜外面来回摸着，有些局促地说："钱太少了，太不好意思了……"

宋庆龄朗声说："中国有句古话：千里送鹅毛，礼轻情义重！你们也是靠自己的劳动挣饭吃的，你们能够从自己不多的收入中拿出一份支援中国人民的抗战事业，是非常了不起的！你们有一颗金子般的心，我真诚地感谢你们了！"宋庆龄说完，又一次向这些美国水手鞠躬。

宋庆龄转身又问司库邓文钊："他们这是第几次捐款了？"

邓文钊回答："美国总统轮船公司水手捐款，已经是第七次了。和他们相当的还有加拿大轮船公司的海员们。"

宋庆龄同水手们一一握手，水手们表示下次船再停靠香港，一定再来。詹姆斯和亨利还说，他们要为保卫中国同盟多做宣传，争取在他们家乡口岸的工会组织里多募捐一些，让更多的美国劳动阶层群众向中国人民伸出支援之手。

这时门外又来了一些人。有一群英国船员，也是每次停靠香港必来的。还有一些其他国籍的工人职员，他们所捐数量虽不多，却同样怀着一颗真诚的心。宋庆龄热情地欢迎他们，同他们亲切交谈。一直忙到晚上 7 点多钟，来人才少了下来。为了中国人民的抗战大业，宋庆龄在香港期间差不多每个星期天都是这样度过的。

六十

一次，宋庆龄参加香港知名人士的一个集会，散会后，那些人都乘上豪华漂亮的小汽车，一溜烟似的离去了。因会议地点距保卫中国同盟总部不远，宋庆龄连的士也没叫，就步行回去了。走到半路，香港总督罗富国从后面赶上来。他一见孙夫人在烈日下步行十分奇怪，立即下车同宋庆龄打招呼："你好！孙夫人。我知道早晨散步是一种有益健康的锻炼，难道孙夫人喜欢中午散步吗？"

"是啊，每个人的习惯有很大不同呢！"宋庆龄幽默地说。

"嗯，是不是你的车子今天出故障了？"总督有些不相信孙夫人有中午散步的习惯。

"中国有句老话叫安步当车，如御清风。这份潇洒并不是非等车子出了故障才能享受的。"宋庆龄边走边说。

"这种潇洒真是不可思议。"总督摇摇头，钻进了汽车。

总督一离开，与宋庆龄同行的名誉司库法郎士教授再也忍不住了："孙夫人，我必须说：你一定要配一部汽车了。否则，我这个司库也颜面无光。"

宋庆龄只是笑笑，没有说话。

一会儿，法郎士教授又开口了："买车的事我下午就去办！"

这回宋庆龄严肃起来："不，你没有权力这样做！"

第二天一早，一向只见人们紧张有序地工作，不大听得见高声说话的保卫中国同盟总部，却传出了高声的争论。

"现在连逃难来香港的高级难民都有自己的私人汽车，而我们的孙夫人，堂堂保卫中国同盟的主席却没有车子，每天上班竟要在路上花费一两个小时，出去参加会议要步行，这太不成样子了。这部车子我坚决主张买，这也是为了工作需要，为了提高我们的工作效率，而不是要什么享受！"

"我同意，买一部汽车是光明正大的事，任何人都不会说什么的。比起某些政府官员来，'保盟'的人员已经是最廉洁的了。"

"是啊，我们都是志愿服务者，绝大多数人不从'保盟'领一分钱的工资；就是那两三个人，也是因为生活无着，不得不从这里领取最低标准的生活费。难道为了工作需要买部车子还会有人说什么吗？"

"当然，买了车子也不是只为了宋主席，可以算作工作用车，谁有事谁用，这是天经地义的事。"

几乎是众口一词，那还争什么呢？就在这时，宋庆龄那清丽的声音响了起来，声音虽不高，却是斩钉截铁一般："不行！'保盟'的钱只能直接用于抗日大业，其他的项目一个铜板也不能动。"

"这……买了车子工作效率提高了，我们可以为抗日做更多的工作，这并不矛盾啊！"

"不行！"宋庆龄没有一点松动的口气。

一直沉默的贝特兰慢悠悠地开口了："我有一个主意。我们不必动用'保盟'的捐款，而在我们的刊物上或者其他报纸上发一篇记叙宋主席日常生活的文章，把她的生活情况向外界透露一些，这样一来，我想有人也许会直接捐一部汽车，这不是很好地解决矛盾了吗？"

“根本不用兜那个圈子，我可以在英国或美国动员汽车制造商捐一部车子来。”克拉克顺着这个思路想起了更好的办法。

“好了，这个话题不要再说了。其实真要买车，别看我生活不富裕，买车的钱我还是有的。所以不买，就是要造成一种抗战时期艰苦奋斗的风气，以此来激励人民，警戒政府官吏，也给捐款的外国朋友和华侨一种信心。为了这个重大的主题，每天多跑几步路算得了什么呢？”

车子问题就这样搁下了。

宋庆龄正准备外出，一位西装革履的先生跨进门来。宋庆龄感到有些面熟，还没等反应过来，那位先生上前一步，双手抓住宋庆龄的手，无比热情地说：“啊！孙夫人，近来可好？我在美国这几年可想念你啦！我从报纸上看到你创立了保卫中国同盟，发动募捐，支援抗日，成就卓著，真令我激动。”

宋庆龄这才认出，原来是参加中国民权保障同盟，而在杨杏佛遭暗杀后吓破了胆，离开中国到美国去的林语堂先生。

毕竟是一道工作过的朋友，况且在那样的恐怖环境下，也不能要求每个人都能置生死于不顾，所以宋庆龄并不过分计较林语堂那时的表现。她还是很高兴地说：“林先生，你在国外这几年可好？谢谢你在美国还关心祖国的时事。”

林语堂有些难为情地说：“上次离开我们团体的时机不太合适，现在回想起来，还真有点不好意思！不过，孙夫人，这次我决心回来和全国人民一起，投身抗日，不把侵略者赶出中国，我决不离开！”

看林语堂语气坚决的样子，宋庆龄完全把它当作了真心话，笑着鼓励他说：“好啊，林先生是大才子，能在国难当头之日，回来以身许国，我们的抗日战线又多一支如椽大笔，定能挞伐敌顽，鼓舞人民，促胜利早日到来！好事啊，我们该隆重欢迎才是。”

一阵寒暄过后，林语堂逐渐把话题扯到了他预先算计好的地方：

“孙夫人，我听说你们在美国募集了一大批前线急需的药品，是吗？”

“噢，林先生情报很灵嘛！”宋庆龄笑着打趣说。

“哪里，孙夫人的活动我历来是很关心的。”

“难得！难得！”宋庆龄赞叹道。

“哎，孙夫人，你们募捐来的东西运回来海关不会征税的，是吧？”林语堂装作不懂似的问。

“人家白送的东西，运回来让抗战将士白用，如果征税，我可没有钱交付。”宋庆龄并没有多想林语堂问这有何打算。

“那你们往国内运送也必定能优先保障？”林语堂继续探询。

“我们会设法和各方联系，只要在中国的军队能够控制的范围内，都还是好办一些的。”宋庆龄坦诚相告。

“呵，夫人，实不相瞒，语堂这次回来，有一点小东西遇到麻烦。我跟随夫人工作几年，知道夫人是最乐于助人的，所以，所以今天冒昧提出，还望夫人能够有所照顾。”林语堂期期艾艾，终于把此行的目的讲出了。

“不要紧的，林先生，你如果有困难，我一定设法帮助。究竟什么事，你说无妨。”

“咳，咳，是这样，我在美国几年，节衣缩食，其他东西都没有添置，就买了一部雪佛兰轿车，全家视为珍宝。这次回来参加抗战，我还想让它发挥作用，所以就带回来了。现在才知道，这东西入关要交纳高额税款的。我一介穷书生，本没多少钱，买了车就什么也没有了，哪里还有钱再去交税？所以，我想，能否把它和你们募捐到的东西放在一起，运进关来，然后，再一起帮我运到重庆？”

又是一个汽车问题！

宋庆龄皱起眉头，静静地想了一下。按说祖国正在危难之中，既是回国抗日，就应该一心一意为国着想，大家都在勒紧裤带支援抗日，他却想借抗日之名，往回夹带高档消费品！这与许多爱国志士的行为相去何远？本应斥责他这种行为的，但考虑到他这个人往往私心重一点，已是老毛病了，一时也不好改。算了，甭管怎么说，他是在国难之日回来参加抗战工作的，照顾一下得了。于是便缓了缓口气说："如果那么办，恐怕要在车子里面放一些药品。"

林语堂闻言一惊，脸都有些变色，急忙说："那可不行！你想，我的汽车是新买的，里面的坐垫椅套都是崭新的，如果一放药品，还不给我弄坏了？即使不坏，经长途运输也得弄脏，那样到了重庆，我还怎么坐呀！不行，可不行！孙夫人怎么会想到往我的车子里放那些东西？"

一阵恶心袭上宋庆龄心头。和五年前被特务子弹吓坏，声言"与其掉脑袋，不如做顺民"的那个林语堂还完全是一个腔调，一个思维模式。他心里只有自己，哪里能想到国家和人民？宋庆龄还真以为他这几年对以前的行为有所检讨认识呢，没想到还是老样子。

"如果不能在车里面放东西，'保盟'恐怕就爱莫能助了。纯粹地夹带走私，当局会查出来，在'保盟'那些志愿服务的工作人员面前也不好交代。"宋庆龄不得不据实相告。

林语堂刚进门时那股风流倜傥的劲头一下子没有了，人变得那么猥琐。他眼里闪出一股不满的光，悻悻地站起来走了。

林语堂走出门时，宋庆龄目送着他的背影，满脸是鄙夷和不屑的神情。

汽车，在人们生活中究竟是一种什么位置？汽车在人们生活中的重要性究竟如何？不同的人也许有不同的看法。不过，从两个汽车的故事中，人们倒真是可以感受到人的不同品质。

六十一

抗战事起，红军为挽救民族危亡，主动接受改编为八路军和新四军。开始，蒋介石政府还发给这两支部队一些军饷和武器弹药，但时过不久，蒋介石看“溶共”企图不能实现，就停发了八路军和新四军的一切供应。不仅如此，国民党部队还不断制造摩擦，甚至配合日伪军向八路军、新四军进攻，妄图消灭这些共产党领导的抗日武装。在八路军、新四军得不到国民党政府供应的情况下，宋庆龄领导的保卫中国同盟毅然挑起了支援八路军、新四军的重担。她把募集来的药品、物资大部分分配给了共产党领导的部队。这并不是什么秘密。宋庆龄每年都要公布保卫中国同盟募集款项和物资的清单，同时也公布这些款项和物资的分配去向。这些清单清清楚楚地表明，保卫中国同盟完全是为抗日尽义务，它是十分廉洁清白的。在保卫中国同盟里面，没有一分钱被私吞，没有一分钱去向不明。但是，蒋介石政府有些人闭眼不看这些，他们想的是让保卫中国同盟把所有的物资全交给他们，而不让共产党部队得到这些帮助。

在香港的一次集会上，一名国民党报纸的记者向宋庆龄发起了挑战。这个每说两句话就要故作潇洒地把头发向后甩一甩的记者，操着公鸭般的嗓音说：“尊敬的孙夫人，‘保盟’的账目每年公布，账目清清楚楚，说明没有人贪污挪用任何东西，这很让人佩服。但是，从公布的情况看，你们把大部分东西都分配给了八路军和新四军，这好像不大公平吧？政府的军队也在抗日，而且是在正面战场担负着主要作战任务，你为什么不能对所有抗日部队一视同仁呢？”

本来对这种没有预约的采访，宋庆龄完全可以不予理睬的，但她感到这是揭露蒋介石、表明保卫中国同盟观点的好时机，就转身向着所有的人，高声说道：“我很愿意回答你的问题。在对待所有抗日部队事情上，目前的确存在着一种不公平的现象。我先问你，对各个部队发饷和供应武器弹药以及医药军需物资的情况，你是否做过系统采访比较呢？就拿最近一年的情况来说，汤恩伯的部队发了多少饷，供应了多少物资？陈诚的部队发了多少，供应了多少？而朱德和叶挺的部队又发了多少，供应了多少？你有没有这方面的数字呢？如果有，请你先公布一下！”

那个记者垂下了头：“夫人，我没有。”

“你没有没关系，我不会为难你。但是你应该学习用事实说话，作为一个记者来说，这是很要紧的。现在我来说说这方面的情况。‘保盟’公布的账目你已经看到了，不用我再重复。而账目中的一些项目，我们还是做一点分析的好。‘保盟’对‘中国红十字医疗救济会’的援助，主要是对国统区的；对国际和平医院、八路军、新四军、鲁迅艺术学校、抗日军政大学的援助，主要是对共产党领导地区的；而其他对中国工人、战灾孤儿、难民救济等项的援助，则是两种地区都有。这就说明，‘保盟’对所有受援助者是一视同仁的。当然从援助数量上看，是对共产党领导的部队和地区多一些，这不必讳言。原因嘛，有两点，一是‘保盟’所有款项均来自其他捐助人，有些捐助人在捐款时是指明了接收对象的，比如，英国工业家捐赠的大型救护车，就是指明要给国际和平医院的，‘保盟’只是代收代转，不能违背捐助人的意志而挪作他用。第二点嘛，我们完全根据需要来分配。有人曾经说过这样的话，政府在中国的抗日部队中，画了一条人为的虚线，在虚线这边的，发饷、保障一切供应，还有实力雄厚的官方援助机构的关照；在虚线那边的，对不起，什么也没有！在这种情况下，‘保盟’的援助如果不区分重点，才是对所有抗日部队不公平的。华北和长江中下游游击区的部队，抗击着侵华日军至少一半以上，他们承受的战争压力最大，作战任务最重，而物质条件却最差。他们只能用老式的步枪、土制的手榴弹，甚至刀剑棍子和拳头，跟具有各种现代技术装备的敌人作战。他们没有后方，由于不甘心做奴隶，许多人离开了自己的工厂和农田，因此特别缺少衣服和粮食。他们已经有三年没有得到任何武器和金钱的援助，国内政治的封锁使他们没有医生、外科器械和药品，甚至就是国外友人送来的，他们有时也得不到。在这种情况下，‘保盟’给他们多一点的援助，应该说是争取一种平等的待遇，这完全是光明正大的。”

宋庆龄说：“我们帮助游击区建立了四个国际和平医院，在陕北设立边区孤儿院，在南方帮助新四军建立医务所。我们为华北荒山上的游击队战士呼吁毛毯、手套和其他慰劳品，因为中国所有的战线，没有比那里更需要这些东西。我们为西北边区住在窑洞里的营养不良的儿童索取药品、维他命丸和护理经费，因为我们知道在中国，没有其他地方的儿童像这里的战争孤儿一样靠这样一点稀少的食物活着。”

“孙夫人，我从你刚才的讲话中听出来了，‘保盟’为中国抗日部队所做的是一种雪中送炭的工作。你们的工作将鼓舞和帮助所有不屈的中国人同侵略者战斗到底。你们的工作太有意义了！”一位新到中国的外国朋友挤到宋庆龄跟前热烈地说。

“哎，这位记者先生！孙夫人对你的回答和刚才这位朋友的评价你记下来了吗？这些内容你敢不敢在你的报纸上如实发表啊？”一位大胡子的澳洲朋友盯着刚才那位发问的记者大声问道。

那名记者在众人的注视下，只好又站起来。他晃晃手中的笔记本，喃喃地说：“我记，记呢……”

“能不能拿出来让大家看看，是不是照孙夫人讲话原文记录的？啊？”大胡子说着，有些嘲讽地笑了。

记者有些紧张，赶紧把本子夹了起来：“这，这没什么好看的……”

不少人看着这个记者先狂后窘的样子笑了起来。

“好了，不要难为他！他也是奉命行事，吃这碗饭不容易。”宋庆龄站起来为这位记者解围了。

记者赶紧向宋庆龄鞠躬：“多谢，多谢孙夫人关照！”

后来，宋庆龄的这些讲话在一些报刊上陆续发表出来，读者从这里看到国民党政府对八路军、新四军的不公正待遇，对这些真正抗日的队伍同情更多、支援更大了。

六十二

1941 年 1 月的一天，宋庆龄还沉浸在为新四军募集两万条毛毯运动以及募集蚊帐、奎宁（抗疟疾药）胜利的喜悦中，精心筹划如何为这支部队募集更多的东西，给予更大的支援。因为宋庆龄同这支部队有一种特殊的感情。新四军的军长叶挺，在许多重要的历史关头，由于出色表现，受到宋庆龄器重，并结下了深厚的友谊。军阀陈炯明叛变并炮轰总统府时叶挺任广州孙中山总统府卫队军官，他勇敢地保护了孙中山和宋庆龄安全脱险；在按照孙中山遗志进行的北伐战争中，叶挺英勇善战，一路斩关夺隘，成为常胜军的“铁军”名将；蒋介石叛变革命后，在共产党领导的南昌起义中，叶挺和宋庆龄都是当时成立的革命委员会成员；当宋庆龄在柏林流亡时，叶挺也是流亡的同志之一；叶挺出任新四军军长后，又曾秘密到香港拜会宋庆龄，请求保卫中国同盟对新四军实行医疗援助。

但是宋庆龄的好心情很快被破坏了，因为她从八路军驻香港办事处主任廖承志那里听到了蒋介石发动“皖南事变”，袭击新四军的消息。当这个消息来到的时候，她又一次陷入极大的义愤之中……

抗日战争进入最关键的 1941 年，国民党中对日妥协投降、对内反共分裂的右派势力又一次抬头。蒋介石看到由红军长征后留在南方坚持游击战争的八省健儿组成的新四军在抗战中一步步壮大，生怕日后威胁他的反动统治，就下令新四军离开已经建立起来的抗日根据地，开到黄河以北地区，企图借日寇之手消灭这支共产党领导的抗日武装。但是当新四军奉命北进的时候，蒋介石却迫不及待地亲自下手了。他命令顾祝同等部纠集七万多兵力，向新四军不到1万人的部队发动突然袭击，使这支英雄的部队仅有两千余人突围，而大部分壮烈牺牲，叶挺军长被俘。

宋庆龄悲愤难忍，她拍案而起，联络何香凝、柳亚子、彭泽民，共同起草了一封致蒋介石及国民党中央执行委员、监察委员的公开信，信中说：

> 抗战进入第五年度，敌人失败之局已定，我国人自当坚信而共作决心以赴之……然而最近则有讨伐共军之声，甚嚣尘上，中外视听为之一变。国人既惶惶深忧兄弟阋墙之重见今日，友邦亦窃窃私议中国之势难保持。倘不幸而构成剿共之事实，见仅过去所历之惨痛又将重演，实足使抗建已成之基础堕于一旦；今势所趋又非昔比，则我国家民族以及我党之前途将更有不堪设想者……

宋庆龄在信中痛陈团结或分裂对国家民族及各党派的利害，愤怒谴责蒋介石集团背信弃义、袭击新四军的罪行，呼吁“撤销‘剿共’部署，解决联共方案，发展各抗日势力，保障各种抗日党派”。

蒋介石闻听宋庆龄等写的这封公开信，慌了手脚。他急令国民党政府驻香港办事处采取紧急措施，扣留公开信。他们在与宋庆龄交涉时，使出流氓手法，威胁说公开信如果发表，就杀害叶挺军长。为了营救叶挺，最后宋庆龄同意不发表公开信，但条件是必须马上无条件释放叶挺。驻港办事处请示蒋介石后，答应了宋庆龄的要求。

宋庆龄同意不发表公开信，本是为着国共合作不致破裂，不让日寇有可乘之机，但她深知蒋介石为人一贯背信弃义、出尔反尔。当年张学良亲自护送他回南京，他信誓旦旦保证张学良的安全，决不报复，可一到南京就扣押了张学良，交法庭审判。宋庆龄便在18

日又与何香凝、陈友仁通电蒋介石，警告他："弹压共产党则中国有发生内战之危险，今后必须绝对停止以武力攻击共产党，必须停止弹压共产党行动。"

重庆《新华日报》报道"皖南事变"的消息被国民党新闻检查官抽掉了，周恩来决定不补报纸留下的"天窗"，而亲笔题写了"千古奇冤，江南一叶。同室操戈，相煎何急"的愤怒诗篇，巧妙透露了"皖南事变"的信息。

宋庆龄考虑自己的公开信被扣压后，蒋介石就会继续掩盖事变的真相，诬指新四军"叛变"，因此这次采取通电方式，并且很快把通电内容在香港报纸上发表了出来，让蒋介石措手不及。这配合了周恩来在重庆的斗争，使蒋介石再也无法一手遮天，而给了患难中的共产党以无比宝贵的支持。

这时，当年那位经宋庆龄指引，到延安采访而一举成名的美国记者斯诺，决心再把"皖南事变"的真相报道出来。但他在重庆无法发出稿子，便向宋庆龄请求帮助。宋庆龄又一次巧妙地帮助了他，使他报道"皖南事变"真相的稿子一篇篇发往国外。

宋庆龄又布置保卫中国同盟的中央机关刊物《新闻通讯》，发表长篇文章，详细报道新四军遭受袭击的经过，驳斥国民党关于新四军"抗命"的诬蔑，赞扬共产党为挽救统一战线所采取的克制态度。

周恩来在《新华日报》的题诗，宋庆龄的通电，斯诺的报道，保卫中国同盟刊物上的文章，汇成一股正义之声，震动了世界。这时与中国同处于反法西斯一条战线上的英美等国，了解事件真相后，对蒋介石的做法十分不满。他们都深恐国共合作破裂，给日本帝国主义造成可乘之机，推迟世界反法西斯胜利的进程。他们纷纷对蒋介石施加压力，要求他改弦易辙，维护同共产党的合作。共产党深明大义，以国家民族大业为重，采取了完全克制的态度，没有对国民党进行武力报复，从而维护了统一战线的存在。

宋庆龄在“皖南事变”后对蒋介石进行的有理有利有节的斗争，取得了胜利，赢得了国内国际一片拥护和赞扬，但却惹恼了一个人。谁？就是她的亲弟弟宋子文！抗战初期，宋子文应宋庆龄之邀，出任保卫中国同盟会长，做了不少有益的工作。这时他不在国内，远在美国，本来不了解事情真相，不表态也是可以的，但他政治上投靠蒋介石，又受了反动派的蛊惑宣传，生怕保卫中国同盟的这些正义行动引起蒋介石对他的不满，这时就从美国发给保卫中国同盟名誉秘书克拉克夫人一封电报，攻击保卫中国同盟伸张正义的行动成了“国内政党的工具”，要求辞去保卫中国同盟会长的职务。

宋庆龄对宋子文担任会长期间所做的有益工作是满意的，对这个大弟弟是怀着深厚感情的，但是在原则问题上，她却决不迁就，决不肯以姐弟亲情影响自己的坚定立场。宋庆龄和保卫中国同盟中央成员经讨论后，决定接受宋子文的辞职。宋庆龄亲自动笔，针对宋子文对保卫中国同盟的指责，写出了批驳文章。宋庆龄把宋子文的来电和自己的文章同时刊登在保卫中国同盟的刊物上，让外界来评判是非。

经过一番曲折复杂的斗争，统一战线保住了。遭受严重损失的新四军也没有垮下来。他们重整旗鼓，坚持战斗。中共中央坚决抵制了国民党取消新四军番号的倒行逆施，中央军委任命陈毅为代军长（蒋介石果然没有履行对宋庆龄的诺言，叶挺军长仍在关押中，直至四年后经中共力争才获释），刘少奇为政委。这支英雄的队伍在长江南北，又高举红旗，向日本侵略者冲杀了！

第十七章

三姊妹抗日

月是故乡圆，情是姐妹真。

——题记

六十三

香港是个见怪不怪的地方，可能一是各种怪事见多了，什么事都难引起人们的好奇；二是大家都忙着赚钱、享乐，没闲心操别人的心。

可是偏偏这一天不一样，许多人为街上流传的一个消息所激动，非要亲自跑去看看真假不可。

这个流传的消息说，分道已久的宋氏三姐妹一起出现在丽雅饭店的店堂里，并且租了包间，三姐妹有说有笑，亲切异常，据说要开一个会。

很显然，在那个年代，宋氏三姐妹已经成为许多人家教育子女的一种典范：她们不仅个个天生丽质，而且才华横溢；她们当中出现了两位第一夫人，一位行政院长夫人，历史上从没有过这么显赫的姐妹；她们一位爱国爱民，万众景仰；一位权倾朝野，说一不二，连蒋委员长也得让三分；另一位虽地位稍逊，却赚钱有术，手掌翻覆之间就是成千上万的财富，是鼎鼎大名的中国第一富婆。尽管追求有所不同，但她们在各自的道路上都是成功者。

见到她们之中一位都万分不易，现在竟然有机会同时一睹三姐妹的芳容。况且还有一层意思，这三姐妹十几年前分道扬镳，虽未见她们之间互相攻讦，但宋庆龄对妹夫蒋介石的揭露怒斥却是尽人皆知的。她们分属于不同的政治阵营，宋美龄直接代表当今中国统治集团，而宋庆龄则更多地代表着在野的左派，有时甚至代表着共产主义运动中的某些主张。多少年来，宋家人的行动往往紧连着中国政治舞台上的大事件。现在三姐妹突然出现在一起，那么这肯定是一个征兆。这个征兆是什么呢？没人猜得透。猜不透就更有诱惑力，越要想探个究竟。

这个消息几乎使所有的人都感兴趣：想看三姊妹芳容的；想满足好奇心的；想以此作为资本日后向人炫耀的；想从她们在一起这件事情上揣摩中国最新动向的；想从中抓新闻的；想从中搞情报的……不管什么目的，第一位的是要亲眼看到她们，证实她们确实都在香港，确实坐到一起了。

男的，女的，穿长袍的，着西装的，黄皮肤黑头发的，高鼻子蓝眼睛的，拎兜子的，挎相机的，都一个方向地往这家饭店跑。早来的，拥到了门口；晚来的，挤在了街上；有办法的，守住了窗户；随大溜的，伸长着脖子；脑袋尖的，亮出了“派司”，要求进去；主意稳的，选好了地形，就在外面死等，不信她们没有出来的时候。

其实不必再看到三姐妹，只这个场面，就是一件大新闻，就足以说明三姐妹的影响力。人群占据了道路，阻塞了交通，没有人抱怨，后来者一问明原因，立即加入了这个浪潮。人越聚越多，场面越来越大。

宋庆龄在上海沦陷后来到香港，活动不少，人所共知；宋霭龄在武汉失守后寓居香港，她不担任公职，知者甚少；至于本该待在国民党的陪都，待在她那个委员长身边的宋美龄，何时来到香港，来香港何为，人们就更不知晓了。

此时，三姐妹确实在饭店里面。不过她们相聚不是私人的宴会，不是单纯来叙姐妹亲情，而是为着中国的抗战大业才相聚的。聚会也并非只有三姐妹，还有香港各爱国团体的一批人士。不过即使在会议上，人们注目的焦点也还是这三姐妹。

她们仍是按照“大让小”的原则，由宋美龄首先讲话。宋美龄穿着黑绸绣花中式旗袍，旗袍两侧的开口一直到膝盖。她优雅敏捷地走上主席台，黑亮的眼珠先向会场扫视了一分钟。她不开口，为的是让与会者更好地把注意力集中到自己身上，同时她也用这一分钟向人们传递一种信心。终于她开口了，她没有讲太多的道理，而是用一种十分赞赏的口吻高度评价了二姐领导的保卫中国同盟的工作，称赞保卫中国同盟和中国工业合作协会（即“工合”）为宣传中国抗战形势、联络海内外朋友、募集抗战物资、救助战争难民所做的一系列卓有成效的工作。这几句话引起了长时间的鼓掌，宋庆龄的眼睛也有些湿润。保卫中国同盟自建立以来，这是第一次得到国民党权力圣殿的首肯。以往，国民党政府官员们对保卫中国同盟和“工合”都采取回避的态度。宋美龄赞扬保卫中国同盟之后，又特别请求二姐，提出由保卫中国同盟对她刚刚宣告成立的“伤兵之友社”香港分社的财务账目进行审计，这就证明保卫中国同盟在处理捐赠款物时是公正、廉洁的。

宋庆龄依然是那么庄重、娴雅，她首先呼吁人们为了抗日，支持宋美龄领导的伤兵之友社。接着她提出，刚刚成立的伤兵之友社香港分社，应该由大姐宋霭龄担任主席。她称赞大姐早在民国初年担任大总统秘书时，就显露了卓越的组织领导才能，近年虽没有担任公职，但她筹组实业，发展经济，运筹帷幄，常操胜算，因此担任这个职务，没有比她更合适的人选了。

宋霭龄已不像两个妹妹那样年轻美丽、光彩照人，但也有她的大家风度。她的手指上戴着钻戒，脑后的发髻上更有一颗硕大的珍珠，显得是那样雍容华贵。她和两个妹妹一样，都穿中式旗袍，这大概是为了表明一种恪守中国传统的姿态，表明一种与异族侵略者势不两立的心境。她在抗战初期参加了宋庆龄筹组的“妇慰会”，而宋美龄是这个全国组织的领袖。她为抗战捐出了不少钱财，博得了很好的名声。她在讲话中没有提自己过去所做的工作，而是称赞两个妹妹对中国抗战的贡献，表示自己今后要竭尽全力，把伤兵之友社香港分社工作做好。

共同抗日的大目标，遮盖了她们政治态度的鸿沟。

第十七章
三姊妹抗日

这一天是 1940 年 3 月 12 日。

这一次是人们看到的三姐妹在公开场合的第一次集体出现。

在宋美龄还没有成为蒋夫人的时候，人们对她没有过多地关注，即使她与两位姐姐同时出现在什么地方，由于她不代表什么政治势力，人们所感到的也只是一位漂亮姑娘而已，不会有人注意。而在她成为蒋夫人之时，宋庆龄已经和蒋介石势不两立了。蒋介石和她虽一再想与宋庆龄公开地出现在一起，以证明蒋介石是孙中山的合法接班人，就是说，取得孙夫人对蒋介石地位的承认，宋庆龄却一直小心提防，从不给蒋介石这种机会。而且，连与姐妹同时公开出现在一起的事情也几乎没有过。所以，难怪这一次特别引人注目了。

三姐妹公开出现在一起，于宋霭龄和宋美龄都是企盼已久的事情，但总是因为宋庆龄的拒绝而不能实现。这一次，宋庆龄提议这种方式的聚会，自然而然地颇得宋霭龄和宋美龄的欢心。

宋庆龄选择这个时机、这个场合，与大姐和小妹公开出席一个集会，是颇费了一番考虑的。

抗战以来，国民党中有一个坚持对日投降的集团，它的首领是当年曾行刺满清摄政王并以此为资本，骗得很大声名的汪精卫。汪精卫曾是国民党中著名的左派，担任过武汉政府的最高领导，与蒋介石分庭抗礼。但在蒋介石叛变革命后不久，他也随之叛变。在那以后，他在国民党中地位总是次于蒋介石，但他因为早年的“光荣历史”和追随孙中山的资格比蒋介石老，而又非常自负。希特勒在欧洲挑起战争后，英美帝国主义为了保护他们自己的利益，避免两面作战，策划了“远东慕尼黑”阴谋，妄图让中国投降日本，让日本从东北攻打苏联。当蒋介石还在犹豫的时候，汪精卫却悄悄从重庆逃出，经昆明到了河内，然后再转回上海，响应日本首相对华诱降声明，准备组织汉奸卖国政府。对汪精卫的卖国活动，宋庆龄一直十分关注，随时给予揭露。针对汪精卫为掩盖卖国活动，一再侈谈三民主义，甚至打出“爱护孙先生所手创之中华民国”的旗号，宋庆龄发表讲话，揭露汪精卫历史上就曾多次怀疑“三民主义”，受到孙中山的斥责。她说：“中山先生离开南京时，曾对其党内同志数人表示失望；现全国人士，均对汪精卫失望，此国家叛徒，竟敢盗窃中山先生之遗教，其恬不知耻，有如此者。”但是汪精卫的卖国活动，仍然变本加厉。这一天，汪精卫又宣布了一个中日“和平建议”，这既是他准备正式卖国的声明，也是对重庆政府提出的带奴役性的停战条件。正是为了在上层团结蒋介石，使他信守抗日诺言；为了显示广泛抗日统一战线的力量，鼓舞全国人民的抗日信心，宋庆龄特意安排了这个具有历史意义的三姐妹聚会，并有意使它带上某种神秘色彩，以引起人们的广泛关注。

汪精卫选择这一天也是颇费了一番脑筋的。因为这一天是孙中山逝世 15 周年忌日，他仍想使自己的卖国行径能打上孙中山的幌子。

宋庆龄比他棋高一着。孙夫人还在，只有她对孙中山思想的解释是权威的，其他人休想冒名贩卖私货。

看到门外引来那么多人观看，各报纸电台纷纷抢发新闻，宋庆龄会心地笑了。这就是说，她独具匠心安排的这一幕成功了！三姐妹聚会的新闻，给了国内民众和国际观察家一个信号，中国国内各派抗日力量的团结更加坚强，统一战线更加巩固，汪精卫汉奸集团的卖国行径在中国掀不起什么大的风浪，中国仍然是世界反法西斯的重要战场！

也是机缘凑巧，宋美龄这次到香港本是来治病的，没想到倒成就了这么一段佳话，演出了这么精彩的一出活剧。在国家危难的关键时刻，能以自己姐妹的活动发挥如此重大的作用，三姐妹都笑了。她们并排站在一起，甜甜地笑着，笑得那么美，那么灿烂，那么长久，她们要让更多的人看到这一幕，让历史留下这一幕。

第十七章
三姊妹抗日

六十四

这是雨季到来之前一个难得的好天气。

三姐妹不事张扬，一大早就来到香港启德机场。她们边走边谈笑，既有童年那些可笑的逸事，也有分离时各自遇到的奇奇怪怪的遭遇。

没有记者知道，没有围观的人群，她们完全在一种无拘无束的自在心情下去做这一趟重要的旅行。

飞机呼啸升空，从广西的崇山峻岭上空再进入云贵高原，然后折向四川。

飞机起飞不久，宋美龄就嚷着要打牌。她在两个姐姐面前还是小时候那种任性顽皮的样子。她有意这样，似乎这能够拉近她们这多年分别造成的感情上的距离。

牌刚发到手中，飞机一阵激烈颠簸，接着猛地一沉。

宋庆龄毫无反应，“啪”地把牌出到台上。

宋霭龄双眉一皱，立即攥紧自己的牌，伸头去看窗外。

宋美龄的牌早撒了一地，她显然有些夸张地大喊一声：“怎么回事?”

副官从驾驶舱跑过来报告：“这是一股受高原地面影响的强气流，很快会过去的。”

宋美龄没好气地说：“我还以为是飞机中了弹呢!”

副官赶紧说：“夫人放心，航线完全在我们控制的地区，不经过日军占领区。”

“那日军的飞机就不会起飞啦?”宋美龄耷拉着眼皮说。

“空军接应的飞机已在四周警戒，问题不大的。”

“那就好！我自己的安危事小，今天孙夫人在这架飞机上，必须保证绝对安全！”宋美龄又下了命令。

“是！我叫他们加倍小心。”

经这一折腾，宋美龄牌兴全无。她怕冷落了别人，赶紧转了话题：“二姐，重庆的火锅、成都的小吃都是最有名的。有句俗话说，不到成都不知道自己伙食不好。这次到了那里，我一定请你把四川的小吃尝个遍。”

宋庆龄装出一副失望的样子：“都说大姐钱多，本来我准备到那里大吃一顿的，谁知你们只肯让我吃小吃。”

宋霭龄把刚啜到嘴里的一口咖啡喷了一桌子，宋美龄笑得一屁股滑到了机舱地板上……

飞机在重庆机场还未降落，宋庆龄就看到这里布置了盛大的欢迎场面。服装鲜艳的军乐队列成了方阵，雄壮的军乐响遏行云。手捧鲜花的孩子们天真地把花举过头顶。中间肃然站立，以蓝黑衣服为主的是一群大大小小的官员……

是啊，宋庆龄这次访问重庆，又是一个不寻常的日子。

昨天，汪精卫汉奸政府在南京粉墨登场。

今天，孙夫人与姐妹联袂访渝，象征着各派力量的团结御侮、共同抗敌。这是足以压倒汉奸小丑闹剧的大新闻、好新闻。它可以打击敌人，消除群众中的忧虑。宋庆龄同意重庆方面大肆宣扬这次活动，因为这才是她决定此时访问大后方的初衷。

机舱门打开了，几千双眼睛注视着。

“二姐，快！你第一个出去。”宋美龄催促说。

“应该是大姐走第一个，这也是我们来到这个世界的顺序。”宋庆龄谦让着。

“要不，还是老规矩，大让小？”宋霭龄有意自己在最后。

“不！孙夫人走第一个。”宋美龄坚持。

“那就这样，不要让外面冷场。”宋霭龄也催促宋庆龄。

宋庆龄出了舱门，并没有立即走下舷梯。她在舷梯顶部的平台上站定，等宋美龄和宋霭龄出来后，三个人并排一起，向欢迎的人群挥手致意。

三姐妹站成一排，一同伸起了右手。

军乐轰然响了起来，孩子们又跳又喊。

摄影机“嚓嚓”地在转，照相机的镁光闪成一片。

蒋介石的光头显得特别亮，他满脸是笑，怀抱三束鲜花，在舷梯下翘首仰望……

三姐妹同出同归，走遍了战时陪都。新生活运动妇女指导委员会、重庆第一儿童保育院、伤兵之友医院，到处留下她们视察访问的足迹。

她们一同在群众集会上发表演讲，号召人们加强团结，坚持抗战，反对卖国贼。

她们一起设宴招待外国外交官，向全世界表明中国抗战的坚定立场。

周恩来主持的《新华日报》特地发表了《欢迎孙夫人来渝》的短评，指出孙夫人来渝，定能在反汪除奸和推动宪政运动中做出宝贵贡献。

各方面为欢迎宋庆龄举行了一个接一个的招待会，蒋介石总是更愿意出席。他笑嘻嘻地站在孙夫人身边，听任中外记者们拼命拍照……

宋庆龄住在大姐家里，孔祥熙极尽姐夫之责，给宋庆龄辟出了单独的一所小院。除了她的秘书和随员外，孔家又拨出了专门的厨子和用人，让宋庆龄能够拥有一个属于自己的安静世界。慈眉善目的孔祥熙不时和宋霭龄一起到宋庆龄的房间问候，询问她有什么需要。

国比天大

宋庆龄

外面的气氛是热烈的，家里的气氛是温馨的，但宋庆龄总感到还是有一些不舒服。

一天，宋庆龄外出刚刚回来，听见一向柔声细语的姐夫正在大发脾气："什么浪子回头？什么承认委员长明智？这些话让她听到，还不把重庆闹翻了天？现在是以团结抗日为重……"

宋庆龄有些疑惑，这是说什么呢？她本想再听下去，宋霭龄早觉察出了苗头，赶紧对宋庆龄说："晚上宋美龄在蒋介石官邸举行欢迎我们的招待会。你是有话讲的，可我说些什么呢？"

宋庆龄早已会意，知道大姐的用心，就回答说："我们一起先议一下吧。"说着，拉着宋霭龄进了自己的房间。

却说孔祥熙为何发火，原来这天孔二小姐从街上买回几张小报，上面竟然说宋庆龄此次访渝是因为《苏德条约》和苏芬战争而感到"幻想破灭"，因而回到了自己亲属的怀抱。另一张上面说，重庆对宋庆龄的欢迎是因为"一个任性的姐妹"终于承认蒋介石和他的政府明智，他们已经互相宽恕并表示既往不咎。孔祥熙知道这些中伤的谣言都是蒋介石手下的那些无耻帮闲炮制出来的。这些流言蜚语如果让宋庆龄看到，很可能导致她对蒋介石的愤怒和公开批评——她过去一直这样做，那样对当时处在危难关头的重庆政府将极为不利。

孔祥熙把电话打给蒋介石，告诉他小报上出现的那些胡说八道。蒋介石听了比孔祥熙更光火，他大骂："娘希匹！什么人坏我的事？现在是什么时候，把孙夫人请到重庆容易吗？这不是成心栽我吗？"蒋介石撂下电话就差人去查办。可怜那些帮闲平时造谣受蒋介石的赏识，这次还依老例行事，却不知成了添乱帮倒忙，老蒋要收拾他们了。

晚上，宋美龄的宴会比到重庆来后哪一次都盛大，因为是委员长官邸嘛，还有她自己的面子在里面。蒋介石更是显得格外殷勤，亲自给宋庆龄布菜，不时小声说两句关切的话，显示他们之间的亲密。

宋庆龄讲话中对重庆人民在敌机空袭下坚持工作表示钦佩。她特别提出了两点希望，一是希望国民大会尽早召开；二是希望宪政尽早实施。这两条都是共产党努力推动的大事，因为这样可以制约蒋介石的独裁，实现人民民主。

但国民党中央通讯社在报道这次聚会时却大肆渲染蒋介石的出席，并引用蒋介石致辞中的好听话："孙夫人、孔夫人此次访渝不但为重庆人民所欢迎，全国也为之深感欣慰。"而对宋庆龄的讲话内容则只字不提。

宋庆龄对这些没有计较，她还是抱着巩固统一战线、促进全国抗战的愿望，多做鼓舞士气的工作。

《新华日报》请宋庆龄题词，她欣然题写了"抗战到底"四个大字。

三姐妹在重庆一起活动也引起了外国人的兴趣。当苏联新任驻华大使潘友新听到三姐妹将一起出席欢迎他的宴会时，感到非常高兴。而美国的 NBC 广播网则特意安排请三姐妹发表广播演说，并向全美国做现场转播。

她们一起访问了成都，对她们共同热心的"工合"运动进行了视察指导。

宋美龄没有忘记她在飞机上的诺言，坚持要由她请客，让二姐尝遍成都的小吃。宋霭龄则坚持说，宋庆龄当时说了大姐钱多，准备大吃，那么就应该满足宋庆龄的要求，由她出钱让宋庆龄吃个大肚皮。宋庆龄看她们争执，马上建议她们把成都的小吃店都买下来搬到香港，让自己天天吃算了。在三人笑声中，各种小吃已开始一样一样端上来，精致的景德镇瓷碗比酒盅大不了多少，每个里面也只有一点点东西——如两个黑枣大的汤圆，或是盘成窝的一根面条。

但品种太多了，吃了不到她们订下的五分之一，宋庆龄就再吃不动了。宋美龄不干，要从大姐开始，一碗一碗比着吃。宋霭龄则要求从小妹开始转圈儿，她在最后。乘她们争执时，宋庆龄说，我讲个故事吧：

三国时，刘备在成都做了皇帝，为了感谢二弟、三弟的功劳，就在这里请他们吃小吃，规定每人必须吃到从嗓子眼里能看见才算吃好。昔日的大哥今天成了皇帝，那就是金口玉言了，吃吧。关羽吃不动了就琢磨，猛然有了主意，把个汤圆用舌头往后一顶，叫刘备看，过了关。张飞只知道猛吃，吃一会儿张开嘴叫刘备看，说看不到，就又吃。吃一阵子又看，还是看不到，只好又吃。吃着吃着，只听“嘭”的一声，肚皮崩了……

宋霭龄和宋美龄笑得前仰后合，宋庆龄却一脸的认真：“你们要比着吃，咱也这样从嗓子眼检查，看谁的肚皮先崩。”

在重庆和成都访问七周后，宋庆龄决定返回香港。宋美龄和蒋介石都来极力挽留，希望宋庆龄“长住重庆领导妇女工作，辅助国民政府”。孔祥熙和宋霭龄也来劝留，说如果住在孔府感到不便，给她另辟住宅。宋庆龄说，重庆很好，但并不是我生活的地方，香港有更有益的工作等待着我。

宋庆龄又回到了香港，继续领导保卫中国同盟的工作，从另一条战线给国内抗战以坚决有力的支持。

六十五

这是一个圣诞之夜，信奉基督教的宋家人举行家庭聚餐会。所有这类聚会几乎都是在孔家举行的，因为只有在这里，宋庆龄才不避讳见到蒋介石。

第十七章
三姊妹抗日

宋子文、宋子良、宋子安带着家人都来了，加上孔祥熙、宋霭龄和他们的四位子女，宋庆龄和宋美龄，已是几十口人了。大家凑到一起，海阔天空地聊着，喝咖啡、嗑瓜子，煞是热闹。但渐渐地，人们疲倦下来，有的打起了哈欠。都快到半夜了，晚宴还不能开始，因为有一个大主角——蒋介石一直没到，所有的人只好一等再等。别人心里有想法都不说，唯独孔二小姐憋不住了，大声喊着："开始吧！我们在这里傻等，谁知人家钻到哪儿……"宋霭龄赶紧制止："不许胡闹！"孔二小姐把脖子一梗："胡闹？是我胡闹还是别人胡闹？叫这么多人等他一个，在我们家里还摆臭领袖架子！"宋霭龄怕惹宋美龄不悦，刚想再说，孔二小姐却将起了宋美龄的军："干妈！你说吧，他到底还来不来，我们还要等到何时？"

干出过不少阴阳颠倒荒唐事的孔二小姐，平素最得宋美龄喜欢。她嫌姨妈还不够亲，干脆改口叫干妈。可孔二小姐耍起脾气来，连宋美龄也没办法。眼下，二小姐这一军将得宋美龄就倒憋气，不过她不想破坏今天的气氛，就努努嘴说："今天有你上海娘娘在，你遵她的令就是了。"

宋庆龄把眼睛只望着天花板，脸上是一副捉摸不定的微笑。孔二小姐望了半天也猜不透，但到底还是没再开口。

半夜时分，蒋介石终于来了，其他的人都急忙恭敬地站起来。不管怎么说，他是国家的显赫领袖呀！宋庆龄只从椅子上抬起半个身子，然后又坐下了。这是在政治上很有分寸的表示。

宋美龄和蒋介石兴致勃勃，宋霭龄和孔祥熙则有奉承之意。而宋庆龄和宋子文以及其他人，却已经没情绪了……

宋庆龄是在太平洋战争爆发，日军攻占香港时，和宋霭龄同乘最后一班飞往重庆的飞机撤离香港来到重庆的。飞机起飞后几分钟，机场即遭到轰炸，飞机几乎是从敌人头顶上飞过的。

但这次宋庆龄来渝，已经没有了上次三姐妹访问重庆时被热烈欢迎的场面。因为在她上次访渝回到香港后，发生了蒋介石袭击新四军的“皖南事变”。宋庆龄对“皖南事变”真相的揭露，使蒋介石的处境十分狼狈，这使他对宋庆龄特别恼怒。但是他又不能发作，只好采取了一种故意冷淡的态度。连国民党元老们在国府礼堂召开的欢迎宋庆龄的茶话会，蒋介石也不肯出席。

宋庆龄住进了大姐家里，宋霭龄和孔祥熙还是那样热情，宋美龄也不时来看望。但宋庆龄感到不便。住在孔家，受到特务们的监视，她不好在人家家里会客，别人也不好来拜访，因为来了见不见孔祥熙和宋霭龄？宋庆龄的朋友并不见得就是老孔和宋霭龄的朋友。

“二姐，你如果感到住大姐家里不便，我找了一处房子，条件不是太好，周围的房屋都叫日本飞机炸塌了，但这所房子还算完整，它是早年四川富商黄云阶修建的花园。不知二姐是否愿意去住？”

面对宋子文伸出的关心之手，宋庆龄很是感激。她去看过以后认为好歹总是自己单独的一块地方，可以获得“一楼之中的自由”，就搬去了。

虽然因为宋子文辞去保卫中国同盟会长职务，姐弟俩发生了摩擦，但多年来宋家兄妹之间似乎已经形成了一条不成文的规矩，即政治上的分歧不影响手足亲情。

宋子文又拨出一辆汽车给二姐，这样宋庆龄有了一定的条件，保卫中国同盟的工作又在重庆恢复起来了。

“皖南事变”发生后，共产党领导的八路军和新四军的处境更加困难。宋庆龄基本上将保卫中国同盟募集到的现款和物资都支援了八路军和新四军。

由于蒋介石对共产党根据地的封锁，许多东西运不过去，她就把钱直接送往延安。宋庆龄发展了一些外国朋友作为保卫中国同盟的委员，有他们的帮助许多事情就好办多了。

一个下着蒙蒙细雨的下午，宋庆龄把自己的秘书、保卫中国同盟财务主任廖梦醒叫到松籁阁——宋子文给她安排的住处，让她在自己家里给八路军重庆办事处打电话，约好以后廖梦醒就悄悄出门走了。廖梦醒走到中国银行门前的时候，八路军办事处的汽车也开到了，她向冀朝铸招招手，两人一起进去找到了孔祥熙的秘书艾德勒先生。艾德勒是宋庆龄新发展的保卫中国同盟委员，他见廖梦醒来，彼此都心照不宣。廖梦醒把保卫中国同盟的存折递上去说："取款。"艾德勒就亲自动手办理，一次就取出了三麻袋现金，然后搬上停在门外的八路军办事处的汽车。乘着黄昏的雨色，汽车顺利地把钱带回了办事处。

一些在延安地区买不到的东西，宋庆龄就想办法让办事处的同志带一些。当时周恩来主持的八路军办事处的人员，来往于重庆和延安之间，还能享受到类似外交官的待遇，即他们的行李物品不受检查。一些延安急需的小东西，就买好请他们带回去。一次周恩来同志回延安，宋庆龄买好了一批手术缝合针、牙钻钻头等送到办事处。这些东西体积很小，仅在公文包和手提袋里就带了一大批，解决了延安地区医院的燃眉之急。

美国一家机构邀请宋庆龄到美国访问，宋庆龄很想利用这个机会为中国的抗日将士们呼吁援助，但是国民党政府不许宋庆龄外出，她只好另做打算，尽量多结交一些国外的朋友，利用他们在华的特殊身份为共产党多做一些工作。她的家里经常有一些各方面的朋友来访，她从不摆架子，热情接待他们，使他们产生一种宾至如归的感觉。特别是美国的一些士兵，常常在宋庆龄家里举行舞会，他们玩得很开心。因为他们是士兵，宋庆龄对他们更放任一些。他们想来就可以来，不像其他人必须事先约定。通过这种方式，宋庆龄在重庆开辟了一块属于自己的天地。

盟军中国战区参谋长、驻中缅印美军司令史迪威对中国的事情了解透彻，对共产党在抗战中的作用认识很明确，他不许蒋介石对共产党军队进攻和封锁，主张对华援助应该有共产党一份。他的这些观点与宋庆龄很接近，因此他们很快成了好朋友。在宋霭龄家里，当宋霭龄和宋美龄要求宋庆龄和她们一起打牌时，她宁愿和史将军一起做游戏和聊天。

史迪威在一些重大问题上与蒋介石意见相左，他希望同共产党合作，称赞八路军，指控蒋介石的军队对日作战不力，与蒋介石发生了尖锐的矛盾。宋霭龄和宋美龄多次请史迪威的客，对他又打又拉，宋庆龄却从不参加这种活动。

一次，保卫中国同盟从国外募集到一台大型 X 光机。怎样运到延安去呢？宋庆龄想到了经常帮助保卫中国同盟的史迪威将军。在中国对外通道只有一条滇缅公路的情况下，史将军欣然同意保卫中国同盟利用这条公路运进大批物资，用他掌握的美国军用飞机帮助保卫中国同盟把募集到的东西送给八路军和新四军，甚至有时还从他掌握的对华援助物资中直接拨出一些送到解放区。这一次，宋庆龄又想到了史迪威掌握的美国军用飞机。她让廖梦醒去找史迪威的副官，副官报告后，史迪威一口答应帮忙。但这架机器体积太大，从机舱门进不去。史迪威下令马上改建一架飞机的舱门，把 X 光机装进去就飞往延安。当时解放区 9000 万人口，这是得到的第一台和唯一一台 X 光机。通过这架机器，不知确诊了多少人的病情，抢救了多少人的生命。这架机器用了多年，它现在被陈列在北京什刹海北岸的宋庆龄故居内。

蒋介石在同史迪威的争执中耍起了流氓手段，扬言美国如不撤换史迪威，他就要投降日本，并且让在美争取美援的孔祥熙配合，停止了谈判。罗斯福总统怕反法西斯战线在东方崩开缺口，只好召史迪威回国。

史迪威回国前去见宋庆龄，宋庆龄第一次在旁人面前哭了。这不是为自己，而是为了整个解放区的军队和人民。因为接替史迪威的人选是魏德迈，魏德迈的政治倾向宋庆龄很清楚。就是说史迪威一去，从此将很难再借用美军的力量对共产党领导的军队进行帮助了。宋庆龄这时想到了两个方案，一是组织一次公众示威，向罗斯福表明中国人民对史迪威的评价和感情，再一个是自己马上到美国去，面见罗斯福，向他说明蒋史争执的真相，动员罗斯福收拾一下蒋介石，让他安分一点。

宋庆龄给史迪威的妻子带了一些中国的礼物，目送这位富有正义感和同情心的美国将军没入重庆的苍茫夜色中。

第十八章

迎接黎明

在两种中国命运决战的关键时刻，宋庆龄一刻也没有忘记担负着重大历史使命的毛泽东和中央其他领导同志。一次她利用两架美国军用运输机，给延安运去二百多箱药品和医疗设备。这些东西卸在机场上堆积如一座小山。

——题记

六十六

在宋庆龄居住在重庆的日子里，这是一个最有纪念意义的日子——1945 年 8 月 30 日。

中共领袖毛泽东魁梧的身躯走进了宋庆龄居住的松籁阁。

两双手紧紧握在了一起，他们互致问候。

这是两位同年出生的同龄人。他们都非常关心对方的情况，都对对方怀有深深的敬意和谢意。

自从第一次国共合作破裂在武汉分别，他们已经有 18 年没有见面了。

这 18 年中，他们都在为实现孙中山的革命遗愿而战斗。他们采取的是不同的方式，但是他们的目标是一致的。他们互相支持，合作得非常好。

从毛泽东来说，他对宋庆龄的尊重和感谢可能更多些。从宋庆龄说来，则对毛泽东的敬仰更多些。

抗战的胜利，也给中国带来了一个新的问题：战后的中国究竟向何处去？

早在抗战还没结束时，蒋介石就准备抢夺胜利果实，恢复战前的独裁统治。他出版了《中国之命运》，公开宣扬法西斯主义，鼓吹国民党一党专政，叫嚣要“解散共产党，交出边区”。

毛泽东则写出了《论联合政府》一文，提出为了赢得抗日战争的胜利并保证中国战后的进步，必须实现孙中山未完成的革命遗愿，并以联合政府来取代蒋介石的国民党独裁政府。

全国人民希望建立一个和平民主的新中国，美国政府也出面对国共两党进行调停。

第十八章
迎接黎明

蒋介石不敢贸然发动内战，他想了一个计谋：把内战的罪名加到共产党头上。日本一投降，他就给延安的毛泽东一连发去几封电报，邀请他到重庆谈判建国问题。他的如意算盘是，毛泽东不是不知道他蒋介石心狠手辣，断不敢到重庆来。那样，他就可以对全世界说：看！毛泽东不来谈判，共产党要发动内战！国民党只好应战了。那么，国民党师出有名，就可以一举消灭共产党，荡平解放区，中国就仍将是他的家天下了。

令蒋介石措手不及的是，毛泽东为了全中国人民的和平幸福，完全置个人生死安危于不顾，大义凛然地来到了重庆。

蒋介石连一个谈判方案也拿不出来，急得像热锅上的蚂蚁，只好现抓人拼凑。

毛泽东这次拜访宋庆龄，是在到达重庆后的第二天。

一个星期后，宋庆龄以保卫中国同盟主席的名义，宴请毛泽东和周恩来等人。

隔了一天，毛泽东、周恩来招待各国在重庆的援华团体负责人。而这些援华团体主要是通过保卫中国同盟向解放区提供援助的。宋庆龄自然是座上嘉宾。

毛泽东致辞说，感谢各方人士的援助，并希望这样的援助能继续下去。

所有这些活动都空前地提高了保卫中国同盟在国际国内的声望。

宋庆龄对 18 年后再见的毛泽东已经有了一个全新的认识。她“感到他不但是一党的领袖，并且是全国人民的导师。他思想敏锐，识见远大，令人钦佩”。

而宋庆龄的妹夫，自称是孙中山继承人的蒋介石却完全是另一副嘴脸。

宋庆龄回到了她久违的上海。

她原先在上海与孙中山度过多少难忘岁月的故居——莫里哀路

29号，遭到日本占领军的严重破坏，自来水管被掘走了，保险柜中珍贵物品被洗劫一空，连最珍贵的她与孙中山的结婚誓约书也被掠走了。她无力重修这所房子，不得不向国民党政府申请住房。当面对宋庆龄说过多少甜言蜜语的蒋介石，只拨给宋庆龄一所矮小的房子。“国母”遭此冷待，舆论纷抱不平。

蒋介石充耳不闻。他从鼻腔里哼出一声：“不跟我合作，住这房子就不错了！”

一直到1948年冬天，蒋介石眼见小朝廷朝不保夕，又想利用孙夫人的身份和她与共产党的交情，来维持他的统治，这才讨好般地下了一道手谕，把霞飞路1843号的一座花园别墅拨给宋庆龄作为永久住宅。这就是人们今天看到的上海宋庆龄故居。

仅仅从两党领袖的态度上，宋庆龄也不难做出自己的选择。

她做出了选择，她把中国和平、民主、富强的希望全部寄托在了中国共产党身上。

她仍然要为自己的选择贡献最大力量。

鉴于日本侵略者已经被赶走，保卫中国同盟的任务已经完成，她宣布保卫中国同盟即日起改名为中国福利基金会，致力于战争创伤的恢复和建设工作。

随着宋庆龄迁往上海，中国福利基金会总会也迁往上海。

六十七

经过几天紧张的装运，七百多条船已经装得满满当当。奥地利友人严斐德向几天来一直守在这里的宋庆龄报告：“孙夫人，一切准备妥当。”宋庆龄疲倦的脸上泛出了兴奋的红光，她庄重地挥起右手说：“向着淮安，出发！”

第十八章
迎接黎明

随船押运的解放军干部战士望着霞光里像雕像一样挺立的宋庆龄，心里充满了无限敬意。他们高高地举起右手向孙夫人致敬——此刻，他们不能敬礼，他们没着军装，都是化了装的民工，因为这儿是国民党统治的心脏地区上海啊。

这是1946年5月，这时的宋庆龄已经53岁了，但是她为中国人民的解放事业的不懈奋斗，使她永远保持年轻。

这七百多艘船上载的都是支援华中军区的医疗器械。从上海出发，到达华中军区所在地淮安湖心寺，三天三夜的航程啊。内战虽未全面爆发，但蒋介石早已磨刀霍霍。他靠美国人的力量装备起来的精锐部队正在向各战略要地加紧进发，大仗一时虽未打起来，那是他的部署还没最后完成。这么多的物资器材能平安运到解放区吗？随船的一些同志心里并没有底。不过，他们相信孙夫人既然这么大胆地安排，必有相当把握。能否完成任务，还得靠大家随机应变。

到处繁花生树，莺飞草长，好一派锦绣春光！但船上的人却无心欣赏，一个个紧张地注视着河道，注视着两岸的情况。

船队沿运河前进，第二天，到达了苏州附近。一支国民党部队拦住了去路："哪里的船？"

国民党部队总是害怕洋人的。高鼻子蓝眼睛的严斐德站了出来："中国福利基金会的。"

"船上装的什么？"

"医疗器械。"

"到哪里？"

"淮北。"

"我们要上船检查！"

"这是人道主义救援物资，不许检查！"

"不接受检查不许通过！"一个军官恶狠狠地喊。

"这里有孙夫人、贵党中央执行委员宋庆龄女士写给沿途部队的亲笔信，还有联合国救灾总署的物资分发表。如果你们胆敢阻拦……”严斐德把信和分发表拿了出来。在军官面前晃了晃。

“给我看!”军官伸出手来。

“就在我手里看吧。如果这信和船上的物资有一点损失，我怕孙夫人、联合国方面还有美军调停处，都不会善罢甘休。你，你们，担待得起吗?”严斐德用手把周围的人指了一圈。

另一个军官上前拉拉这位的衣角，低声说:“算了，何必认真?再说，我们经常背诵《总理遗嘱》，孙夫人的安排也是我们能阻拦的吗?听说她那个中国福利基金会，里面有不少外国人，总干事谭宁邦就是美国人，眼前这位，你瞧，也是大鼻子，上面的事，涉及外国人的事，难办哪!”

两人低声嘀咕起来:“明明交代我们以查毒品的名义把东西扣下，放过去怎么交差?等着接受军法处治?”

“把孙夫人的信留下就能摆脱我们的责任。否则，硬扣下肯定惹起大风波，到时还不是我们小人物顶缸?搞不好命还得被借去呢!”

“只好如此。”

严斐德开始不肯把孙夫人的信留下，这两个军官却求起情来，说也要为他们着想一下。严斐德后来一想，也罢，反正前面不远就是解放区了，再不会有什么危险，这样赶快离开也好。这才同意了。

浩浩荡荡的船队驶离了国民党部队的最后一道关口，直向淮安进发。

当初，新四军苏浙军区部队在日本投降后不久，为了顾全大局，主动撤离了江南鱼米之乡，回到了抗日老根据地苏北平原，组成了华中军区。张鼎丞司令员、粟裕副司令员开始筹建军区直属医院。但解放区的条件太有限了，一时如何能组建得起来呢?宋庆龄得知这个情况后，立即派严斐德来到军区，了解了计划组建医院的规模和所需的物品。这七百多条船上装的东西，就是宋庆龄按照军区医院所需，由中国福利基金会配套提供的。

船到湖心寺，张鼎丞、粟裕亲到码头迎接，看到竟然运来这么多东西，他们也高兴地禁不住叫了起来。部队群情激奋，立即卸船。军区卫生部长齐仲桓跑前跑后，一边清点验收，一边随时向司令、副司令报告。

“报告！有250张钢丝病床，一半是半睡半卧的摇床。”

“正合部队急需，太好了！”

“报告！已经卸下来的有手术床、手术器械、显微镜、X光机，手术室、化验室和病房的各种装备。”

“好！”

“报告！各种药品、石膏绑带、钢丝夹板数也数不过来。”

“去看看，去看看。”

两位司令也挤进人群，前往查看。

“报告！还有大批伤病员急需的营养食品，甚至连医院的病历用纸和常用护理用具也配套运来了。”

张鼎丞遥望上海方向：“孙夫人为我们想得太周到了！”

张鼎丞乘兴挥毫，以他和政委邓子恢的名义，向宋庆龄写了感谢信，代表全体指战员感谢她的深情厚谊。以后医院每月都向宋庆龄写报告，以便她能随时掌握医院的工作情况。

不久，宋庆龄又请到了曾参加过西班牙战争医疗队的美国外科医生薛尔茨，以及内科医生、化验室主任、高级化验师和总护士长等。这些外国医生技术高超，富有正义感，他们来到医院，不仅大大提高了医院的医疗水平，还帮助军区培养了一大批人才。

为解放区做的工作越多，宋庆龄越高兴。

这天，她又收到苏皖边区政府主席李一氓的来信。信中说，欣闻孙夫人将派员到苏皖边区筹建国际和平医院分院，非常高兴。希望和平医院能有自己的新建筑和完全适合于医院的全部设备。建筑费、设备费加起来，约需7000万元。此外，还望能够甄选介绍院长和内科、外科、产科的主治医师、护士长，还有附属医学院的院长等。

对于这些要求，宋庆龄一一给予满足。

全面内战爆发后，支援解放区的任务更重、更艰巨了，但宋庆龄以更大的勇气、更细致的工作，继续为解放区提供更多的援助。

到1948年，宋庆龄领导的中国福利基金会帮助全国八个解放区建立了8个国际和平医院、42个分院，总计床位达11800张，还有几十个巡回医疗队和几家颇具规模的制药厂。捐去的现款有20亿元之巨。

火热的心肠，了不起的贡献！

在两种中国命运决战的关键时刻，宋庆龄一刻也没有忘记担负着重大历史使命的毛泽东和中央其他领导同志。一次她利用两架美国军用运输机，给延安运去两百多箱药品和医疗设备。这些东西卸在机场上堆积如一座小山。

她给艾黎的养子黎雪送去了一封信。

黎雪是战前宋庆龄送到延安参加中国革命的。

宋庆龄给黎雪的信中说，这些物品中有一部分是奶粉和葡萄糖，请从中抽出两箱，分给毛主席和朱总司令。他们的健康并不是他们个人的事，而是关系到中国革命的前途。

全国解放区的军民，谁不感激宋庆龄在患难中的无私援助？谁又知道为了这些援助她担了多少风险，操了多少心？

六十八

1946年7月22日深夜，浓云密布天空。

第十八章
迎接黎明

自以为内战已经准备好，稳操胜券的蒋介石，突然以几十万大军包围、攻击中原军区李先念部，彻底撕毁了他与毛泽东在重庆谈判中亲手签订的《双十协定》，把内战强加到了共产党和人民头上。而此时的美国国会，却在审议继续给国民党以军事援助的法案。

宋庆龄愤怒了！

几年来，宋庆龄对蒋介石不愿多说一句话，但当此关键时刻，她却不能再沉默了。

宋庆龄在上海发表了《关于组织联合政府并呼吁美国人民制止他们的政府在军事上援助国民党的声明》。

宋庆龄指出，必须制止蒋介石发动内战。国民党是不能在这场战争中取胜的。

她说："我向美国朋友们呼吁，你们应当阻止所有的军事援助，并帮助一个属于中国人民的政府。"

在香港的何香凝等人首先通电全国，表示热烈响应。他们还致电美国国会说，撤退驻华美军，停止军事援助，就是对中国人民的最大友谊和援助。

美国前总统罗斯福的夫人发表谈话，赞成宋庆龄的声明。

解放区的妇女团体致电宋庆龄，拥护她的声明。

国统区的各界知名人士，响应宋庆龄的声明。

面对强大的舆论呼声，美国政府不得不做出决定，从下个月起，停止批准向中国出口军事装备的许可证；暂停交付计划中的一切军用物资。

"杀杀杀！"蒋介石气急败坏，又召来了戴笠死后的特务头子，"子弹、炸药、车祸，什么都可以用，只要她不再说话！"

"委座！戴局长从前爱用那一套，可是不大灵光哪。"他不敢说那都是老蒋的主意，往死人身上推，为的是好说话。

"嗯？"蒋介石眼睛红红的，像饿狼一样瞪着他。

“早年的邓演达、杨杏佛，最近的李公朴、闻一多，杀的人不少啦。可每次都只给我们造成了被动，激起了更厉害的反抗，这一招对内部的人不灵呢！”

“那你说怎么办？”

“比如说吧，有个人在那里聚众讲演，他讲得义正词严，听得人肃然起敬。可忽然有人发现讲演者被涂了个白鼻子，或者脸上有一块黑灰，不论他讲得多么慷慨激昂，人们立即就会哄堂大笑，这样连他自己也会羞愧满面，赶紧逃走的。”

蒋介石眼珠子转了几转：“好，去吧，干明白点！”

不久，在美国报纸上，出现了专栏作家皮尔逊写的孙夫人同美军上尉谭宁邦之间风流韵事的文字。

“卑鄙的人身攻击！”宋庆龄向美联社记者发表了一则简短的声明：“德鲁·皮尔逊关于我的说法是一种恶意的诽谤，毫无事实根据。它的荒谬同它的恶意可以等量齐观。我相信，皮尔逊先生将有足够的公允之心，全面地、公开地撤销这一不实之词。”

“国民党中有的人太下流了，竟然制造这种谣言，这在政治上帮不了他们任何忙，只暴露了他们自己的无耻和无知。”中外有识之士一致这样认为。

流丸止于瓯臾，流言止于智者。

蒋介石想把宋庆龄抹黑的阴谋又落空了。

宋庆龄不仅领导中国福利基金会向解放区提供大批物质援助，还从政治上配合共产党的主张，同蒋介石的内战、独裁政策进行斗争。蒋介石虽然一再暴跳如雷，但是“孙夫人”的特殊身份，以及她在国际国内的崇高威望，令蒋介石又无计可施。

人民解放军经历了防御、相持到战略反攻，越战越勇，势如破竹。国民党的800万军队兵败如山倒。

蒋家小朝廷眼看朝不保夕，这时他们突然像发现新大陆一样，看到了他们一直必欲除之而后快的宋庆龄，还大有可以从另一个方面利用的价值。

美国和国民党高层人物想从宋庆龄那里摸清楚，中共究竟要什么条件才能停止他们凌厉的攻势。

美国驻华大使司徒雷登来到上海。他是宋庆龄的父亲宋查理在教会的老相识。他当年曾跑到德国，向流亡在柏林的宋庆龄试探，在什么样的条件下可以同蒋新建立的南京政府合作。那一次他碰了壁。时隔20年，他似乎觉得现在以驻华大使的不凡身份，说不定能有收获。

司徒雷登叩响了霞飞路上宋庆龄的家门。

“啊！孩子，在别人眼里你是伟大的孙夫人，可在我眼里却永远是可爱的孩子。”须发皆白的司徒雷登在宋庆龄面前首先倚老卖老。

“啊，大使先生，你在这样严寒的季节光临寒舍，使这里蓬荜生辉，顿增春意。欢迎欢迎啊！”宋庆龄不失礼貌。

“孩子，你创办的中国福利基金会成就卓著，在美国声名大振，我想请你陪我视察基金会在上海的各种设施，以便美国政府能够为你们提供援助。我想你一定会答应吧？”

司徒雷登的来意，宋庆龄早已从别的渠道知晓，陪同去就免不了被他东探西问。与其出现尴尬的谈话局面，不如趁早避开。

“大使先生，我尊敬的前辈！你来的时机不巧，昨天小妹约我同去杭州游览西湖，我已经答应，不好失约。所以，太抱歉啦！我只好安排其他人陪你啦！”

如果真是来视察，谁陪同都一样，司徒雷登无话可说。

宋美龄约二姐游西湖确有其事。不过到了那里，宋庆龄才知道他们的目的都是一个。

游湖中，乘着高兴，宋美龄冷不防问：“阿姐哎，这共产党一个劲儿地打，他们的底牌到底是什么呢？”

“我并不是共产党员，怎么能知道呢？哎，小妹，你说究竟是什么？”宋庆龄平静地把球踢了回去。

游兴没了。

宋庆龄上岸后就买了火车票，返回上海。

一计不成，又生一计。让宋庆龄参加同共产党的谈判，共产党碍着她的面子，立场必然会软化。好计！

在多年政治斗争的风浪里早已摔打得成熟老练的宋庆龄，会上这个钩吗？他们太天真了！宋庆龄轻轻一拨，他们的美梦化为幻影。

光阴荏苒，人民解放军已经饮马长江，直逼金陵城下。

紧急之中，有人又想出了绝招：请宋庆龄出任南京政府的首脑。她多年一直被视为民主和正义的化身，她领导的政府，共产党总不能再说是反动统治吧？她是共产党的老朋友，共产党总不能来攻她的城吧？

高！再有800万军队也挡不住解放军的攻势了，一个宋庆龄却能顶800万军队！共产党不能攻，那就划江而治吧，中国历史上又一个南北朝！

不怕她跟共产党联合起来吗？我们这些人还不是照样完蛋？

放心！她不过是台上的木偶，怎么动还在于台下的牵线人。

枪杆子还在老蒋手里，国民党组织还在老蒋操纵之下，一切不过是借名而已，等时局稳住了，哼哼！

妙妙妙！快快快！请请请！

说客盈门。亲笔信、保证书、诺言、誓词。万民仰望，众望所归，非你莫属，解民于倒悬，救国于水火，你是转世的菩萨，党国的救星！蒋介石已退，李宗仁暂代，专候莅京，交椅都擦亮了。

任你口吐莲花，宋庆龄稳如泰山，不为所动。

没辙。

不管她答应不答应，先把舆论造出去。这也可以先抵挡一阵。

第十八章
迎接黎明

宋庆龄不日出任南京政府首脑。谣言进了美国国务院。说得有鼻子有眼。据尼加拉瓜中国外交官透露，消息绝对可靠！世界报纸风传。最新消息，内幕消息，可靠消息！

宋庆龄不能容忍他们的造谣。1949 年 1 月 10 日，报纸上适时刊出了《中国福利基金会主席宋庆龄声明》："孙中山夫人今天宣布：关于她将在政府中就职或担任职责的一切传说，是毫无根据的。孙夫人进一步声明，她正以全部时间和精力致力于中国福利基金会的救济工作。她是这个中国福利机构的创始人和主席。"

声明一出，妖人廓清。

蒋介石在溪口老家面对祖宗牌位，喟然长叹。

李宗仁在南京顾影自怜："事实证明，所有这些都只是我们的如意算盘。因为共产党的胜利已成定局，民主人士就不愿回到国民党冷冷清清的屋子里来了。"

工作一夜的宋庆龄推开窗户，正望见东方一轮喷薄而出的红日，人民的黎明已经到来了！

第十九章

俏笑丛中

一封发自西柏坡的电报，令宋庆龄心绪难平。

——题记

六十九

窗外的雾气尚未散尽，天空阴沉沉的。让人欣慰的是，云隙间，已有一缕阳光顽强地透射下来。

宋庆龄站在窗前，凝视着院子里的几株冬青，思绪却早已飞向遥远的北方。

她手里攥着一封发自西柏坡的电报译文：

宋庆龄先生：

中国革命胜利的形势已使反动派濒临死亡的末日，沪上环境如何，至所系念。新的政治协商会议将在华北召开，中国人民革命历尽艰辛，孙中山先生遗志迄今始告实现，至祈先生命驾北来，参加此一人民历史伟大的事业，并对于如何建设新中国予以指导。至于如何由沪北上，与告梦醒和汉年、仲华熟商，总期以安全为第一。谨电致意，伫盼回音。

毛泽东　周恩来

子皓

这是毛泽东、周恩来1949年1月19日从河北省平山县西柏坡村发出的电报。

随着解放军在全国战场取得节节胜利，中国战事和政局开始出现历史性的转折。1948年5月1日，中共中央发布纪念“五一”劳动节口号，其中第五条提出：“各民主党派、各人民团体、各社会贤达迅速召开政治协商会议，讨论并实现召集人民代表大会，成立民主联合政府。”

第十九章
俏笑丛中

中共中央的这一号召，得到各民主党派和爱国人士的热烈响应。5 月 5 日，香港各民主党派与民主人士李济深、何香凝（中国国民党革命委员会），沈钧儒、章伯钧（中国民主同盟），马叙伦、王绍鏊（中国民主促进会），陈其尤（致公党），彭泽民（中国农工民主党），李章达（中国人民救国会），蔡廷锴（中国国民党民主促进会），谭平山（三民主义同志联合会），郭沫若等联名致电中共中央主席毛泽东，赞同中共中央“五一”劳动节口号提出的召开新政协、成立民主联合政府的主张。

11 月 25 日，中共中央的代表与已经到达解放区的各界民主人士，就成立新政协筹备会以及新政协的性质、任务等问题进行讨论，并达成协议。

在中共中央领导人看来，新政协无论如何不能缺少一个人，这就是宋庆龄。于是，有了 1949 年 1 月 19 日毛泽东、周恩来联合致宋庆龄的电报。

这封电报是附在中共中央发给在香港的中共中央华南局领导人方方、潘汉年、刘晓的指示电之后，并要他们设法送给宋庆龄的。指示电指出：“兹发去毛周致宋电，望由梦醒译成英文并附信，派孙夫人最信任而又最可靠的人如金仲华送去并当面致意。万一金仲华不能去可否调现在上海与孙夫人联络的人来港面商。”周恩来在审定这次发电时，亲自加上了一段话：“总之，第一必须秘密，而且不能冒失；第二必须孙夫人完全同意，不能稍涉勉强。如有危险，宁可不动。”

中共中央华南局领导人收到电报后做了认真研究，非常慎重地提出了一个方案：先把宋庆龄接到香港，然后同何香凝一起北上。

四天之后，一位商人模样的年轻人，趁着夜色来到上海腊菲德路上一幢西式房子前。这里是宋庆龄的秘书柳无垢的住宅。来客头戴礼帽，左手指上的戒指在灯影中闪着金光，一看便是个少年得志的富商。柳无垢做梦也没有想到，他就是中共华南局赫赫有名的地下工作者华克之。

华克之从潘汉年那里接受了护送宋庆龄赴港的任务后，乘上一艘由香港驶往青岛的外国货轮，历尽颠簸到达上海。

华克之见到柳无垢，递上毛泽东、周恩来电报的译文，陈述自己的任务及对下一步行动的打算，同时，再三表示一切听候孙夫人的安排。

宋庆龄看到毛泽东、周恩来发来的电文，心绪难以平静。她既为中共中央领导人对自己的尊重和深情所感动，更为中国革命大业终将告成而兴奋。不过，对北上之事，宋庆龄有她自己的考虑。2 月 20 日，她伏案疾书，用英文写下了给中共中央的复信。

华克之如约再次来到柳无垢家。柳无垢向华克之转达了宋庆龄的口信："接获大札，敬悉伟大的主席和全党同志对我的关注，至为感激。经长时间考虑，确认一动不如一静。我将在上海迎接解放，和诸公见面。根据我的预计，蒋介石是无可奈何我的，请勿念。"华克之虽然未能接送宋庆龄离沪赴港，但却带回了宋庆龄的亲笔信。

一个多月后，已随党中央和解放军总部移驻北平西郊香山的毛泽东、刘少奇、朱德、周恩来等领导人，传阅了宋庆龄致中共中央的复信——

亲爱的朋友们：

请接受我对你们极友善的来信之深厚的感谢。我非常抱歉，由于有炎症及血压高，正在诊治中，不克即时成行。

但我的精神是永远跟随着你们的事业。我深信，在你们英勇、智慧的领导下，这一章历史——那是早已开始了，不幸于二十三年前被阻——将于最近光荣的完成。

谨致

敬礼！

宋庆龄

宋庆龄信中所说的“23年前被阻”，指的是1927年，蒋介石在得到帝国主义列强和江浙大资产阶级在经济上和政治上的支持后，恣意践踏并破坏第一次国共合作，发动“四一二”事变，疯狂屠杀共产党人和革命群众，使轰轰烈烈的大革命惨遭失败。而今，在中国革命胜利的前夜，历尽风雨的宋庆龄抑制不住欣慰之情，字里行间流露出对中国共产党的敬意和祝福，这完全是发自肺腑的由衷之言。

七十

尽管国内外明眼人都看得出，国民党统治大势已去，但隐居奉化溪口的蒋介石依然要做最后的挣扎。他任命亲信汤恩伯为京沪杭警备总司令，指挥25个军45万人守备湖口以东整个京沪杭地区。特别是为了固守上海，在纵深数十里的防御区域内，国民党修筑了密密麻麻的碉堡，布满了各式各样的地雷，企图负隅顽抗。

与此同时，蒋介石下令在上海大肆搜捕共产党人和爱国进步人士，整个上海风声鹤唳，笼罩在白色恐怖之中。国民党的行刑队在街上频繁出没，抓到“共匪嫌疑分子”就就地处决。报上每天都有枪毙所谓要犯的消息。“七君子”之一的史良，也被汤恩伯列入“不择手段，立即逮捕”的名单，她只好东躲西藏。中国民主建国会创始人黄炎培之子黄竞武，也在他的工作单位中国银行被国民党特务绑架。丧心病狂的特务们竟然将黄竞武活埋于南市监狱里。

在这极为险恶的日子里，人们有一种误传，说宋庆龄离开了原来的寓所，躲藏在外国友人家里。事实上，宋庆龄一直住在家中。她不仅没有动，而且时刻关心着中国福利基金会、儿童福利站、儿童剧团工作人员和其他革命者的安全，秘密地为他们安排稳妥可靠的住处，还组织中国福利基金会参加了中共领导的上海临时联合救济会，保存了许多重要的物资和部分资金。由于中共地下组织和外国友人的保护，由于宋庆龄所享有的特殊地位，蒋介石最终未敢对宋庆龄下毒手，甚至连把她劫持到台湾的阴谋也没有付诸实施。

人民解放战争的胜利发展之快，大大超过了人们的预料。1949年4月22日，周恩来在中国新民主主义青年团第一次全国代表大会的报告中，对此做了准确而权威的描述。他说："目前形势的发展，在最近半年多起了质变。大家都很清楚，我们在去年9月间估计形势的时候，还认为革命战争有可能要在两年半以后胜利。若从1946年7月大打开始算起，就是五年左右基本上打垮了蒋介石，得到全国的胜利。可是，在我们估计以后不久，济南就解放了。接着，辽沈战役彻底胜利，东北完全解放。淮海战役获得了历史上空前的消灭50万敌人的大胜利。以后，平津又解放了。在这五个月当中，整个形势起了质的变化。"

就在周恩来这次讲话的前一天，中国人民革命军事委员会主席毛泽东、中国人民解放军总司令朱德，向人民解放军发布了向全国进军的命令："奋勇前进，坚决、彻底、干净、全部地歼灭中国境内一切敢于抵抗的国民党反动派，解放全国人民，保卫中国领土主权的独立与完整。"

在邓小平担任书记的总前委的统一指挥下，人民解放军第二野战军和第三野战军的百万雄师，在西起九江东北的湖口，东至江阴长达五百余公里的战线上，强渡长江，一举摧毁国民党苦心经营了三个半月的长江防线。

4 月 23 日，南京解放，宣告了国民党反动派在中国大陆统治的覆灭。

5 月 27 日，人民解放军在炮火声中攻占上海。这座被称为“冒险家的乐园”的东方名城，终于落入人民的怀抱。负责指挥上海战役并被任命为上海市长的陈毅，一进上海就向地下党负责人打听宋庆龄的住处，当即派出部队将她的住处严密警卫起来。随后，陈毅在潘汉年副市长的陪同下，来到林森中路 1804 号，亲自登门拜访了宋庆龄。

“夫人，您好！”

陈毅行了个标准的军礼，与宋庆龄热烈地握手致意。这位豪爽威猛的名将，一改平日的风趣洒脱之状，充满了对宋庆龄的恭敬之情，并诚恳地向她征询对接管上海的意见，令宋庆龄十分感动。

第二天，史良赶到了宋庆龄的住所。两人在这阳光明媚的日子里重逢，感到格外高兴。

史良的兴奋与喜悦溢于言表：“真没想到，真没想到，胜利来得这么快！”

宋庆龄拉着史良的手说：“解放了就好了，国民党的失败，是我意料之中的，因为它敌视人民，反对人民，压迫人民；共产党取得胜利是必然的，因为它代表人民，爱护人民，为人民谋福利。”她又看着英文秘书卢季卿大声说道：“现在全国人民在共产党的领导下翻身了，整个民族有了光明的前途！”

就在宋庆龄欢呼上海解放的同时，中共中央正在北平紧锣密鼓地筹备新政治协商会议。邀请全国人民尊敬的宋庆龄北上之事又一次提到了最高领导人的议事日程上来。

6 月 15 日至 19 日，新政治协商会议筹备会在北平召开，新的人民共和国即将诞生，中共中央真诚地邀请宋庆龄来北平共商建国大计。

毛泽东和周恩来商量，要派一位特使专程去上海迎请宋庆龄。

派谁去最合适呢？他们不约而同地想到了一个人——和宋庆龄交谊至深的邓颖超。

毛泽东伏在宽大的写字台上，铺平信笺，提笔写来，一行行遒劲豪放的字迹跃然纸上：

宋庆龄先生：

重庆违教，忽近四年。仰望之诚，与日俱积。兹者全国革命胜利在即，建设大计，亟待商筹，特派邓颖超同志趋前致候，专诚欢迎先生北上。敬希命驾莅平，以便就近请教，至祈勿却为盼！专此。

敬颂

大安！

毛泽东

一九四九年六月十九日

周恩来也给宋庆龄写了一封亲笔信：

宋庆龄先生：

沪滨告别，瞬近三年。每当蒋贼肆虐之际，辄以先生安全为念。今幸解放迅速，先生从此永脱险境，诚人民之大喜，心亦为之大慰。现全国胜利在即，新中国建设有待于先生指教者正多，敢藉颖超专诚迎迓之便，谨陈渴望先生北上之情。敬希早日命驾，实为至幸。耑上。

敬颂

大安！

周恩来

一九四九年六月二十一日

6月28日，邓颖超带了毛泽东、周恩来的亲笔信，和鲁迅的夫人许广平以及与宋庆龄有着长期交往的罗叔章一起，从北平前往上海。

途中，邓颖超、许广平、罗叔章三人很自然地回忆起与宋庆龄从相识到相交的一些往事。罗叔章动情地谈起1930年在暨南大学读书时第一次见到宋庆龄的情景。

当时学校里有许多女同学十分敬慕宋庆龄的爱国行动，非常想见见她，但为了保密和安全不能大家都去。这时有位教师建议选派一名代表去见宋庆龄，于是大家推举了罗叔章。

罗叔章记得宋庆龄是在上海的住地接待她的。一位工作人员把罗叔章引进客厅，宋庆龄穿着一件蓝色绸旗袍，满面笑容地伸出手来与罗叔章握手致意。

宋庆龄第一句话就说："暨南大学是一个进步的爱国学校，但学校的领导权不完全是进步的人所掌握，反动派势力较强。"并问罗叔章："你代表的华侨是不是很多？"

"我原是教师，在印尼教书，现在回暨大上学。暨大华侨不少，爱国的也不少，我代表的是爱国华侨，他们都是最尊敬孙中山先生的。"接着，罗叔章转达了同学们对宋庆龄的敬佩心情和为实现孙中山的遗愿而努力奋斗的决心。

宋庆龄听后满意地笑了。她说："我个人是起不了什么作用的，主要还是依靠你们这些爱国的学生。"

回忆起这次难忘的会见，罗叔章感慨地说："谈话不长，却给我留下了深刻的印象；言语不多，却使我受到极大的鼓舞。宋庆龄同志是一个对革命群众非常热情而积极的支持者；她有领袖的风度，既严肃、庄重，又活泼、开朗、平易近人。"

次日，邓颖超一行抵达上海。

走出车站，环顾熟悉的上海城，邓颖超百感交集："我又回来了！"

三年前，全面内战爆发后，邓颖超随中共代表团撤离上海。临行前，她以一种异乎寻常的肯定语气，对前来送行的一些爱国民主人士说道："不用多久，我们一定会回来的。"而今，当她真的以胜利者的姿态重返上海的时候，内心的激动的确是用言语无法表达的。

就在邓颖超到达上海的前两天，曾长期在宋庆龄身边工作的廖梦醒，已奉命先到宋庆龄处，向她通报了中共中央再次邀请她北上之意。

宋庆龄沉思片刻，抬起头来对廖梦醒说："北平是我最伤心之地，我怕到那里去。"此时此刻，1925 年 3 月孙中山在北平逝世的悲哀场面，1929 年 5 月从碧云寺"奉移"孙中山灵柩去南京时的凄婉情景，又浮现在她的眼前……

廖梦醒当然理解宋庆龄的心情。她劝慰了宋庆龄几句，又说道："北平将成为红色中国的首都。邓大姐代表恩来同志，特来迎你。你打算什么时候见大姐?"

"这还用问！我早就想见到她了。"

邓颖超到达上海的当天下午，便去看望宋庆龄。

宋庆龄正在楼上弹钢琴。悠扬流畅的琴声，让人一下子便能体会到主人轻松愉悦的心境。

李燕娥把邓颖超请到会客室，递上一杯清香的龙井茶，转身上楼向宋庆龄通报。

宋庆龄一听是邓颖超来了，急忙起身向楼下走去，一边走还埋怨道："李姐，这么重要的客人，一进门你就该马上喊我呀。"

"我们终于又见面了!"宋庆龄和邓颖超紧紧地拥抱在一起。两人相倚着在沙发上坐下来，像一对久别重逢的姐妹一样，尽情地畅叙着几年来的思念之情。

交谈很快扯到了正题上。邓颖超从手提包里取出毛泽东和周恩来的亲笔信，郑重地说："新的政治协商会议即将在北平召开，中央人民政府也将正式建立。党中央、毛主席恳切盼望宋庆龄先生能北上共商建国大计。”

宋庆龄从邓颖超手中接过毛泽东、周恩来的亲笔信，急切而仔细地看了一遍又一遍。她尽量抑制着内心的激动，避开邓颖超企盼的目光，低声说道：“这事容我再仔细想一想……”

邓颖超忙说：“这事不忙马上定下来，先生可以从容考虑再做定夺。”

6月30日，中共中央华东局统战部邀请上海各民主党派和各界民主人士参加中国共产党诞生28周年纪念大会。统战部特邀了宋庆龄。

当晚，上海逸园饭店张灯结彩，喜气洋洋，充满节日的气氛。中共中央华东局、中共上海市委在这里隆重举行庆祝中国共产党诞生28周年大会。

宋庆龄尽管身体不适，却欣然抱病赴会。她在邓颖超、廖梦醒的陪同下来到会场。上海市长陈毅将军亲自在会场门口迎候。当身穿黑底白点短袖旗袍的宋庆龄和一身戎装的陈毅并排步入大厅时，全场响起了雷鸣般的掌声。

庆祝大会首先由陈毅致辞。他讲完话后，就请宋庆龄讲话。由于宋庆龄是扶病而来，便由邓颖超代她宣读她日前亲自写的祝词：

> ……这是中国人民生活中的一个最伟大的时期，我们的完全胜利已在眼前。向人民的胜利致敬……这是我们祖国的新光明。自由诞生了。它的光辉照耀到反动势力所笼罩的每一个黑暗角落。向人民的自由致敬……他们的英勇，无匹；他们的纪律，无双；他们的心，同老百姓的心连在一起。向中国人民解放军致敬！

在祝词的结尾，宋庆龄总结三十多年艰辛的革命历程，特别写上了热情洋溢的一段话：

> 欢迎我们的领导者——这诞生在上海、生长在江西的从山里、在二万五千里长征的艰难困苦中百炼成钢、在农村的泥土里成熟的领导者。向中国共产党致敬！

全场的人们被宋庆龄对共产党、对人民、对解放军的一片真情所感染，爆发出一阵又一阵热烈的掌声和欢呼声。

一个多月后，邓颖超又去看望宋庆龄。

宋庆龄微笑着对邓颖超说："我决定接受毛泽东主席和周恩来先生的邀请，去北平！"

邓颖超听了高兴地站起身来，又一次拥抱了宋庆龄。

动身前，细心的邓颖超委婉地问宋庆龄："北上途经南京，要不要停留一下去晋谒中山先生的陵墓？"

宋庆龄想了一下说："不必了，去了徒增伤感。中山先生在天之灵，知道今天中国革命的胜利，也会欣慰的。"

8 月 26 日，宋庆龄在邓颖超、廖梦醒、上海军管会交际处长管易文陪同下，从上海乘火车前往北平。北去的列车上，宋庆龄和邓颖超这两位中国现代史上的杰出女性，相对而坐，围绕着一路上看到的人群景物，异常兴奋地交谈着。宋庆龄在后来回到上海后所作的题为《华北之行的印象》的广播讲话中，专门谈到了她此行路上的感受：

> 路上的景色启动了我无穷的想象力。这也使我明白，中国人民如果要从天然资源中获得最高生产量，必须面对巨大的工作，但是我也看到，任何成就都是我们力所能及的。人民的力量将是我们的推动力，而这种力量随处都看得到。不论在穷乡僻壤或城市的每个地段，人民在克服艰难和障碍。

宋庆龄还列举了一些给她留下深刻印象的事情：

在华东，农民和水灾大力地斗争着，抢救他们的田地，抢救他们的谷物。铁路工人、造桥工人和人民解放军在伟大英勇地劳动着，抢修被反动派所毁坏的主要的铁路干线。使人印象最深的，是横跨波涛汹涌的淮河临时大桥，这对于沟通华北与华南的交通有无上巨大的意义。所有这一切，使我深信我们的工人和农民在劳动工作中，决不会比我们伟大友邻苏联的斯塔哈诺夫英雄落后一步，在每一个表示进步的例子中，我看到中国迅速复兴建设的另一个希望。

宋庆龄与邓颖超一路上畅谈甚欢，“上海到北平的旅途好像一闪眼，火车就进站了”。

七十一

8 月 28 日，毛泽东很早就向身边的工作人员打招呼，要到前门火车站去迎接宋庆龄，让给他准备衣服。一吃过午饭，毛泽东就换上了那套平时不大穿，只有迎接知名人士时才穿的浅色中山装。尽管到前门火车站的路途不远，但在毛泽东的催促下，还是提前出发了。15 时 45 分，毛泽东乘着一辆黑色吉斯防弹轿车来到车站站台上。

天空异常晴朗，和暖的阳光洒照在站台上，与手持鲜花、彩旗的人们所焕发的喜气交相辉映。

朱德、周恩来、林伯渠、董必武等中共中央领导人，中国国民党革命委员会领导人李济深，廖仲恺的夫人何香凝和中共青年组织的领导人廖承志，著名的救国会“七君子”领头人、法学家沈钧儒，作家、学者郭沫若，诗人、散文家柳亚子，也先后来到了站台上。大家一边轻松地交谈着，一边顺着铁路向南望去。

“呜——”

16 时 15 分，随着一声汽笛长鸣，宋庆龄乘坐的专列徐徐驶进前门车站。列车尚未停稳，宋庆龄的身影已经出现在车门玻璃后面。她抑制住内心的激动，微笑着向站台上的人们招手致意。

毛泽东等人迎上前去。列车刚刚停稳，毛泽东便出人意料地一步跨上车去，走进车厢亲自欢迎孙夫人下车。

毛泽东伸出双手，与宋庆龄热烈握手，亲切地说：“欢迎你，欢迎你，一路上辛苦了。”

宋庆龄高兴地说：“谢谢你们的邀请，我向你们祝贺！”

毛泽东说：“欢迎你来和我们一起筹建新中国的大业。”

宋庆龄说：“祝贺中国共产党在你的领导下取得伟大胜利。”

宋庆龄在毛泽东的陪同下走出车厢。只见她着黑色拷绸旗袍，系一条白色纱巾，步履轻盈，风采依然，看不出一丝疲倦。欢迎人群中爆发出热烈的掌声。她兴奋地与朱德、周恩来、林伯渠、董必武、李济深、沈钧儒、郭沫若、柳亚子、廖承志等人一一握手，互致问候。她与何香凝紧紧地拥抱在一起，站立在一旁的毛泽东露出欣慰的笑容。大家都沉浸在胜利后重逢的无比喜悦之中。

来自洛杉矶保育院即中央儿童保育院的一群幼童围了上来，把手里的鲜花献给宋妈妈。

宋庆龄弯腰接过了膝下一位小男孩的献花，并在这孩子的额头亲吻了一下。她直起身来，环顾前来欢迎的众人，望着毛泽东说道：“谢谢主席！谢谢各位！”的确，如此高规格的欢迎阵容，大大超出了她的意料。

此后的十多天里，宋庆龄参加了筹建新中国的一系列重大活动。

第十九章
俏笑丛中

9月21日，中国人民政治协商会议第一届全体会议，在中南海怀仁堂隆重开幕。新政协的性质与过去国民党一手把持的旧政协完全不同。旧政协是蒋介石敷衍民意、装点门面的摆设，代表不过36人。新政协虽然沿用了“政治协商会议”这个名称，但与旧政协没有任何联系，用周恩来的话说：“人民政协绝不是发源于旧政协，它是100年来民族民主运动牺牲奋斗的果实，是30年来新民主主义革命运动获得胜利的集中表现。新政协的代表有552位，包括了全国所有民主阶级、民主党派、人民团体及国内少数民族、海外华侨、宗教界代表人物和以宋庆龄为首的特别邀请人士，还包括从国民党营垒中分化出来的爱国人士，真正起到了人民代表会议的作用。”

出席开幕式的会议代表有634人，来宾300人。大会推出了毛泽东等89人组成的主席团，宋庆龄当选为主席团的常务委员。她穿着一件黑色的旗袍，显得格外端庄美丽。步入会场，她一眼便看到主席台中央并排挂着孙中山和毛泽东的巨幅照片，心中顿感一种莫大的安慰。

两位伟人肖像的上方，高悬着人民政协的会徽，两旁是中国人民解放军军旗，整个会场布置得庄严大方。

大会宣布开幕后，军乐队齐奏《中国人民解放军进行曲》，同时在场外鸣放礼炮54响。代表们全体起立，热烈鼓掌达五分钟之久。毛泽东致开幕词。他操着浓重的湖南口音，庄严地宣告：

> 诸位代表先生们，我们有一个共同的感觉，这就是我们的工作将写在人类的历史上，它将表明：占人类总数四分之一的中国人民从此站立起来了。

是的，中国人民从此站立起来了！这句话道出了宋庆龄此时此刻的心声。她感到一股热泪涌出眼眶，和代表们一齐站起身来使劲鼓掌，恨不得让那掌声冲破黄色琉璃瓦屋顶，直飞蔚蓝色的天空，去告诉全世界的人们，一个东方大国发生了怎样天翻地覆的变化。

会议期间，宋庆龄发表了热情洋溢的讲话。她真诚地说：

> 我们达到今天的历史地位，是由于中国共产党的领导。这是惟一的拥有人民大众力量的政党。孙中山的民族、民权、民生三大主义的胜利实现，因此得到了最可靠的保证。
>
> ……
>
> 同志们，让我们现在就着手工作，建立一个独立、民主、和平与富强的新中国，和全世界的人民联合起来，实现世界的持久和平。

这次会议通过了起临时宪法作用的《共同纲领》，确定新的国名为中华人民共和国。北平改称北京，为新中国的首都，五星红旗为国旗，《义勇军进行曲》为代国歌。9 月 30 日，举行最后一次会议，选出了中央人民政府主席和副主席。主席是毛泽东，宋庆龄和朱德、刘少奇、高岗、李济深、张澜被选为副主席。这也可以看成对宋庆龄为中国革命所做出的重要贡献的一种高度肯定。

政协会议胜利闭幕，宋庆龄感慨万千："在中国历史上，这是第一次有这样一个广大代表性的人民的集会，形成一个真正的统一战线，以执行《共同纲领》和组织一个真正的人民民主政府。"

10 月 1 日 14 时，中央人民政府委员会第一次会议在中南海勤政殿举行。主席台上，宋庆龄端坐于毛泽东和朱德的中间。她受全体委员的委托，主持了这一历史性的会议。

委员们一致决议：宣告中华人民共和国中央人民政府成立，接受《中国人民政治协商会议共同纲领》为本政府的施政方针。在庄重肃穆的气氛中，宋庆龄和毛泽东以及其他五位副主席一起宣布就职。会后，大家都很兴奋，喜形于色，愉快地交谈了 10 分钟左右。

14 时 50 分，委员们分别上车。车队由勤政殿门口开出，绕中南海东门，5分钟后到达天安门城楼后边。大家互相招呼着集合好，毛泽东在前，宋庆龄紧随毛泽东、朱德之后，沿着长长的100个台阶，缓步登上天安门城楼。

城楼的大红柱旁，高悬着八盏大红宫灯，两边飘扬着八面红旗。宋庆龄对周恩来说："很气派，很漂亮呀!"

半小时前刚刚被任命为新中国第一任政府首脑——中央人民政府政务院总理兼外交部长的周恩来笑了笑，赞同地说道："是啊，这八盏宫灯、八面大红旗设计得好，象征着革命者的欢乐，人民的胜利，我们的事业兴旺发达。"

宋庆龄倚着汉白玉石栏杆向下望去，只见广场上千万面红旗迎风招展，30万人举着五彩缤纷的花束和气球，簇拥在广场和东西长安街的大道上。宋庆龄梦寐以求的万众欢腾的胜利局面终于成为现实，她心中的激动与兴奋实在是难以言状的。

下午3时整，大会秘书长林伯渠宣布中华人民共和国开国大典开始。毛泽东走到麦克风前，朝广场深情地望了一眼，那个具有伟大历史意义的庄严激昂的声音如春雷般响起来："中华人民共和国中央人民政府成立了!"顿时，广场上欢声雷动，摆在前门城墙根的54门礼炮，"轰轰"地齐鸣28响，震撼人心。

这时，林伯渠大声宣布："请毛主席升国旗。"军乐队奏起了雄壮的《义勇军进行曲》，毛泽东按动升旗电钮，只见人民英雄纪念碑奠基前高高矗立的旗杆上，那面巨大的鲜艳的五星红旗在万众翘首仰望中徐徐升起。毛泽东的胸膛起伏不已，想到人民共和国如婴儿坠地一般终于诞生了，他脱口喊了很大一声："升得好!"

欢呼声似大海的波涛，一浪高过一浪，宋庆龄透过这欢乐的海洋，遥望广场中央矗立着的孙中山巨幅画像，心中更是激动万分。"先生，你看到了吗？你听到了吗？我知道你正在和我们一起欢度这盛大的节日。这是一个非常庄严的典礼，但是在我的内心，却有一种难以抑制的欢欣。回忆像潮水般在我心里涌起来，我想起是你和许多同志们牺牲自己的生命换得了今日的光荣。连年的伟大奋斗和艰苦的事迹，又在我眼前出现。但是另一个念头紧抓住我的心，我知道，这一次不会再回头了，不会再倒退了。这一次，你的努力终于结了果实，而且这果实显得这样美丽。先生，你真的可以安息了！”

宋庆龄的双眼变得模糊起来，她用手帕擦去晶莹的泪花。

盛大的阅兵式后，欢乐的游行开始。工人、农民、学生、机关干部和市民，高举红旗花束，载歌载舞地前进着。陈毅来到宋庆龄身旁，激动地放开嗓门：“看了这，总算是此生不虚了！”宋庆龄赞同地笑着点点头：“是啊，我们中国人真的学会了歌唱和舞蹈，这才是景象的大观，万音的合唱，使人永远不能遗忘。”

直到22时庆典结束，宋庆龄才同毛泽东、朱德、刘少奇、周恩来这些开国元勋们一起，兴奋地走下天安门城楼。

七十二

新中国成立不久，宋庆龄在中国妇女第一次全国代表大会上被选为中华全国民主妇女联合会的名誉主席。这无疑是对宋庆龄作为中国妇女解放运动先驱和领导者的历史地位的充分肯定。

此时的宋庆龄，虽然国务活动繁忙，却以更多的精力关注妇女解放运动，而且是站在更高的层次上——从国家、民族和全世界的共同利益去理解和争取妇女的彻底解放。她说：“中国妇女的完全解放意味着我们国家的稳固坚强。而一个强大的、生气勃勃的前进中的中国，就是全世界和平的坚强堡垒。”

1949年12月10日至16日，亚洲妇女代表大会在北京隆重举行。参加大会的有来自中国、朝鲜、蒙古、印尼、越南、缅甸、伊朗、以色列、黎巴嫩、马来亚、暹罗（泰国）、叙利亚、苏联亚洲部分的197位代表，来自英国、美国、法国、捷克、荷兰、古巴、阿尔及利亚、西非、马达加斯加等欧洲、美洲、非洲国家的30位来宾。国际民主妇联总书记古久里夫人出席了会议。在中国召开国际性的妇女会议，这还是第一次。亚洲各国妇女代表也是第一次集会。

12月11日，宋庆龄应邀在会上发表了长篇讲话。她深刻地指出，作为人民一部分的妇女和人民有着共同的敌人，这就是外国帝国主义和它所造成的殖民主义以及在国内所产生的封建主义及其高级阶段的买办主义；她把国家独立与世界无产阶级运动形象地比喻为广大妇女的两个朋友；她热情地讴歌新中国的妇女真正得到了解放，在一切方面开始和男子享有平等的权利；她真诚地号召亚洲妇女除了争取民族独立和国家发展外，还要为争取妇女应有的权利而斗争。就是在这篇讲话中，宋庆龄的一句名言开始流传于世：“妇女解放不会是别人装在银盘子里给我们送上来的。我们必须自己争取解放。”

为了推动妇女解放运动，也为了使全世界都明了这次在北京集会的自由妇女的立场，宋庆龄建议会议发出两封通电。

第一封通电说：

> 亚洲的妇女们！鼓舞起来，加倍地警惕，加倍地努力斗争！你们的姐妹们现在正在中华人民共和国首都北京开会，我们又一次地看到了你们的力量。我们都在为全世界的和平与自决权而斗争。不论你们在何处，我们的手和心都向着你们。
>
> 如果你们是在已获解放的国家和地区，我们说：“改善你们国家和你们所处的地位。”
>
> 如果你们是被压迫者，我们说：“为组织自己而斗争！

然后站起来!”

第二封通电说:

> 西方的妇女们!……垄断资本家在你们国内穿着法西斯衣服,在国外他们穿着帝国主义的外套。为了保持他们的既得利益,他们不择手段,不惜祸害人民。在你们为了保卫人权与世界和平而反抗种种压迫的斗争中,我们是支持你们的。我们相信你们的力量和英勇。亚洲妇女向你们致敬!

与新中国成立前不同的是,宋庆龄不仅在思想上继续指导中国妇女解放运动的发展,而且可以从政府领导者的角度为妇女从繁重的家务劳动中解放出来尽力创造条件,为广大妇女冲破原来以自然经济为基础的封建家庭的拘囿,走向广阔的社会生活提供更多的机会。她不论走到哪里都要询问妇女的状况。她用两天时间访问上海一家棉纺厂和女工家庭,详细了解女工们在生活、保健、婚姻、育儿、教育等各方面的情况。到各地农村视察时,她特别注意了解农村妇女的情况。她积极推动和主持各种保护妇女权益的政策、法令、措施的制定,督促保护妇女权益的法令的切实实施,协助从全国到地方各级妇联组织的建立和健全,使得这些妇女组织成为“妇女的娘家”。

第二十章

和平天使

“当我们看见我们周围所有的人民都爱好和平、愿望和平的时候，我们知道这是真理。但是我们必须把这个真理化为行动。我们必须将这一斗争进行到最后成功。”

——宋庆龄

七十三

1950 年 4 月，中国人民救济代表会议在北京召开。这次会议正式成立了中国人民救济总会，德高望重的宋庆龄当选为该会主席。同年 8 月 15 日，宋庆龄以中国福利基金会创办人和主席的身份，宣布这个组织更名为中国福利会。三个月后，宋庆龄以《新中国的信息》为名，为中国福利会向全世界的朋友们做了录音讲话。她指出，中国福利会的工作已经随着环境的改变而改变了，今后的主要任务是集中精力做妇女儿童的福利工作。

次年 11 月，宋庆龄出席中国人民保卫儿童全国委员会成立大会，并被代表们一致推选为这个委员会的主席。以后，她一直担任这个职务，与该会的工作人员保持着密切的联系。她对他们说："你们有事随时都可以与我联系，随时都可到我家来。"

从此，在宋庆龄的领导下，中国儿童工作进入了一个新的境界。而宋庆龄像春天一样给予亿万儿童以阳光和温暖，成为中国少年儿童慈爱的祖母。

1952 年春天，宋庆龄听说上海儿童剧团招收了一批新团员，便带着一些糖果来到了孩子们中间。

宋庆龄把这个由原中国福利基金会艰苦创办的儿童剧团，亲昵地称为"我的剧团"，一直视为掌上明珠，费尽了心血。她说："我们办儿童剧团，要给孩子们精神食粮，让他们看到未来。"新中国成立后，儿童剧团宛如一株小树苗，在阳光雨露下，更加茁壮地成长。

在剧团院子里的草坪上，宋庆龄与小演员们围坐在一起，他们不时发出阵阵爽朗的笑声。一位工作人员告诉她，新招收的团员分为演员队、管弦乐队、舞台美术队。宋庆龄说："名师出高徒。一定要给剧团物色好老师，帮助孩子们学文化知识，学表演艺术。”

当听说剧团建设上还有不少困难，有些规划尚未落实时，宋庆龄的表情严肃起来，说道：“儿童是我们未来生命的血液。有些事可以等一等，但儿童工作不能等。十月革命后，苏俄处于艰苦创业的阶段，但列宁当时就下令建立儿童剧院，我们也应该有这样的胆识和远见。”

这一年的夏末，为了庆祝新中国成立三周年，宋庆龄决定亲自带领儿童剧团到北京演出。她为此给剧团做了三点指示：第一，这是政治上向党中央汇报。第二，节目要表现新时代少年儿童的生活和思想。第三，艺术上要强，要适合儿童特点，要有儿童的生活情趣；不仅要征服中国的观众，将来还要征服国际上的观众。剧团立即行动起来，精心准备了一台大戏《小雪花》和一台丰富多彩的综合节目。

9 月 1 日，宋庆龄和剧团的孩子们同乘一列火车到北京去。

宋庆龄来到孩子们的车厢，关切地询问他们演出的衣着服饰，高兴地听着他们的欢歌笑语。宋庆龄也笑得很开心，很满足。

途中，服务员给宋庆龄端来一盘鲜美饱满的葡萄。她拿起一颗，刚送到嘴边，忽然问道：“孩子们有吗？”

警卫秘书隋学芳如实回答：“没有。”

宋庆龄马上把手里的那颗葡萄放回盘子里，叮嘱道：“送给孩子们吃吧。”

到达北京后的第二天清晨，正在散步的宋庆龄看到两个小女演员穿着短裙，难抵秋风带来的阵阵凉意，当即叫人去买厚厚的长筒袜，分发给团里的女孩子。宋庆龄还让她们都扎上黄色的蝴蝶结，并告诉这些小演员：“黄色是国旗上五角星的颜色，再佩上红领巾，就成了新中国的颜色。你们是新中国的少年儿童，要佩上国色。”

9 月 24 日晚，中南海怀仁堂灯火辉煌，洋溢着欢快的节日气氛。

7时30分，宋庆龄陪着毛泽东、朱德、周恩来等领导人来到小礼堂。小演员们演出了《大头娃娃舞》《少先队组舞》《我们都有一个志愿》《兔子和猫》等。演出结束后，帷幕还没拉开，小演员们就迫不及待地从大幕布底下钻出来，对着台下一个劲儿地招着小手。毛泽东等人高兴得哈哈大笑，扭过头来对宋庆龄说："这些娃子演得好哇！就让他们在这儿给北京的孩子们演几场吧。"

邓颖超来到后台，对着剧团的领导和孩子们说："儿童剧团是第一个进怀仁堂演戏的，这是你们的光荣。"郭沫若、沈雁冰等文化部领导也高度评价了儿童剧团的演出，认为他们是"中国儿童戏剧的拓荒者"，是"新中国第一代儿童戏剧工作者"。

国庆节后，儿童剧团真的又在怀仁堂连演了四场，令首都少年儿童大饱眼福。

宋庆龄对儿童剧团在北京演出成功感到格外高兴，特地把孩子们接到自己家中做客。她亲切地招待孩子们喝茶、吃点心，还把毛泽东送给她的水果拿出来给大家吃。孩子们临走时，她又给大家分了糖果："我把糖果放在桌上了，怕你们不好意思拿，所以我中午就已经分好了，都用红纸绿纸包好了，一人一包，里面的糖是一样多的。"

儿童剧团回到上海不久，宋庆龄多方活动，争取到一幢房子作为剧团的新址。这幢房子是解放前英国人办的贵族子弟学校，房间宽敞明亮，设施也比较齐全，这使剧团的工作环境和条件大为改善。1956年，根据宋庆龄的指示，上海有关方面又把解放前专演外国片的金门大戏院改建成了儿童剧场。1957年4月10日，儿童剧团正式改名为中国福利会儿童艺术剧院。

在宋庆龄的直接领导下，儿童艺术剧院先后创作演出了博得儿童热烈喝彩的大小剧目数十种，而且积累了一批保留剧目。话剧《友情》在第一届全国话剧会演中获得了演出、剧本、导演、舞台制作、舞台技术革新和表演六项奖，宋庆龄闻讯极为高兴，特地把孩子们请到家中吃饺子，勉励他们多为小朋友们演好戏。话剧《小足球队》获得文化部授予的话剧创作奖和演出奖后，宋庆龄又写信给剧本作者和儿童艺术剧院全体人员，希望他们力戒骄傲，创作和演出更多更好的现代剧目，在培养可靠的革命接班人的庄严工作中，做出更大贡献。

对于中国福利会开创的其他儿童事业，宋庆龄同样给予热情的关注，倾注了大量的心血。她领导创办了《儿童时代》杂志，重视兴办妇幼保健、托儿所、幼儿园、少年宫这类被列宁称为“共产主义幼芽”的机构。几乎每年的“六一”儿童节，她都要为儿童撰文或题词，呼吁社会各界重视儿童教育和儿童福利，教导儿童努力成为祖国需要的有用之才。拳拳之心，殷殷之情发自内心，溢于言表。在她的心目中，儿童工作永远是“缔造未来”的伟大工程。

当宋庆龄将要走完她那近一个世纪的人生旅程的时候，她回首自己为人民奋斗的70年岁月，曾无限深情地说过这么一句话：“我的一生是同少年儿童工作联系在一起的。”

七十四

1951年4月6日，宋庆龄收到发自莫斯科的电传——“加强国际和平”斯大林国际奖金委员会做出如下决定：“中国人民救济总会主席宋庆龄在维护与巩固和平的斗争中有卓越的贡献，特授予‘加强国际和平’斯大林国际奖金。”

与宋庆龄同时获得这一殊荣的还有法国法兰西学院教授约里奥·居里，英国坎特伯雷副主教约翰逊，法国塞夫勒省高等师范学校名誉董事尤金尼·戈登夫人，美国新教前主教阿瑟·墨尔顿，朝鲜民主妇女同盟委员长朴正爱，墨西哥前海军部长赫里伯托·雅拉。

听到这一喜讯，周恩来立即致电宋庆龄，向她表示最热诚的祝贺。中国人民保卫世界和平委员会上海分会也派代表，前来向宋庆龄道贺并献花致敬。王芸生说："这种荣誉是宋先生数十年来为中国人民解放及世界和平事业奋斗而得到的隆重礼物，同时中国人民也感到光荣。"宋庆龄高兴地说："我被列为斯大林和平奖金获奖者之一，感到无限的荣幸。"她又说："帝国主义绝不能达到奴役全人类的目的，因为世界人民保卫和平的统一战线，自有其特殊的力量。"她呼吁集合新的力量，来战胜人类的敌人，走向人类应该获得的和平工作与愉快生活的无比光明的前途。

9 月 18 日晚，"加强国际和平"斯大林奖金授奖典礼在北京中南海怀仁堂隆重举行。主席台上天蓝色幕布的正中，悬挂着绿底白色的巨大和平鸽图案。宋庆龄由彭真、郭沫若陪同走上主席台。参加典礼的有中央人民政府副主席刘少奇、李济深，政务院总理周恩来，副总理董必武、黄炎培等领导人和许多外宾。"加强国际和平"斯大林奖金委员会派了两位世界著名的作家——苏联的爱伦堡和智利的聂鲁达，专程前来授奖。

典礼首先由郭沫若致辞。他说："宋庆龄先生早年是孙中山先生的很好助手。孙中山先生逝世后，她一贯地站在反对封建主义、反对帝国主义、反对法西斯主义的立场，为中国人民的解放事业而奋斗。对于中国儿童的福利，中国人民的福利，世界和平事业的发展，都有很大贡献。因此，她得到奖金是委员会一致的推选和决定。这是宋庆龄先生个人的光荣，也是中国人民全体的光荣。"

著有多部传世之作的苏联著名作家爱伦堡，亲自把刻有斯大林像的金质奖章戴在了宋庆龄的衣襟上。他在祝词中说："亲爱的宋庆龄先生……您一生所走过的道路使一切正直的人们——不论他们生活在哪里都得到鼓舞。您的生活道路可以奉为崇高的榜样。当黑暗势力气焰万丈，胆怯者卷起旗帜或投靠敌人的年代里，您曾挺身为保卫人类的尊严，保卫正义的和平英勇战斗。在最黑暗的年代里，您始终忠于孙中山先生的伟大遗训，您始终忠实于自己的人民。在争取自由的斗争中，中国所遭受的损失是重大的。您，亲爱的朋友，为了救济自己的同胞，倡导了救死扶伤、抚育孤儿的伟大事业，您以多年的不倦的工作，帮助了中国人民医治战争的创伤。您曾写过无数篇充满热情、激励和鼓舞的文章。因此我敢说，在经历多次考验的艰难的日子里，您曾帮助中国人民继续斗争，医治他们心灵上的创伤。”

智利著名诗人聂鲁达，即兴朗读了他的献词：

……

宋庆龄先生，我们敬爱的和平战友，

这金黄的麦穗来自斯大林的国土，

现在戴上了您的衣襟，伟大而朴素的妇女。

这绝不是偶然，也绝不是偏爱，

这是由于人民对您的热爱尊敬。

我们也爱你所保卫的和平，

你的斗争不仅是为了你自己的人民，

你的斗争能使全世界人民得到自由、幸福、和平。

宋庆龄在典礼上致答谢辞。她的外表看上去很平静，内心却是非常激动，甚至有几分莫名的紧张。她满怀深情地说：“和平战友们……我将永远记得今天这个晚上，我将把它长系心头，这不仅是为了我个人的缘故，而且是为了这个光荣是属于中国人民的。保卫和平不是任何个人所能够完成的事。个人只是代表了人民大众的心愿和希望，并且和他们联合起来一致行动。因此，我是以中国人民的一个代表来接受这个奖金的……当我们看见我们周围所有的人民都爱好和平、愿望和平的时候，我们知道这是真理。但是我们必须把这个真理化为行动。我们必须将这一斗争进行到最后成功。”

典礼结束后，举行了热烈欢乐的庆祝晚会。

这笔奖金的数额为10万卢布，宋庆龄签收后当即在汇款单的背面批示：“此款捐赠中国福利会做妇儿福利事业之用。”她还在给一位朋友的信中谈及此事：“这是给我的荣誉，我要把这笔钱，全部用于世界和平事业。”不久，中国福利会用宋庆龄的这笔捐款在上海创办了“中国福利会国际和平妇幼保健院”。

七十五

宋庆龄生活中的一大嗜好，是饲养鸽子。这既是因为鸽子象征着和平和吉祥，也源于有关鸽子的一些凄婉动人的传说。宋庆龄很小就听母亲讲过，雄鸽和雌鸽结成夫妇以后，便终身厮守在一起，万一其中一只鸽子不幸死去，另一只鸽子会用颈部抚慰对方的尸体，久久不肯离去，表现出深长的怜惜之情。

吃过早饭，将要远行的宋庆龄收拾好行装，手提鸽食来到了鸽子房前。十多只鸽子一下子扑过来，围在宋庆龄的脚下。她抓起一把绿豆，扬手撒在地上，然后蹲下来，饶有兴味地看着鸽子吃食。

“首长，该动身了。”秘书走过来提醒她。

宋庆龄站起来，依依不舍地望了鸽群一眼，转身向停在庭院门口的汽车走去。她此次是以中国代表团团长的身份，率团前往奥地利首都维也纳参加世界人民和平大会。

来到机场，宋庆龄与先期到达的代表团副团长郭沫若、刘宁一，秘书长廖承志，团员史良、金仲华、袁水拍、梅兰芳、常香玉等一一握手。以当时的外事工作的眼光看，这是一个庞大的代表团，共

59 人。看得出，大家都对成为新中国的和平使者感到特别兴奋和自豪。

1952 年 12 月 12 日，世界人民和平大会在举世闻名的艺术圣殿维也纳音乐厅开幕。令宋庆龄本人和中国代表团感到意外的是，来自世界各国的 2000 名代表一致推选宋庆龄和法国著名科学家约里奥·居里教授为大会执行主席。正当中国人民志愿军与美国军队及其多国仆从军在朝鲜战场激烈交火的时候，来自中国的宋庆龄却成为这次和平大会的主角之一，也从一个侧面反映出宋庆龄在世界和平运动中的地位和声望。

第二天上午，大会执行主席约里奥·居里教授宣布："欢迎宋庆龄先生发言。"全体代表起立鼓掌，热情呼唤："宋庆龄！宋庆龄！"还有许多代表用中文喊着："和平万岁！和平万岁！"目睹如此盛况，音乐厅一位老职员发出一声感叹："这里只有世界第一流的交响乐团演出后，才会出现这么热烈的场面。"

宋庆龄神采奕奕，仪态端庄，微笑着频频向代表们点头致谢，流露出一种浑金璞玉般的高雅气质。她从容地戴上黑边眼镜，发表了题为《人民能够扭转局势》的演讲。

宋庆龄首先给各位代表带来了爱好和平的中国人民的衷心祝贺，表达了要和大家一道拯救和平的坚强决心。她指出，世界"正处在历史上的一个交叉路口，我们面前有两条路——一条走向战争与毁灭；另一条走向和平、进步，以及一个较长时间的或者永远的避免战争的可能"。她强调并相信"各国人民有力量扭转事态的进程，恢复人们对和平未来的信心"。

宋庆龄在演讲中向美国人民发出了热烈而诚恳的呼吁，希望他们"对世界和平负起特别的责任，对美国政府执行的战争政策、任意侵略别国人民的民族独立和国家主权的行动，能起来制止"。她说："美国人民绝不是孤立的。他们应该经常记着，保卫和平的斗争有全人类中绝对多数的人民做后盾。”

为了扭转局势、保卫和平，宋庆龄郑重地向大会提出了宝贵的建议：要求停止一切现有的战争，特别是朝鲜、越南与马来西亚的战争，解决的方案应以停火、遣返全部战俘、撤退一切外国军队为基础，让朝鲜人民解决他们自己的问题；要求停止一切的战争准备，立即和切实地裁减军备，解除一切其他的国际紧张情况，包括撤销国际贸易和文化交流的障碍；缔结五大国的和平公约，严格禁止原子武器、细菌武器、化学武器以及其他一切大规模毁灭人类的武器；一切国际关系必须以平等为基础，一国不得干涉他国的内政，也不侵犯他国领土或对他国施加政治压力。

最后，宋庆龄提高嗓音向全体代表发出深情的呼唤：“让我们向和平前进，走向光明的新世界！”

音乐厅响起暴风雨般的掌声和欢呼声。许多代表忘记了会场纪律，走过来围着宋庆龄，排队与她握手表达自己的敬意。连美国代表路易斯·惠吞也认为：“宋庆龄的讲话和建议是这样合情合理，一定能为美国各阶层人士所接受。”

这时，一位身材瘦长、满头金发的小伙子挤上前来，对着宋庆龄说道：“尊敬的宋女士，我妈妈一直很敬佩您，她让我一定当面向您致意。”

原来，这位小伙子是联邦德国的年轻诗人贝格尔。他向宋庆龄和代表们介绍说，他少年时代曾跟妈妈一道在德国法西斯集中营坐牢，妈妈一直珍藏着一张当年的莱比锡地下报纸，那上面刊有孙逸仙夫人宋庆龄 1933 年谴责希特勒屠杀德国工人阶级和进步人士的抗议声明。

贝格尔递上自己的照片，请宋庆龄签名留念。宋庆龄接过照片，很工整地写下了自己的名字和时间，然后还给小伙子，微笑着说道：“请代我问候你的好妈妈！”

贝格尔看上去很兴奋，对宋庆龄说：“我马上就把这张照片寄给我妈妈，她一定会非常高兴的。”

回到住地，代表团成员都为宋庆龄的演讲获得巨大成功而欢欣鼓舞。廖承志赶忙吩咐房东、一位奥地利的共产党员多做几个菜，又叫上专门负责宋庆龄警卫工作的苏联红军战士，大家一起向宋庆龄举杯祝贺。饭后大家仍觉余兴未尽，有人便提议去多瑙河边散步。

宋庆龄一行走上街头，漫步于这座欧洲历史名城，看到西郊山地森林葱郁，多瑙河流贯市区，两岸花团锦簇，放眼望去，远处水天相连，真觉得心情好极了。

次日，当地一家报纸刊载了诗人贝格尔写的专访，描写宋庆龄为“坚贞圣洁的中国女英雄，在蓝色多瑙河旁，在交响乐奏鸣的贝多芬音乐大厅，在庄严而辉煌的世界人民和平集会上，受到了应有的、极为隆重而热烈的欢迎”。

半年之后，美国终于在朝鲜停战协定上签字。

第二十一章

“文革”岁月

面对这突如其来的政治狂飙，宋庆龄感到异常震惊和迷惑不解。她极力想使自己跟上形势的发展，却一直无法说服自己。这位历经风雨的坚强战士，感到了一种从未有过的孤独和痛苦。

——题记

七十六

1966年，中国开始了“文化大革命”运动，并从此一发而难以收拾。

5月4日至26日，中共中央政治局扩大会议在北京召开。这次会议是由党中央副主席刘少奇主持的。毛泽东当时不在北京，没有出席会议。但是，会议的内容是毛泽东定下来的。会议通过毛泽东主持制定的所谓《5·16通知》，设立了隶属于政治局常委的“中央文革小组”。在这之前连中央委员都不是的江青，此后却以“中央文革小组”第一副组长的身份开始发号施令了。这个小组也逐步取代了中央政治局和书记处的职权，成为“文化大革命”的实际指挥机构。

8月12日，中共八届十一中全会公布了毛泽东给清华附中红卫兵写的一封信和《炮打司令部》的大字报。18日，毛泽东等在天安门接见来自各地的红卫兵，掀起了全国性的所谓红卫兵“革命大串连”。这些红卫兵大多是十几岁、二十几岁的青年人，精力旺盛，然而又天真幼稚；他们忠于自己心目中的社会主义事业，但政治判断能力极差，因此，受到一些野心家和阴谋家的无耻操纵，成为林彪和江青一伙的突击队。江青亲热地把他们叫作“我的小将们”。“小将们”很快就发展起来，大喊大叫着起来“造反”了——先是造学校校长的反，造老师的反，然后又到社会上去破“四旧”。红卫兵全面介入社会政治生活，国家陷入一片混乱。

面对这突如其来的政治狂飙，宋庆龄感到异常震惊和迷惑不解。她极力想使自己跟上形势的发展，却一直无法说服自己。这位历经风雨的坚强战士，感到了一种从未有过的孤独和痛苦。

第二十一章
“文革”岁月

当年8月29日夜，一股红卫兵查抄了章士钊先生的住宅。第二天凌晨，章先生直接写信给毛泽东，恳求他在可能的范围内“稍稍转圜一下，当有解铃之望”。毛泽东在信上做了“送总理酌处，应当予以保护”的批示。周恩来接到这份批示的当天，立即严厉批评有关人员，责令马上送回抄走的全部书籍，并派人前往保护章宅。同时，周恩来亲笔写下一份“应予保护的干部名单”。这份保护名单上的第一人，就是宋庆龄。

此时，北京狂热的红卫兵正在酝酿以“出身于剥削阶级”“妹妹宋美龄是蒋介石的老婆”等理由，冲击位于后海北河沿46号的宋庆龄住宅。

宋庆龄的住宅，原是清朝末代皇帝溥仪的父亲醇亲王载沣的府邸，即摄政王花园。解放初期，人民政府就计划为宋庆龄在北京修建一座住宅，但她以国事百废待兴为由，一再谢绝。她说：“为了我个人的住所增加国家的开支，这样将使我感到很不安。”党和政府考虑到宋庆龄的特殊情况，决定将这个王府旧园修葺更新，周恩来还特请著名建筑师梁思成设计了一座中西合璧的两层楼房。1963年4月，宋庆龄乔迁这里。搬进来时，她风趣地说：“封建时代的王府花园，由我们住了。”而今，她怎么也想不到，这住宅竟成为红卫兵冲击的目标。

在这危急时刻，周恩来挺身而出，对首都红卫兵发表讲话，强调指出：“宋庆龄是孙中山的夫人。孙中山的功绩，毛主席在北京解放后写的一篇重要文章《论人民民主专政》中是肯定了的。他的功绩也记在人民英雄纪念碑上。南京的同学一定要毁掉孙中山的铜像，我们决不赞成。每年‘五一’‘十一’在天安门对面放孙中山的像是毛主席决定的。孙中山是资产阶级革命家，他有功绩，也有缺点。他的夫人自从与我们合作以后，从来没有向蒋介石低过头。大革命失败后她到了外国，营救过我党很多地下工作的同志；抗日战争时期与我们合作；解放战争时期也同情我们。她和共产党的长期合作是始终如一的。我们应当尊重她。她年纪很大了。今年还要纪念孙中山诞辰一百周年，她出面写文章，在国际上影响很大，到她家里贴大字报不合适。她兄弟三人姐妹三人就出了她一个革命的，不能认为她妹妹是蒋介石的妻子就要打倒她。她的房子是国家拨给她住的。有人说：‘我敢说敢闯，就要去。’这是不对的，我们无论如何要劝阻。”

与此同时，周恩来特意叮嘱杨德中负责宋庆龄住宅的安全，指示公安部门和北京卫戍区给宋庆龄家里增派了警卫。由于周恩来的保护，宋庆龄的住宅没有受到冲击，人身没有受到迫害。但是没过多久，宋庆龄的心灵却受到了一次沉重的打击。

这天，她草草吃了几口午饭，斜靠在床头上，微微闭上眼睛，院墙外“造反派”们敲锣打鼓的喧闹声使她觉得心烦意乱。

秘书走进来，递给宋庆龄一封信。

读着这封信，宋庆龄浑身开始颤抖，特别是看了随信寄来的一幅照片，她的眼泪夺眶而出，感到一阵眩晕，险些摔倒在地上。秘书急忙上前扶着她坐下。作为跟随宋庆龄多年的工作人员，秘书还是第一次看到她精神上支持不住而痛哭失声。

原来，上海的红卫兵毁坏了宋庆龄父母在万国公墓的墓地，而且推倒石碑，把墓中的骸骨挖掘出来，实行“暴尸”。在这伙“革命小将”看来，万国公墓安葬的多是过去的达官贵人，尤其是宋氏墓地，里面埋葬的是人民公敌蒋介石的岳父、岳母，必须予以摧毁。宋庆龄在上海的亲戚听到祖坟被挖的消息，匆匆赶到现场。那场面实在惨不忍睹，他们出钱叫附近的农民把墓边的白骨重新掩埋好，赶紧写信向宋庆龄报告了这一情况，还寄来了墓地被毁的照片。

宋庆龄从小最受父母的疼爱，只是当年忙于奔走国事，以后又流亡国外，未能承欢膝下，恪尽孝道。她 25 岁那年，父亲宋查理因患血癌在上海逝世，她和兄弟姐妹们含着眼泪，在万国公墓安葬了父亲。13年后，宋母倪老夫人病逝。当时宋庆龄正流亡德国，噩耗传来，她便匆匆赶回上海。由于宋母是虔诚的基督徒，葬礼前举行了宗教仪式，牧师率众唱了一首赞美诗《与主相亲》，祝福死者的灵魂能永驻天国，得到长久的安宁。牧师还以倪老夫人的口气说：“我现在坐在一片草地上，天空飘着云彩，周围开着鲜花，环境是这样幽美，空气是这样清新，我感到非常愉快……”祭礼毕，宋子文三兄弟和宋霭龄、宋庆龄、宋美龄以及女婿孔祥熙、蒋介石围绕墓地，看着覆盖着国民党党旗和中华民国国旗的楠木灵柩徐徐落入墓穴。宋庆龄珠泪莹莹，泣不成声，从心底里一遍又一遍地祝福慈爱的父母，永远安息在这块绿树环绕、芳草如茵、庄严肃穆的墓地之中。她万万想不到，35年后父母竟然暴尸荒郊，在阴间也得不到安宁。悲愤的宋庆龄打电话给当过她多年秘书的廖梦醒，托她通过邓颖超把这个情况告诉周恩来。廖梦醒立即报告邓颖超。邓颖超极为震惊，马上告诉了周恩来。这位共和国的总理闻讯大怒，一气之下拍了桌子。他当即给上海挂长途电话，责令他们赶快修复宋庆龄父母的坟墓，不得借故拖延。这迫使当时受张春桥、姚文元直接控制和操纵的上海市革委会和民政局，抓紧修缮了宋氏墓地，重新立了墓碑，但立碑人只刻上了宋庆龄，不见了宋家其他五个子女的名字。

邓颖超来到了宋庆龄家里，把新墓的照片送给她看，并征求她还有什么意见。宋庆龄拿着照片，颇感宽慰地说：“祖宗总算有个地方蹲了。”对于周恩来夫妇的理解和帮助，宋庆龄极为感动。她紧紧地拥抱邓颖超，说道：“恩来的这份恩情，我将永生不忘。”

七十七

周恩来制止了红卫兵企图冲击宋庆龄住所的行为之后，宋庆龄家里来了一位熟悉而又陌生的客人——江青。毛泽东派江青来看望宋庆龄，向她解释“文化大革命”。

江青穿着一件草绿色的军装，戴着一副秀琅架黑边眼镜，面带微笑，显得仪态雍容。宋庆龄很有礼貌地接待了这位权倾一时的第一夫人。

17 年前，宋庆龄第一次见到江青。那是在她参加开国大典之后回上海时，毛泽东让江青代表他到前门火车站为宋庆龄送行。两人在一起交谈了不到 20 分钟，江青给宋庆龄留下的印象是衣着朴素，善解人意。她后来不止一次地对别人讲过江青“有礼貌，讨人喜欢”。20 世纪 50 年代，她在上海家中宴请印度尼西亚总统苏加诺及其夫人，江青曾应邀出席作陪。当时宋庆龄对江青的举止文雅、服饰得体，表示十分赞赏。但是，今天的情况可就不同了，已经走上政治舞台的江青初露峥嵘，即使在宋庆龄面前，也掩饰不住地显示出一种不可一世的神情。

“听说宋副主席近来身体不太好，”江青用关切的语气道，“主席很挂念，特意让我来看看你！”

接着，江青开始滔滔不绝地讲起“文化大革命”的兴起和所谓的“伟大意义”。她的声音又尖又细，听上去有些装腔作势，矫揉造作，特别是每句话后面一个字的尾音拖得分外长，还不住地微微颤抖，让人感觉到一种歇斯底里般的神经质。

宋庆龄静静地坐在沙发上听着。她意识到自己过去对江青实在是太不了解了。当江青自命不凡地一个劲吹捧红卫兵时，宋庆龄忍不住打断了她的谈话，说道：“对红卫兵的行动应有所控制，不应伤害无辜。”

江青的脸立刻沉了下来，态度一下子变得冷冰冰的了。当时在场的一位宋庆龄的秘书事后回忆说：“江青感到自己受到了侮辱，红卫兵与她关系重大，她简直不能想象有人会认为整个运动是错误的。

而宋庆龄和其他人一样，当发现江青热衷于权力之争时，她便开始讨厌江青了。”

从此，宋庆龄有意识地疏远了同江青的关系，彼此很少交往。对于“文化大革命”，她则以自己独有的方式予以抵制甚至抗争。

到了“文化大革命”后期，她对江青极少称呼其名，有一次在给友人的信中，甚至使用了“那个无耻到极点的婊子江青”这样的字眼以示对其的恶感。

1966年11月12日，是孙中山100周年诞辰纪念日。中共中央决定在人民大会堂召开万人纪念大会，请宋庆龄写文章并出面讲话。

这些年来，每逢孙中山的忌日或诞辰，宋庆龄总是愿意一个人待在孙中山的像前，很少参加公开的纪念活动，用她的话说：“让我一个人静静默念孙先生，这样最好。”她的这种做法一度并不被人理解，甚至招致一些流言蜚语。但这次则不同，孙中山百年诞辰是一个重要的日子，而且当时社会上诋毁孙中山的说法和做法充斥各地，宋庆龄决心站出来，以她自己独特的方式进行反击。

提前几个月，宋庆龄就开始起草纪念孙中山的文章。10月底，她终于用英文写成了一篇思想丰富、情真意切的长文，并且给这篇文章标了一个很有针对性的题目：《孙中山——坚定不移、百折不挠的革命家》。之后，她让警卫秘书隋学芳把稿子送周恩来审阅。隋秘书临出门前，宋庆龄又嘱他给周恩来和邓颖超捎去一兜新鲜的螃蟹。

11月6日，宋庆龄收到了周恩来亲笔写的来信。

宋副主席：

你的那篇文章，由于我近来更忙了一点，直搁到现在才改出来，甚为不安。现在将中文、英文两种改本派人送上，请你审阅。英文改稿，已经爱泼斯坦同志看过。你对改稿如没有意见，请即批在英文稿上，并交去人带回，以便在中文稿上照改。如无改动，请告隋秘书给我一个电话就可以了。文章拟在11月12日登出。你给我们的螃蟹收到，谢谢。

敬礼

周恩来

人民出版社为了纪念孙中山这位一代巨人的华诞，重印了1956年初版、宋庆龄题签书名的两卷本《孙中山选集》，同时出版新编选的周恩来题写书名的一卷本《宋庆龄选集》。

11月12日，人民大会堂。万人集会隆重纪念孙中山一百周年诞辰。除毛泽东之外的党和国家主要领导人几乎全部莅会。在“文化大革命”初期极度混乱的日子里，能够如期举行这样规格的大会，显得格外引人注目。

宋庆龄走上庄严的讲台，以少见的激昂发表了长篇演讲。

她一开始就把孙中山称颂为“中国人民伟大儿子”，“中国伟大的革命先行者”“坚定不移、百折不挠的革命家”，指出“毛主席对孙中山的贡献做了精确的估价”，“毛主席曾说，一百年来帝国主义压迫中国，中国人民一直坚持反抗，但是从孙中山先生开始，才有比较明确的资产阶级民主革命”。

宋庆龄回顾了孙中山光辉战斗的一生，强调“他认识到，必须走列宁的道路，以俄为师，走中国共产党唤起民众、领导国民革命的道路。革命只能依靠那些最迫切要求解放的人，即被压迫的人民群众”。“这样，孙中山到了晚年清楚地看到了关于中国革命的真理。他总是这样，一旦看清楚了真理就立即行动起来。他欢迎中国共产党的合作和新生的苏联的帮助。他全力进行改组他所领导的政党，目的是要唤起民众，采取革命行动。当国民党内有人拒绝跟他走的时候，他以坚强的原则性态度告诉他们：要么革命，要么就退出；如果他们不退出，他就退出。而且他公开声明，如果他退出，就去加入中国共产党，和那些真正使中国在世界上享有自由和平等的人在一起。他重新解释了他的三民主义，并且增加了联俄、联共和扶助农工三大政策。毛主席很早就指出：‘这种三大政策的三民主义，革命的三民主义，新三民主义，真三民主义，是新民主主义的三民主义，是旧三民主义的发展，是孙中山先生的大功劳，是在中国革命作为社会主义世界革命一部分的时代产生的。’”

最后，宋庆龄深情地说道：“孙中山在遗嘱中要求所有革命者继续斗争，直到胜利。中国共产党领导中国人民实现了这一遗志，并远远超过了它。如果孙中山还健在，他会为中国共产党团结全国人民和全国各民族，领导人民在社会主义革命和社会主义建设中取得巨大成就并在当前世界上坚持马克思列宁主义真理的坚决立场而感到骄傲。”

宋庆龄充满凛然正气和唯物主义精神的演讲，一再赢得全场雷鸣般的掌声。

就在这次大会开始前几分钟，还发生了一个耐人寻味的小插曲。与会者步入大厅，每人得到一枚孙中山纪念章。那时人人胸前都挂着各式各样的毛主席像章，现在又发了一枚孙中山纪念章，无形中就有了一个两枚像章如何同时佩戴的棘手难题。随宋庆龄参加大会的秘书把两枚像章同时别在上衣左边，但毛主席像章别得高一点，孙中山像章别得低一点。宋庆龄盯着秘书，平静地说道：“像章位置别得不对。至少在今天，你这样做不对。”

纪念大会结束不久，1967 年的新年钟声敲响了。宋庆龄像往常一样，准备给刘少奇的几个孩子送贺年片、日记本和糖果，并亲自签上“宋妈妈”的名字。一位工作人员好心地提醒她：“现在送这个合适吗？”言外之意，刘少奇已是身处逆境，半个多月前的纪念大会，是刘少奇最后一次在大的公众场合露面。新华社关于这次大会的报道，竟然把身为国家主席也是纪念大会筹委会主任的刘少奇排在第七位，这已是一个十分明显的预兆。

宋庆龄当然已注意到乌云正向刘少奇压去，但她有自己的是非标准和处世原则。多年来，她和刘少奇一家人私交很深，保持着密切的联系。宋庆龄的政治经验，使她看出了这场运动的目标之一，是彻底整垮刘少奇，这使她感到难以理解。就在前几天，她还对罗叔章说："你要是拿到什么红卫兵传单，给我看一看。我在收集这些传单，好了解形势的发展。我很纳闷，刘少奇在党内那么长时间了，他如果真是一个反党的内奸，怎么从来就没有一个人怀疑过呢？"对此，爱泼斯坦评论道："一个国家副主席居然要靠从街上拾到的传单来了解国家主席究竟发生了什么事情，这不能不说是这个奇怪的时代的又一个特征。"

此刻，面对工作人员的并无恶意的提醒，宋庆龄很不以为然。她说："有什么不合适？越是这种时候我越是要送。"

没过几天，江青窜到清华大学说，刘少奇问题的性质早就定了，是反党反社会主义。此后，刘少奇、王光美开始直接受到批斗。4月，清华大学召开了30万人大会批斗王光美；8月，刘少奇在中南海内受到残酷批斗，右腿被打伤，腰也伸不直了；9月，刘少奇的子女们包括曾是红卫兵的平平，都被赶出中南海，回各自学校接受审查批判。1968年10月召开的中共八届十二中全会上，刘少奇以"叛徒、内奸、工贼"等莫须有的罪名，被"永远开除出党，撤销党内外一切职务"。宋庆龄爱莫能助，她对身边的工作人员说："少奇同志很好嘛，对革命有功劳。他不是坏人，为什么要打倒他？对刘少奇这样的老革命家怎么可以这样对待呢？"义愤之情溢于言表。

刘少奇的子女在孤立无援之中，想到了敬爱的"宋妈妈"，立刻给宋庆龄写信请她帮助寻找父母。宋庆龄立刻将这封信连同自己的亲笔信寄给了毛泽东。她又亲自给刘少奇的孩子们写了回信，勉励他们振作精神，好好工作和学习，并让秘书带上慰问品和几份新出版的《中国建设》去看望他们。1969年10月17日，刘少奇被秘密用飞机押送到河南开封，单独监禁在一座与外界隔绝的院子里。他有严重的糖尿病，又因为得了肺炎病倒了。四个星期之后，11 月 12 日，这位共和国主席在阴冷的早晨 6 时 45 分去世了。临终的时候，只有看守他的人在旁边。1972 年，也就是刘少奇被折磨至死的两年之后，孩子们才终于获准到监狱探望他们的母亲王光美。悲喜交集的王光美声音颤抖地说："没想到你们能活下来!"孩子们悄悄地告诉母亲："妈，我们生活在人民之中。宋妈妈最近还给我们回了信，送了杂志和糖果，鼓励我们好好学习。"王光美热泪纵横。在当时的政治气候下，这对于她和子女们来说，实在是难得的巨大支持和慰藉。

在对待路易·艾黎的问题上，宋庆龄同样表现出了令人折服的善良、正直和勇气。

路易·艾黎是新西兰人，1927 年来到中国。1933 年，经史沫特莱介绍结识了宋庆龄。史沫特莱告诉他，宋庆龄是一位大智大勇的中国女性，她就如一棵参天的大树，巍然屹立在白色恐怖下的中国。从此，路易·艾黎同宋庆龄一直保持着密切的接触，结下了深厚的友谊。尤其使宋庆龄难忘的是，在当年上海沦陷、河山破碎的危急关头，是路易·艾黎冒着生命危险，护送自己离开上海的。现在，当宋庆龄听到一些为中国革命奋斗了几十年的国际友人被打成"特务""间谍"，被批斗，被送进"牛棚"时，她首先想到了路易·艾黎。"此刻的路易不知怎样了，他那样数十年如一日地献出了自己的一切，是位多么忠于中国革命的好同志啊！不！我决不能让他被误解。不管怎样我都要讲话，我要对中国革命负责，我要对国际主义负责。"于是，她不顾自己已是处境困难，义无反顾地向路易·艾黎伸出了援助之手，亲笔为他写下一封证明信。

> 我从 1933 年起就认识路易·艾黎，他为中国做了贡献，帮助我们保卫国家。当日本帝国主义侵略中国的时候，

是他在内地创办了工业合作社，帮助我们培养年轻的一代，为了这项工作，他甚至牺牲好职业。当白色恐怖笼罩上海的时候，当中外特务追索共产党员的时候，是他把自己的家作为共产党员的避难所。当日本帝国主义占领中国的时候，是他在甘肃等内地不怕任何艰苦的生活条件，为中国人民工作着。解放以后，他支持我们的文化革命运动，写了很多的书、诗与文章。当世界和平委员会派他去外国时他为我们讲演和辩论。解放前和解放时我都了解他。我觉得他是新中国的一位诚实、忠诚、不屈不挠的朋友。我极端相信他。他如白求恩大夫一样，是国际共产主义、马克思、列宁的信徒。

宋庆龄

1968 年 8 月 31 日

宋庆龄写好这份证明信后，叫秘书杜述周、张珏两人亲自送给路易·艾黎。这份写得实事求是，非常有针对性、权威性的说明，解脱了路易·艾黎的危境，正如他自己说的，这份证明书，“使我免遭怀疑和迫害”，使他成了少数几个当时没有身陷囹圄的国际友人之一。

七十八

1972 年 1 月 7 日上午，秘书向宋庆龄报告：陈毅于昨天夜里在日坛医院病逝。

宋庆龄的心感到阵阵痛楚，泪水顺着脸颊流下来。开国元勋蒙难，使她悲愤交加。

宋庆龄与陈毅交往几十年，一直十分敬重这位性情坦荡、文武双全的元帅外交家。在她家的客厅里，就悬挂着 1964 年她同周恩来、陈毅出访锡兰（今斯里兰卡）时的合影。照片上的陈毅容光焕发，一派大将风度。谁能相信之后不到十年却已溘然而去。

她含着眼泪走到书柜前，抽出自己的文集《为新中国而奋斗》。每当看到这本书，她就想起陈毅。那是新中国成立后不久，陈毅在一次会见宋庆龄时，谈及对她的道德文章敬佩不已，并且建议她把过去的文章编辑出版。宋庆龄沉思片刻，十分惋惜地说，她有些手稿在战乱中丢失，手头保存的不全。陈毅希望她先将 1927 年以来发表的演讲、声明和文章编印出来，因为这些文稿“反映了历年以来的革命潮流，反映了人民力量的消长，反映了人民力量最后冲破一切，取得胜利”，具有极高的历史价值，而且文采也很好，连郭沫若都认为是“大家手笔，当代著名作家也不能及”。宋庆龄经过认真的考虑，接受了陈毅的建议，着手编辑文集《为新中国而奋斗》。1952 年 10 月，这本书由人民出版社出版。宋庆龄拿到样书后，首先送给了毛泽东、周恩来和陈毅，并将 5 亿元人民币（相当于今天的 5 万元）的稿费，捐赠给中国人民志愿军和遭受战争灾难的朝鲜孤儿。想到这里，她深为共和国失去一位栋梁之材、自己失去一位莫逆之交而伤心不已。

1 月 8 日，毛泽东在签发中央送审的有关陈毅追悼会呈批文件时获悉陈毅去世的不幸消息。

这份报告是由“四人帮”控制的政治局提出的，把追悼会的规格定为由军委出面组织，主席和其他政治局委员不参加。悼词连头带尾仅 600 字，简历还占去一半篇幅。参加追悼会的人数为 500 人，由总政治部主任李德生主持，军委副主席叶剑英致悼词。

毛泽东看了报告，沉重地叹了一口气，将悼词中“有功有过”四个字划掉后便签发了。

当天深夜，周恩来仍在伏案忙碌，桌上放着那份毛泽东圈阅后退回的呈批件。离举行追悼会的时间越近，周恩来的心情愈加沉重。这种低规格的追悼会，对于为党为人民奋斗一生，为建立和建设新中国做出丰功伟绩的陈老总是多么不公平哟！忽然，那部红色的电话机响了，周恩来随手抓起话筒。

“是总理吗？我是宋庆龄。”

“宋副主席，这么晚了还没休息，有什么急事吗？”

“我要求参加陈毅同志的追悼会。”

“这个，”周恩来略作停顿，委婉地说，“您近来身体不太好，还是不要去了。”

“不，我要去。”

周恩来又何尝不想满足宋庆龄这种真挚感情的最后寄托呢？

无奈，他只好讲了实情，并说：“请您原谅，政治局有规定，主席也圈阅了，我无权改动。”

宋庆龄理解周恩来的苦衷，但她坚持说：“这不行，我是国家副主席，我一定要参加陈毅同志的追悼会。”事后，宋庆龄在给友人的一封英文信中写道：“尽管我碰到许多困难，我还是要去参加陈毅的追悼会。我深深地敬仰他，因为他是一个胆识过人、具有真诚性格的人。国家的会议，我是经常请假的。”

1 月 10 日，是陈毅元帅追悼会召开的日子，当听到毛泽东主席也要亲自到场的消息时，周恩来当机立断地决定提高追悼会的规格。他立即拨通中央办公厅的电话，声音洪亮有力：“我是周恩来，请马上通知在京的政治局委员、候补委员，务必出席陈毅同志的追悼会！通知宋庆龄副主席的秘书，请宋副主席参加追悼会！”

宋庆龄正在午睡，接到电话二话没说，抓起一件外套边穿边向室外走去，秘书赶紧追出来给她披上大衣。宋庆龄乘坐的“大红旗”风驰电掣，沿着长安街径直向西驶去。

当宋庆龄在会场见到张茜时，心头涌上一种凄怆之感。她忘不了当年与周恩来、陈毅访问锡兰时张茜那光彩照人的样子，可眼前的张茜已判若两人，她面容憔悴，齐耳的短发已经花白了。

宋庆龄走上前去，紧紧地拥抱着张茜，两人的泪水流到了一起。

在鲜红党旗覆盖着的陈毅骨灰盒前，毛泽东、周恩来、宋庆龄和大家一起深深地三鞠躬。会场里呜咽声已响成一片。这既是为陈老总，也是为了“文革”以来蒙受最大屈辱的广大老干部。

宋庆龄仰望着陈毅的遗像，多么希望用心灵的呼唤，驱散陈老总直至去世仍凝聚在眉宇间的悲愤和忧愁，多么希望再次听到元帅外交家那豪爽开朗的诗篇、笑声。

尾　章

国之瑰宝

七十九

1976年是中国历史上发生重大历史性转折的一年，也是宋庆龄感情上大起大落、悲喜交加的一年。

1月至9月，周恩来、朱德、毛泽东三位党和国家最高领导人相继去世。宋庆龄陷入难以言状的悲痛之中，精神几乎崩溃。10月6日，“四人帮”被捕，其他上海的党羽妄图垂死挣扎发动武装叛乱的阴谋也被粉碎。当时正在上海的宋庆龄闻讯大喜，高兴地和工作人员举杯相庆。

厨师特意备了一道菜——螃蟹。盘中放着四只螃蟹，一只圆脐的母蟹，三只尖脐的公蟹。宋庆龄一反常态，端起一杯茅台酒一饮而尽。她和大家抓起螃蟹，剥着、吃着，沉浸在按捺不住的欣喜之中。正像她给罗叔章的信中说的：“我们以无比欢欣的心情庆祝这个节日。”

一个多月后，宋庆龄会见了巴基斯坦驻中国大使馆临时代办法索。客人和前来采访的中外记者惊奇地发现，84岁高龄的宋庆龄老人气色非常好。法索代表巴基斯坦总统伊拉希，向宋庆龄赠送了一枚纪念真纳诞生100周年的金质纪念章。会谈时，宋庆龄用英语问客人：“你们知道中国Four rabs（四只螃蟹）的故事吗？”并风趣地向法索介绍粉碎“四人帮”后，很多群众把“横行霸道的”三只公蟹和一只母蟹拴在一起吊起来的故事和北京市的酒一夜之间几乎卖光了的盛况。大家发出阵阵开心的笑声。

宋庆龄在欢笑，也在反思。新中国成立30周年前夕，她在《人民日报》上发表文章《人民的意志是不可战胜的》，指出：“奔腾的江河总还有险滩暗礁。不幸的是，我们的革命航船几乎被险滩暗礁所倾覆。从20世纪60年代中期到70年代中期的十年中，妄想篡权复辟的阴谋家、野心家林彪、‘四人帮’之流，推行一条极‘左’路线，使大批老干部、知识分子和人民群众遭到了残酷的迫害，使我们的国民经济走到了崩溃的边缘，使我们的科学技术本来同世界先进水平缩小的距离又拉大了。总之，我们的国家遭到了一场浩劫，我们的建设进程至少被推迟了20年。中国革命处于危险之中，这是多么惨痛的教训！1976年秋天一举粉碎‘四人帮’的伟大胜利，赋予我们的十月以新的意义。这个胜利标志着中国革命又经历了一次转危为安的历史性转折。有了这个伟大转折，我们的社会主义革命和社会主义建设才有可能进入一个新的发展时期。”

宋庆龄在文中强调：“由于林彪、‘四人帮’的破坏，我们的物质生产大大落后了。今天，我们必须大力建设高度的社会主义物质文明。不这样我们就不能在比较充实的物质基础上，逐步提高人民的生活水平。同时，林彪、‘四人帮’也搞乱了人们的思想，践踏了社会主义的科学文化。因此，我们也必须建设高度的社会主义精神文明。不这样我们就不能使广大人民提高觉悟、解放思想，就不能使他们迅速掌握广泛的科学技术和文化知识，以适应社会主义现代化建设的需要。特别值得注意的是，林彪、‘四人帮’推行的最黑暗、最愚昧的法西斯文化专制主义，已经在人们思想上、道德上和纪律上造成了恶果，其中受害最深的是青少年一代……培养我们革命的接班人，把广大青年和少年儿童培养成具有高尚的革命理想、讲道德、守纪律的人，还是一个长期的艰巨的任务，还需要我们加倍地努力。”

在当时人们的思想尚未完全解放的社会政治背景下，宋庆龄这番讲话，充分表现出她作为政治活动家和国家领导人的远见卓识，引起了党和国家最高决策层的高度重视。

宋庆龄虽已进入体衰多病的晚年，但精神上却青春永驻。她又开始参与繁忙的国务活动，接待来访的国际友人、海外华侨和港澳同胞，倾心于自己所钟爱的妇女儿童事业。

伴着春风，她又来到了上海中国福利会儿童艺术剧院。团长、剧作家任德耀和许多演员亲热地围住他们日夜思念的宋庆龄，兴奋地诉说着这些年来的苦乐恩怨。他们记忆犹新的是“文革”期间，“四人帮”在上海的代理人妄图取消宋庆龄亲手创办的儿童艺术剧院。他们采取的办法是强行将这个剧院与上海人民艺术剧院、上海青年话剧团合并，成立一个由他们直接控制的“上海话剧团”。正当他们准备下手时，宋庆龄回到了上海。她驱车直奔儿童艺术剧院。来到剧院门口，宋庆龄撩开汽车的窗帘，深情地凝望着剧院的大门。很快，“孙夫人来看儿童艺术剧院的牌子了！”这个消息不胫而走。宋庆龄无声的抗议，迫使“四人帮”在上海的代理人低下头来，为“合并”而进驻剧院的工作组随即悄悄地撤走了。这件事被“儿艺”的人们称为“20 世纪新神话”。

当正在病中的宋庆龄听说儿童艺术剧院的一些人在要不要坚持为儿童服务的方针上有所动摇时深为焦虑，亲笔给儿童艺术剧院接连写了两封信。

她在 1979 年 2 月的信上说：“我创办儿童剧院，是为了演出儿童剧，通过儿童典型形象，感染儿童，使他们有文娱生活并寓教育于文娱之中。希望你们继续把工作重点放在儿童剧上，创作演出更多更好的儿童剧。”

信发出后，出于对祖国未来的热切希望，她感到意犹未尽。第二天，她再次给儿童艺术剧院写了封信。

她说：“昨天给你们写了一封信，今天觉得还有话要说，再写这封信。儿童艺术剧院是示范性、试验性的，完全是为儿童服务而创办的。成人有成人的剧院。某些干部把为儿童服务的方针误会了，将是一个大错，我们既定的方针，不可曲解和转变。”

这两封言简意赅的亲笔信，字里行间充满了对少年儿童的深情，更加坚定了剧团为儿童服务的方向。

就在这一年 3 月，儿童艺术剧院创作的优秀儿童剧《童心》来北京参加调演。他们怎么也没有想到，87 岁高龄的宋庆龄竟去观看了他们的首场演出。她兴致勃勃，坚持看到了剧终，而且，还让人搀扶着走上舞台，送给了剧院一个大花篮，热情祝贺他们演出了一出对成人和孩子都有很大教育意义的好戏。演职员们看到宋庆龄慈祥和蔼的笑容，禁不住眼眶湿润起来。

几天之后，他们又从《人民日报》上读到了宋庆龄撰写的文章《我看〈童心〉》。她热诚地希望戏剧工作者在“四个现代化”的新长征中“为孩子多编戏，演出更多更好的戏”！宋庆龄的心总是和祖国的孩子们紧紧地连在一起。她的胸中，永远跳动着一颗童心！

八十

1980 年下半年以来，宋庆龄的身体一直不好，经常发高烧，甚至于卧床不起。1981 年 2 月 5 日，陪伴她整整 53 年的保姆李燕娥病逝，这给本来已十分虚弱的宋庆龄以沉重的打击。

李燕娥是广东香山县（今中山市）人，是孙中山先生的同乡。1927 年，年仅 16 岁的李燕娥由一个姓谭的广东老太太介绍到上海莫里哀路 29 号寓所当女佣。她见到宋庆龄的第一天就说：“我要服务您一辈子，夫人。”这位纯朴的农家女子果真实现了她的诺言。几十年中，她除了精心照料宋庆龄的日常生活外，还替她传递文件，陪她外出参加一些重要政治活动。宋庆龄也从来没有把她当作仆人看待，一直亲切地称她为“李姐”。五十多年的风风雨雨，两人结下了深厚的姐妹情谊。

悲痛万分的宋庆龄支撑着病体，亲笔给警卫秘书杜述周写下了她对李姐后事安排的指示："我一直答应让李姐的骨灰埋葬在我父母坟的边头，要立她的碑。我以后也要埋在那里。"在最后两句话的下面，宋庆龄还专门画上横线以示强调。

李燕娥的骨灰盒迁返上海之前，宋庆龄用颤抖的双手抚摸着李姐的骨灰盒，一边念叨着："李姐，李姐!"一边把脸贴在骨灰盒上亲了几次，久久不愿离去。在场的人们无不为之动容，潸然泪下。

4 月 2 日，在上海万国公墓宋氏墓地举行了简朴而庄重的李姐骨灰安葬仪式。宋庆龄赠送了花圈，墓碑上写着"李燕娥女士之墓 宋庆龄立"。一个普通保姆与共和国副主席之间长达五十多年的忠心与至爱的对话，就这样永恒地载入人间最美好的篇章。

人们没有想到，当宋庆龄为李姐送行的时候，她的人生之旅也已经接近尾声。

1981 年 3 月 16 日，经专家会诊，确诊宋庆龄患了白血病。

4 月底，宋庆龄多次出现高热、呼吸困难、心跳加快等症状。5 月初，加拿大维多利亚大学校长霍华德·佩奇博士来华，代表该大学授予宋庆龄荣誉法学博士学位。考虑到她的身体状况，有关部门建议由对外友协会长王炳南代表宋庆龄接受学位证书。不料宋庆龄坚决不同意，她说："在校园以外的地方授赠学位，这是维多利亚大学历史上的第一次，我必须亲自出场。"为此，她请医护人员采取特殊措施，靠大剂量药物稳定了她的病情，于 8 日下午准时来到了人民大会堂出席授赠仪式。

仪式开始时，乐队先后奏中国国歌和加拿大国歌。穿着黑色大礼服的佩奇校长主持了仪式，在他面前放置着权杖。当佩奇把荣誉学位证书亲手交给宋庆龄时，出席仪式的二百多位中外人士长时间地热烈鼓掌。全国妇联主席康克清向宋庆龄赠送了一束鲜花，祝贺她获此殊荣。

佩奇在致辞中说：“这是加拿大维多利亚大学第一次在校园以外的地方授赠荣誉学位，所以今天的仪式是空前的、独特的。”他颂扬宋庆龄是“20世纪最伟大的社会公仆和社会领导人之一”。他说，宋庆龄“毫不动摇地从事为中国人民谋幸福的事业，因而赢得了世界各地人民的尊敬”。他还强调：“我们今天公认她个人的成就，也是表示我们对她的国家及其人民的友谊和尊敬。”

宋庆龄身披荣誉博士的礼服，坐在轮椅上，示意工作人员不要播放事先准备好的她的录音讲话。她以惊人的毅力，坚持用英语发表了近20分钟的讲话。她说：“我为接受加拿大维多利亚大学博士学位感到荣幸。我接受这一学位，不是为了我个人，而是把它看作是你们对中国人民的尊敬和友谊的象征，看成是你们对中国人民在长期的革命斗争和在建设我们人民共和国的事业中所取得的成就的敬慕和友好的象征。同时，我也把它看作是把中加两国人民联结在一起的悠久而牢固的友谊的象征。”

中国人民对外友好协会会长王炳南也应邀讲了话。他说出了在场的所有人的共同心声：“宋庆龄女士是中国杰出的政治家、社会活动家和妇女领袖，她的一生经历同中国近代历史紧密相连，在各个历史时期都以其智慧、勇敢和影响起了独特的作用。宋庆龄女士为中国人民和一切被压迫人民的独立、解放，为促进各国人民的友谊和保卫世界和平的事业做出了杰出的贡献，赢得了中国人民和一切热爱正义与和平的人民的尊敬和爱戴。”

八十一

宋庆龄病重后，政治局常委委托邓颖超代表中央去看望她。

邓颖超匆匆来到宋庆龄的家里。以前她常来这里，和宋庆龄一起在花园漫步，看宋庆龄安详地饲养鸽子。现在，她却无心观景赏鸽，径直走进宋庆龄的卧室。

非常了解宋庆龄的邓颖超知道，宋庆龄心头还压着一个多年未了的愿望，那就是加入中国共产党。

宋庆龄与中国共产党的关系，经历了整整60年血与火的严峻考验，真正是牢不可破。她很早就希望入党。早在1927年大革命失败后，她就向中国共产党表示："我相信共产党。"在中国民权保障同盟时期，当有人问她营救了多少中共地下党员以及为什么这样做时，她回答说："我相信中国共产党坚持和发展了孙中山先生的新三民主义，所以我的心情特别愉快。"1937年，她与在她身边工作的中共地下党员李云谈工作时，突然把声音放低问道："我算不算共产党员?"中共地下党组织让李云回答她："你同共产党员一样!"她满意地点点头。1957年4月，她又正式向刘少奇提出："我希望参加共产党。"刘少奇非常高兴，但慎重地表示："这是一件大事情，我将转达党中央和毛主席。"不久，刘少奇和周恩来一起去看望宋庆龄，恳切地对她说："党中央认真地讨论了你的入党要求，从现在的情况看，你暂时留在党外对革命起的作用更大些。你虽然没有入党，我们党的一切大事，我们都随时告诉你，你都可以参与。"宋庆龄点头表示理解和服从，但她的眼中含着晶莹的泪花。

事实上，中共中央确实对她绝不见外。1956年，中国共产党邀请她列席第八次代表大会；1957年，党中央决定宋庆龄作为以毛泽东为首的中共代表团成员，出席在莫斯科举行的各国共产党代表会议；从20世纪50年代起，中共中央就决定专门送中央文件和外交文件给她看。多年来，中国共产党有重大事情，常由周恩来、彭真、邓颖超等当面通知她并征求她的意见。为什么这样做呢？刘少奇有个权威的解释："历次关键时刻，宋副主席一向是支持我们党，同人民在一起的，她的贡献甚至超过我们党的一切负责同志。"

邓颖超坐在宋庆龄的床前，拉着她的手，两人进行了亲切知心的谈话。邓颖超真诚地征求宋庆龄的意见："宋副委员长，你现在还想提出入党申请吗？"

宋庆龄欣喜地点头表示同意，同时又明确地对邓颖超说："不要再称呼我副委员长。"

邓颖超笑着说："称您庆龄同志好吗？"

宋庆龄内心充满喜悦，含笑频频点头。

1981 年 5 月 14 日晚，宋庆龄的病情突然恶化，经过紧急抢救，第二天早晨体温下降，神志清醒。她再次向前去看望她的邓颖超、彭真和王光美提出入党要求，并且接连重复了三遍。邓颖超等人当即表示热烈欢迎她加入共产党，并立即报告了党中央。

15 日上午 10 时 30 分，宋庆龄的入党要求直接报到了中共中央总书记胡耀邦处。下午，邓小平主持召开政治局紧急会议，一致通过接受宋庆龄为中国共产党正式党员，同时建议全国人大常委会授予她中华人民共和国名誉主席的称号。

16 日上午，邓小平专程来到宋庆龄家里探望她，衷心祝贺她加入中国共产党，实现了多年的夙愿。宋庆龄望着邓小平，微笑着点点头。

下午，全国人大常委会第十八次会议一结束，委员长彭真、副委员长廖承志便驱车直奔宋庆龄家里，告诉她人大常委会决定授予她国家名誉主席的称号。

宋庆龄加入中国共产党，荣任中华人民共和国名誉主席，既是她个人的骄傲，也是党和国家的光荣。

八十二

1981 年 5 月 15 日，中共中央、全国人大常委会、国务院发布了关于宋庆龄副委员长病情的第一号公告。这一举动在中国是前所未有的。公告全文如下：

> 宋庆龄副委员长患冠心病及慢性淋巴性白血病，经多方治疗，未见好转。曾多次出现发热、呼吸困难、心跳加快等症状。5月14日晚，突发寒战高热，热度达摄氏40.2度，伴有严重心力衰竭。目前病情危急，正在积极抢救治疗。

尽管人们对于宋庆龄的病情恶化已有预感，但公告还是使各界人士极为震惊。寄往宋庆龄家里的慰问信件每天少则百封，多则数百封。曾被宋庆龄营救和资助过的老作家丁玲，写了一篇动人的散文诗《诗人应该歌颂您》：

> 诗人写过春天，写过盛开的花朵；但春天哪有您对儿童的温暖。任何鲜艳的花朵在您面前，都将低下头去。诗人写过傲霜的秋菊，秋菊经受的风风雨雨，怎能与您一生相比。几十年来，您都在风雨中亭亭玉立。诗人写过白雪，描绘它的洁白飘洒，但白雪哪如您的皎洁，晶莹……听到您病重，我们心痛、神痴。我们深深后悔，为什么不早早把您歌颂？未来还长，您的高风亮节，永远给诗人留下浓郁的芬芳。诗人都会歌颂您的，您会使诗情更加深重，诗意更加隽美，诗文永放异彩；您本身就是一首美丽、动人的诗篇。我们共产党员，善良的人民，优秀的诗人、作家，天真的儿童，都为您虔诚祝福，祈愿您永离病魔，恢复健康，永远长寿！

5月20日上午9时，宋庆龄同一直守护在她病榻旁边的廖承志做了一次相当长的谈话。这已经是她病情非常危急的时候了。她顽强地战胜病魔的冲击，一句话带两声喘地谈了足足20分钟。

廖承志的广东腔北京话，她常常听不清楚。她的上海腔北京话，讲起来也非常费力。于是，他们只好用英文来交谈了。

“叔婆”，廖承志叫她。这是在上海进行地下工作，在香港组织保卫中国大同盟以来，廖承志和姐姐廖梦醒尊称宋庆龄的专用语。宋庆龄睁开眼睛，一直不停地望着他。

“您觉得怎样？”

她开口讲话了，虽然舌头已有些僵硬，但是还可以听得很清楚：“你们为我所做的一切，我很感谢。”宋庆龄指的是成为正式党员和国家名誉主席的称号。

跟着，她喘了几口气，又说：“如果我有什么问题的话……”

廖承志很紧张地俯下耳朵去听。可是她喘了一阵之后，又重复说了两遍：“如果我发生问题……”她在急喘中挣扎着想再说下去。

廖承志感到不能再让她痛苦地勉强讲话了，便忍耐住心情的激荡，向她说：“叔婆请放心，我们将依照您的吩咐去做的，一切照您的意思去做。”

宋庆龄点头了。因高度体温烧得通红的面颊浮上了一丝满意的笑影，并且还一再点头。那以后，她就处于半昏睡状态中，再也没有能力开口讲话了。

廖承志后来令人信服地向人们解释了“依照您的吩咐去做”的意思是什么：“原来，她病重之前，就向侍候在旁的邹韬奋夫人沈大姐再三说过，并且把同样的内容也向她的小保姆说过，如果她有‘什么问题’，要送到上海，埋在她父亲、母亲和已经逝世的同宋主席同甘共苦五十多年的李姐的墓旁。并且还向沈大姐说了墓地应如何安置，还画了简单图样。”

5月22日，宋庆龄唯一健在的弟弟宋子良从美国纽约发来慰问电。电文如下：

国比天大

宋庆龄

廖承志先生转孙逸仙夫人：

获悉你患病在身，不胜难过。为你的康复而祈祷。

宋子良

同一天，孙科的女儿孙穗英、孙穗华和她的丈夫张家恭，专程从旧金山赶来北京，看望了她们病中的祖母宋庆龄。25日，她们再一次看望祖母。孙穗英、孙穗华轻声叫唤："好祖母，好祖母，我们从旧金山来看您了。"这时，宋庆龄睁开双眼看着她们，微微颔首。孙穗英姐妹又连连呼唤："好祖母，好祖母，我们多爱您啊！希望您早日痊愈。"宋庆龄听后，面露激动之色，并再三颔首。

尽管人们都在心中默祷着使人心灵窒息的噩耗不要传来，但人的生命毕竟是有止境的，大限终于来了。

1981年5月28日晚上11点多，宋庆龄已经恶化的病情开始急转直下。卫生部的领导和专家进行了紧急抢救。抢救工作持续了二十多个小时，可惜无效。5月29日20时18分，一颗伟大的心脏停止了跳动。宋庆龄的孙女孙穗英、孙穗华，外孙女戴成功和其他亲属张家恭、林达光、陈恕、陈志昂、黄寿珍、陈燕，在抢救期间，都守候在她的病床前，一直到她停止呼吸。

中共中央、全国人大、国务院决定举行国葬，党和国家领导人立即赶往宋庆龄的住宅，怀着极其沉痛的心情，向宋庆龄遗体致哀。

宋庆龄同志治丧委员会当晚分别打电报给宋庆龄在美国、台湾和香港的亲属，告知他们宋庆龄不幸逝世的消息，并表示沉痛的哀悼。这些亲属是：宋美龄，孙科的夫人陈淑英，宋子良和夫人，宋子文夫人，宋子安夫人，侄孙孙满、孙乾，蒋经国，蒋纬国，宋霭龄和孔祥熙的子女孔令侃、孔令仪、孔令俊等，长孙孙治平、次孙孙治强。同时发表公告，欢迎宋庆龄在台湾的亲属和好友前来参加葬礼。中华航空公司专机可到北京首都机场和上海虹桥机场降落，一切费用由委员会支付。

遗憾的是，6 月 1 日，台北电报局给北京长途电信局发来“加急业务公电”，表示“拒绝收受”。

6 月 2 日下午，首都近百万群众伫立在长安大街两旁，目送宋庆龄名誉主席的遗体移位八宝山革命公墓火化。

6 月 3 日，首都万人集会，隆重追悼宋庆龄名誉主席。追悼会由胡耀邦主持，邓小平致悼词。邓小平对宋庆龄的一生做了高度评价，指出：“宋庆龄同志鞠躬尽瘁，70 年如一日，把毕生精力献给中国人民民主和社会主义事业，献给世界和平和人类进步事业。她在任何情况下都保持着坚定的政治原则性，威武不屈，富贵不淫，高风亮节，永垂千古。尤其难能可贵的是，她跟随历史的脚步不断前进，从伟大的革命民主主义者成为伟大的共产主义者。”

宋庆龄逝世后，世界各国领导人、政党、友好人士和团体的唁电、唁函像雪片般飞来，还有不少国家和地区举行了吊唁活动。

6 月 4 日晨，宋庆龄的骨灰由邓颖超、乌兰夫、廖承志、陈慕华等护送，由专机从北京移送上海。当天上午，在上海万国公墓的宋氏墓地隆重举行了安葬仪式。在哀乐声中，宋庆龄的骨灰安然放入洁白如玉的大理石墓穴。墓碑上镌刻着：

一八九三年—一九八一年

中华人民共和国名誉主席　宋庆龄同志之墓

一九八一年六月四日立

宋庆龄是孙中山先生的夫人和战友，是世界上最伟大的女性之一，却不愿挤进南京紫金山中山陵分享孙中山先生的光辉，而心甘情愿地同她的父母和“李妲”葬在一起。她是人民的女儿，堪称万代楷模。

于是，诗人留下了这样的篇章——

巴黎有一座圣母院，

国比天大
宋庆龄

纽约有一尊“自由”女神，
但那些都是装饰品，
还带点宗教迷信。
在我们首都北京，
却有一个真正的圣母和女神。
——我们尊敬的名誉主席，
亲爱的同志宋庆龄！

请允许我用宋庆龄生前说过的一句话作为本书的结束语：“假如一切事情要再重复一次的话，我还是愿意同样地生活。”

附　录

本书参考书目和资料

1.《宋庆龄选集》，人民出版社，1966 年。

2.《宋庆龄纪念集》，人民出版社，1982 年。

3.《宋庆龄年谱》，尚明轩、陈民、刘家泉、赵楚云编著，中国社会科学出版社，1986 年。

4.《宋庆龄》，蒋洪武著，江苏人民出版社，1987 年。

5.《宋庆龄传》，刘家泉著，中国文联出版公司，1988 年。

6.《宋庆龄传》(中国革命史丛书)，吕明灼著，上海人民出版社，1988 年。

7.《宋庆龄传》，尚明轩、唐金林著，北京出版社，1990 年。

8.《宋庆龄——二十世纪的伟大女性》，伊斯雷尔·爱泼斯坦著，沈苏儒译，人民出版社，1992 年。

9.《未加冕的女王宋霭龄》，杨者圣著，上海人民出版社，1994 年。

10.《孙中山和蒋介石交往纪实》，周盛盈著，河北人民出版社，1993 年。

11.《蒋介石生平》，宋平著，吉林人民出版社，1987 年。

12.《中国国民党历次代表大会及中央全会资料》，光明日报出版社，1985 年。

13.《宋氏三姐妹——宋霭龄、宋庆龄、宋美龄》，[美] 罗比·尤恩森著，赵云侠译，海吟等校，世界知识出版社，1984年。

14.《宋家王朝》(全译本)，[美] 斯特林·西格雷夫原著，澳门星光书店，1985年。

15.《宋氏家族——父女、婚姻、家庭》，[美] 埃米莉·哈恩(项美丽) 著，李豫生、靳建国、王秋海译，新华出版社，1985年。

16.《三姐妹——中国宋氏家族的故事》，[美] 科妮莉亚·斯宾塞著，时代译文丛刊，海燕出版社，1945年（书名改为《宋氏三姐妹》）。

17.《孙逸仙夫人——宋庆龄传略》，[英] 乔恩·哈利戴著，傅伍仪、张爱荣译，季风校，中国和平出版社，1988年。

18.《孙中山传》，尚明轩著，北京出版社，1979年。

19.《孙中山生平事业追忆录》，尚明轩等编，人民出版社，1986年。

20.《孙中山、宋庆龄与梅屋庄吉》，俞辛谆、熊沛彪著，中华书局，1991年。

21.《毛泽东选集》第2版，人民出版社，1991年。

22.《周恩来传（1898—1949年）》，中共中央文献研究室编，金冲及主编，人民出版社，1989年。

23.《邓演达》，中国农工民主党中央委员会编，文史资料出版社，1985年。

24.《纯正的心灵——安娜·路易斯·斯特朗的一生》，[美] 特雷西·斯特朗、海琳·凯萨著，李和协、张雪玲、苏光、郭泽沛译，唐建文校，世界知识出版社，1986年。

25.《中国新民主主义革命时期通史》(初稿)，李新、彭明、蔡尚思、孙思白、陈旭麓主编，共四卷，人民出版社，1962年。

26.《鲍罗廷在中国的有关资料》，中国社会科学出版社，1983年。

27.《马林在中国的有关资料》，中国社会科学出版社，1981 年。

28.《红星照耀中国》(《西行漫记》)(《斯诺文集》第二卷)，［美］埃德加·斯诺著，董乐山译，新华出版社，1984 年。

29.《旅华岁月——海伦·斯诺回忆录》，世界知识出版社，1985 年。

30.《千千万万中国人——1927 年中国中部的革命》，［美］安娜·路易斯·斯特朗著，王鹿鹿、马红星、张奇志译，张卫族、谢亮生校，中国社会科学出版社，1985 年。

31.《中国——我的第二故乡》，［德］王安娜著，李良健、李希贤校译，生活·读书·新知三联书店，1980 年。

32.《胡兰畦回忆录（1901—1936）》，四川人民出版社，1985 年。

33.《莫斯科中山大学和中国革命》(亲身经历)，［美］盛岳（即盛忠亮）著，奚博铨、丁则勤译，陈庆华校，现代史料编刊社，1980 年（英文原版 1971 年纽约出版）。

图书在版编目（CIP）数据

国比天大：宋庆龄 / 陈廷一 著 . —北京：东方出版社，2019.7
（百年人物）
ISBN 978-7-5207-1032-9

Ⅰ . ①国… Ⅱ . ①陈… Ⅲ . ①宋庆龄（1893—1981）—传记
Ⅳ . ① K827=7

中国版本图书馆 CIP 数据核字（2019）第 100096 号

国比天大：宋庆龄
（GUO BI TIANDA: SONG QINGLING）

作　　者： 陈廷一
责任编辑： 李　烨　谭路星
出　　版： 东方出版社
发　　行： 人民东方出版传媒有限公司
地　　址： 北京市朝阳区西坝河北里 51 号
邮政编码： 100028
印　　刷： 北京楠萍印刷有限公司
版　　次： 2019 年 7 月第 1 版
印　　次： 2019 年 7 月第 1 次印刷
开　　本： 640 毫米 ×940 毫米　1/16
印　　张： 22
字　　数： 282 千字
书　　号： ISBN 978-7-5207-1032-9
定　　价： 49.00 元
发行电话：（010）85924663　85924644　85924641